いま、なぜ食の思想か

豊食・飽食・崩食の時代

河上睦子 著
KAWAKAMI Mutsuko

社会評論社

いま、なぜ食の思想か――豊食・飽食・崩食の時代＊目次

補論

はじめに——いま、なぜ食の思想か？

今日、日本に住むわたしたちはだれでもいつでもどこでも（お金を出せば）なんでも自由に食べることができます。自分で料理しなくとも、スーパーやコンビニやデパ地下に行けば、すぐ食べられる料理を簡単に購入することができますし、気楽にたちよれる外食店やファストフード店もあります。たまにはすてきなレストランで外国の珍しい料理も食べたり、友人たちとビールやワインを飲みながらコミュニケーションを楽しんだりもできます。

一方、テレビは毎日料理番組やグルメ紹介をながし、パソコンやスマホのインターネットでは食のブログやグルメアプリがならび、新聞や雑誌やタウン誌にはレシピ、特保食品やサプリメントの宣伝などがあふれかえっています。まるでわたしたちの関心が食べること以外にはないかのように、食べ物や食料品の洪水のなかに生活しています。こうした日本の最近の食の状況について、人はどのように考えているのでしょうか。

「食べることとはどういうことだと思いますか？」と某大学の学生たち（社会人）に聞いて

みました。「生きるために食べる」という、わかりきったことをどうして聞くのだろうか、と怪訝な顔をしています。それで質問を変えてみました。「あなたは、なんのために食べるのですか?」これにはいろんな答えがかえってきました。「おなかがすくから」「食べるのがすきだから」「食べると幸せだから」「栄養のため」「健康のため」「病気にならないため」「エネルギーのもと」「ストレス解消」……など。[*1]なんでも自由に選択できる食の時代にふさわしい、実に多様な目的や意味づけがでました。でも一番多かったのは「わからない」「そういうことを考えたことがない」「あたりまえだと思っている」でした。

わたしたちはいま、「食」[*2]のグローバル化にともなう豊食の世界を生きているといえます。ここでは土地や地域や伝統のなかで受け継がれてきた独自の生産技術や保存法や料理技術も、その出処や由来を喪失して、「無名の」食の世界へと拡散し変貌してきているようです。日本の行事食であったお寿司やお餅は、いまは日常食となり、アメリカやヨーロッパや東南アジアでは完全な嗜好品になっています。キリスト教会の儀式に必要だった聖なるワインも、日本ではレストランで友人と楽しくコミュニケーションするための飲み物になっています。飢えがなく、豊富な食べ物や食品に囲まれているわたしたちにとって、「食べることとはなにか」など、考える必要のないことがらになってしまったようです。でもこうした豊食の世界は、じつは、さまざまな矛盾や問題を抱えています。

食べ物・食料は本来人間が生きるために、各人の身体・生命を維持するために、必要不可欠のものですので、世界のすべての人が生きるために必要な食糧は確保・保証されなければなりません。しかし現実はそうではありません。先進国では豊食からくる肥満やカロリー過多摂取による「飽食病」に悩んでいる人が多くいる一方で、世界にはいまも飢餓と栄養不良で八億以上の人（九人に一人）が苦しんでおり、発展途上国では多くの子どもたちが飢えや栄養失調で死に直面しています。食糧生産の方は世界人口以上の人を養えるほどあり、日々大量の食料廃棄物や食品ロスがでているというのに、です。

この矛盾に満ちた豊食の世界は、食料に農薬・人工飼料・人工添加物などを加え、種子に遺伝子操作をほどこすようなさまざまな食のテクノロジーによって改造された食品を、効率よく大量に生産し、世界中に流通させるグローバルな資本主義の産業システムに支えられています。そしてその人為的改造の結果として、O－157やBSE、口蹄疫など、根治することができないような事件や問題などが次々におこり、食の安全性への信頼は崩れてきています。さらに二〇一一年に起きた福島第一原発事故による放射能汚染という、いのちにかかわる食の危機に直面し、食の問題が科学技術の問題、環境問題、地球の問題とつながっていることを、再認識させられています。現代の豊食とは、飽食にとどまらず、崩食の時代に入ったといわれています。

こうした現代社会における食の状況（豊食・飽食・崩食）は、食べ物が食料というよりは、食べる「モノ」、消費財という「モノ」になっているといえるようです。「モノ」となった食べ物・食料は、人間の生存や生命のためという役割や目的から解き放たれて、人間の無限の欲望の対象となり、いかようにも操作したり使用したりすることができるようになりました。健康のためのモノだけではなく、金を稼ぐためのモノ、美容のためのモノ、自己表現の手段、人を操作・支配する道具など、食の本来の機能を超えて、食は多様な現代的な道具的価値をもつ「モノ」となってきました。食べることから独立した（食べ）「モノ」は、食べる個々人や人間からも遊離して、それ自身の社会的価値をもつようになったのです。こうした食の世界の変貌を、食の「物象化」であるということもできるでしょう。

食べられないような大量の食べ「モノ」を前にして、わたしたちは「食べること」がどういうことなのか、分からなくなってきています。「食べ物とは」、「食べることとは」、「料理するとは」、「一緒に食べるとは」どういうものか、どういうことなのか、わからなくなっています。でも食べ物も、食べることも、もともとは人間が生きている場、人との関わり、地域や環境、文化や歴史や考え方をもっているものではないでしょうか。食べ物には食べ物としての固有の意味づけがある（あった）のではないでしょうか。食べ物と人間や自然との関係や、「食べること」をめぐる家族や集団の役割の変化について、考えてみることが必要ではないでしょうか。豊食が飽食・崩食でもある現代の食の世界について、こうした食に関する原初的な問いを発し、そこから考えてみることが必要なように思います。本書では、とくに食の思想という視角から、そうしたことを考えてみたいと思います。

でもなぜ、「食の思想」なのでしょうか。

人間にとって食べることは、動物とは違って、意識や意志がかかわっています。また食べ方にもある種のきまりがあります。人間は脳で食べるといわれる由縁です。人間の食の行為には考え方も入っています。たとえば精進料理がそうでしょう。食べ物や食べることに込められている考えは、ある時代や地域や集団のなかで独自の意味づけや価値観やきまりをもって構築されてきています。「食の思想」とは、石毛直道のいうように、「人びとの食物に関する観念や価値の体系」「食に関する精神、観念、価値体系」[*3]ですが、これらは習慣化されていきますので、多くの場合、自覚化されていません。そうした食の思想が自覚化されるのは、親しんできた食習慣や食行動に変化が生じたり、異質な他（者）の食文化や食行動に出会ったりしたときです。

たとえば、日本人がそうした食の思想を意識したのは、明治の文明開化ではないでしょうか。明治の思想家たちは、外交交渉のために取り入れた肉食という西洋の表層的な食文化ではなく、その西洋食文化の背後にある西洋独自の食の思想に衝撃を受けました。そして、その西洋の食思想のなかの栄養学をはじめとした食の科学的思考や産業化の技術的思想を積極的に受容しました。しかしその西洋出自の近代的技術志向が、日本のみならず、世界全体に波及していったことで、地域に根差していたそれぞれ独自の食文化は変容するとともに、多くの問題も引き起こしてきたように思います。

しかし西洋には、そうした近代の技術的志向とは別の食の思想の系譜もあります。古代ギリシア以来、西洋社会は食についての考え方や価値体系を言語化・理論化してきました。食べ物との本来の関係の仕方、個人や民族にとっての食の役割、食べることの人間的な意味づけ、とともに食べること（共食）の意味、食の楽しみや快楽、美味しさの秘密、禁忌を含めた食の考え方や価値づけなどについて、多様な角度から言語化し、理論化し、体系化し、精神化してきました。そうした志向は、食の学問や倫理や構想力をはぐくんできたように思います。

本書は、こうした食思想の歴史をふりかえりながら、今日の食の世界が抱えている問題について考えようとするものです。

第1章では、昨年（二〇一三年）、ユネスコで無形文化遺産登録された「和食（文化）」の思想的な問題を考えます。この登録は日本の食の現況についての根本的変革を提起していますが、それには両面的評価ができるように思います。ここでは食の「イデオロギー」という視点から、そのことを考えてみます。

第2章は、西洋の食思想の系譜の考察です。食べ物とはなにか、食べることとはどういう意味があるのかを追究した古代ギリシアの「食の哲学」、食の宗教的意味について考えたキリスト教の食思想、そして現代の食思想の基幹である栄養学と美食思想の内容について考えます。

第3章は、西洋をはじめとする、古来、肉食主義と異なる思想としてのベジタリアニズムの系譜をとりあげます。ベジタリアンたちはそれぞれ独自の視点から肉食主義の社会に対して、意識的理念的な異議を唱えますが、必ずしも平和主義ではありません。トルストイや宮澤賢治だけでなく、ワーグナーやヒトラー、そして現代では動物解放論者などもいます。ベジタリアニズムとはどういうものか、代表的な思想家を通してその社会的意味を考えてみます。

第4章は、食についての新たな視角である「感性」というアプローチをとりあげます。食の感性哲学を最初に提起したフォイエルバッハの「食の哲学」の内容を踏まえて、現代の食の感性学、美味学とはなにかを考えます。そのうえで現代人の飽食という過剰な欲望を推しすすめる快楽主義と健康志向について考えます。

最終章（第5章）は、現代人における食の世界が飽食にとどまらず崩食へと、つまり終焉に向かっているのではないかという危機意識を踏まえて、そうした事態の主因と思われる食の世界のマクドナルド化の本質を考えてみます。そのうえで「反マクドナルド」を掲げるスローフードの理念（「おいしさ」「ただしさ」）を手掛かりに、食の未来について構想してみます。

補論は、すでに公表した論文です。ともに現代日本が抱えていると思われる食の思想的な問題をとりあげたものです。（1）は、日本の食の近代化＝西洋化がもつ問題について、福澤諭吉と森鷗外という二人の思想家の考え方の違いを通して考えたものですが、これは、日本社会の近代化の問題でもあります。（2）は、3・11の「フクシマ」が提起している食の問題、食と人間性・自然性・科学技術との関係について考えます。とくに食の思想史のなかでこれまであまり論議されてこなかった「食とジェンダー」の問題に焦点をあてて、フクシマとミナマタの「母たちの苦しみ」という視点から、現代の食の安全性の問題について考えています。

本書の各章は、それぞれ独立して書かれていますので、関心のあるところから読んでいただければと思います。

［注］

＊1　二〇〇八年三月の農林水産省による食料消費に関する消費者の意識調査「ライフスタイルと普段の食生活に関するアンケート」でも「食べることの意味」の質問には「エネルギーや栄養の補給」「美しく、健康に過ごすため」「ストレス解消や癒し・リラックス」「子供を育て、家族を守るため」「友人や家族とのコミュニケーション」などが主な回答でした。そして「食生活の喜び」については八割以上の人が「美味しいものを食べること」をあげています。

＊2　この本で「食」の語義は、主として（人間の）食べること・食行動・食行為・食のあり方を意味していますが、それには食（べ）物・食品・料理・調理・食糧・栄養・食事・食のマナー・食の調達・食の加工と保存・食の供給と消費などの社会的な食の役割、食に関わること全般が含まれています。そうした食の具体的な内容について述べる場合は、それぞれを表記しています。

＊3　石毛直道『食の文化を語る』ドメス出版、二〇〇九。

第1章 日本の食（文化）を考える

——和食の無形文化遺産登録をめぐって

1 現代日本の食の状況

近年、日本には食のブームが巻き起こっています。テレビをはじめ、新聞、インターネット、チラシ広告、情報誌など、これらのほとんどが、食に関する情報や記事で占められています。しかもその内容はほとんどがグルメ情報、健康食品、ダイエット食品、レシピなどです。あたかも日本の文化には、（アニメ以外）食べることや料理などの食文化しかないようです。おりしも和食文化がユネスコの無形文化遺産に登録され、この食ブームはもはや歯止めが利かなくなっているといってよいのではないでしょうか。

だが日本の食の現実を眺めると、周知のように、二〇一一年三月一一日の東日本大震災および福島第一原発の事故によって、被災地の食産業は一時壊滅状態に追いやられ、また原発事故の放射能拡散によって、飲食物に関する不安や恐怖を実感した人もすくなくありません。日本中の人々がこの事故を通して、生命の基盤でもある食べ物の安全性に関心をもつようになったといえるようです。しかしいまもなお原発近辺の農産物の汚染対策は不備のまま、また事故処理のための汚染水の海洋への放出などによる魚介類の汚染をはじめ、がれき粉塵などによるセシウム飛散という事故後の被害が引きおこっているにもかかわらず、いまではもう政府による飲食物に関する放射能汚染対策は終了したかのような風潮が漂っています。経済優先主義のもとでか、あるいは「風評被害」防止のためなのか、原発事故にともなう食べ物の安全性の問題はほとんど議論されなくなっているようです[*1]。

他方で昨年（二〇一三年）は、有名ホテルのレストランなどの食材メニュー表示の虚偽・偽装も多く露見しましたが、これこそまさに豊食時代特有の「事件」といえるかもしれません。なにしろこれは、中食・外食が大きな比重を占めるようになってきた食生活の変化に相応するものだからです。バブル崩壊後の二〇年間におきた食の事件をあげれば、一九九〇年代：O－157事件、二〇〇〇年：雪印集団食中毒事件、口蹄疫（宮崎県）、二〇〇一年：BSE問題（牛海綿状脳症、狂牛病）、二〇〇二年：雪印牛肉偽装事件、二〇〇四～二〇〇七年：鳥インフルエンザ、二〇〇八年：中国製冷凍餃子中毒事件、二〇一〇年：口蹄疫、二〇一二年：牛生レバー食中毒事件、給食による児童アレルギー死亡、二〇一三年：食材・食品表示偽装事件などがありました。これらの事件のほとんどが、豊食＝飽食という日本の食の状況がもたらしたのだという事実を、あらためて記憶にとどめておく必要があるように思います。

こうした日本の食の状況のなかで、二〇一三年一二月四日、日本の伝統的食文化を表示するといわれている「和食」が、国連教育科学文化機関（ユネスコ）の無形文化遺産に登録されました（以下「登録」と略）。六月の富士山の世界遺産登録、九月の二〇二〇年東京オリンピック開催決定に続く明るいニュースとして、新聞雑誌はいうまでもなく、インターネット、観光業界、有名レストランやデパートの祝賀キャンペーンなど、昨年末は日本中その話題で持ちきりでした。京都では京都料理は和食の代表であるとして、日本のみでなく海外へと店舗拡大に奔走しはじめたと聞きます。また和食の料理教室や専門学校は大流行り、大学でも和食文化学科の新設が計画されているそうです。原発事故による食の危機などまるでなかったかのように、一時は日本中が「和食」の熱で浮かされたように思います。

日本の多くの人が和食の無形文化遺産登録をよろこばしい、「良いこと」と受け止めています。でもどういう意味でそれは良かったのでしょうか。「和食」が世界に認められたことで、食産業や観光産業などが潤い、景気が良くなるという効果が今後見込まれるからでしょうか。和食という健康食の普及によって、国の医療費削減に寄与することになるからなのでしょうか。

しかし現代の多くの人にとっては、和食というと、高齢者好みのカロリーが少ない健康な食事であっても、毎日の食事としては手間のかかる料理であり、ときどき回転寿司やすき焼きなどでその料理の妙を味わうもののようです。とくに朝食はパンとコーヒー、昼食はマクドナルドのハンバーガーやカップラーメンで日々の食事を済ましている若い人たちにとっては、和食＝おにぎりや吉野家の牛丼（多くはアメリカ産牛肉）しかなじみがないということもあるようです。こうした和食離れを変えようと、登録を企画した人たちは奮起したそうです。でも登録された「和食」や「和食文化」とはどういうものなのでしょうか？　とくに和食の一汁三菜という食事とは現実的なものでしょうか。和食登録の意図や目的とはなんなのでしょうか。それはわたしたちの食生活にどういう意味をもっているのでしょうか。

この和食登録は、今日の日本の食について考えるための最良の教材のように思われます。それゆえこれを手掛かりに、日本の食のあり様を考えたいと思います。まず「和食」とはなんなのか確認しながら、そのうえで今回の登録がどのような意味をもっているか考えてみたいと思います。

なお事象にはつねにポジ（肯定面）とネガ（否定面）との両面性があります。ある事象が多くの人にとって肯定的な印象をもって受け止められる時、その事象については、ポジのみ語られ、ネガの方は語られることはありません。だが近代のドイツの哲学者ヘーゲルが述べているように、事象を本当に動かすものはポジとネガとのあいだにある差異・抗争であり、とくに「否定＝ネガ」の方がその本質をつくっていきます。ネガの方がある意味で事象の本質であるといってもよいかもしれません。いずれにせよ事象のネガの方を考えないと、そのことの意味や本質を見誤ることになります。和食の無形文化遺産登録にも、このことがいえるように思います。

2　和食の無形文化遺産登録を考える

ユネスコに登録された和食の内容を手がかりに、日本の食について、考えたいと思います。

◆登録申請された和食の内容*2

★提案の名称：「和食：日本人の伝統的な食文化－正月を例として－」
★提案の内容
〈定　義〉：「自然の尊重」という日本人の精神を体現した、食に関する社会的慣習として。
〈内　容〉：①新鮮で多様な食材とその持ち味の尊重
　　　　　②栄養バランスに優れた健康的な食生活
　　　　　③自然の美しさや季節の移ろいを表現した盛りつけ
　　　　　④正月行事などの年中行事との密接な関わり
〈保護措置〉：学校給食や地域の行事での郷土料理の提供、親子教室等の各種食育活動の実施、郷土料理や食文化に関するシンポジウムの開催等。

★主な提案理由

「和食」は、四季や地理的な多様性による「新鮮で多様な食材の使用」、「自然の美しさを表した盛りつけ」などといった特色を有しており、日本人が基礎としている「自然の尊重」という精神にのっとり、正月や田植、収穫祭のような年中行事と密接に関係し、家族や地域コミュニティのメンバーとの結びつきを強めるという社会的慣習であることから、「無形文化遺産の保護に関する条約」（無形文化遺産保護条約）に定める「無形文化遺産」として提案した。

(1) 和食とはなにか

和食とはどういうものなのでしょうか。

一般にわたしたちは、和食というと、日本の伝統的な米・みそ・野菜・魚などを中心とする食事や、寿司や精進料理や会席料理などの日本的料理を考えますが、今回登録された「和食」はそうではありません。農林水産省のホームページに掲載された『和食ガイドブック』では、和食とは日本が守るべき「文化」であるとされ、そのうえで、日本の食文化としての和食は、食材、料理、栄養、おもてなし、食事の場や食べ方も大切な要素をもっていると説明されています。つまり和食は「伝統的な食文化」であるといっています。これはどういうことなのでしょうか。

「食文化」とは、一般には次のような考えがあります。

①食にまつわる文化を総称する概念。食材、調理法といった食品にかかわるものから、食器、マナー、外食産業などにいたる多くの食に関するあり方が含まれる。（百科事典）

②食料生産や食料の流通、食物の栄養や食物摂取と人体の生理に関する観念など、食にかかわるあらゆる事項の文化的側面を対象としている。人間が工夫を重ねて形成した食に関する生活様式。（石毛直道）

③民族・集団・地域・時代などにおいて共有され、それが一定の様式として習慣化され、伝承されるほどに定着した食物摂取に関する生活様式をさす。（江原絢子）

これらの考えを踏まえると、食文化とは独自のあり方をもって習慣化された食に関する生活様式であるということができます。こうした食文化は、フランスの美食術、メキシコの伝統料理、地中海料理、「キムジャン文化」などが無形文化遺産に登録されていますが、それらだけではありません。イギリスの食文化やドイツの食文化、そしてまたアラスカの食文化、ハワイの食文化、そしてアイヌや沖縄の食文化など、世界中の国々や地域に、また現在時のものだけでなく、過去のものも含めて、独自の食事様式として存在している（いた）ものだといえます。いいかえれば、食文化は自然・環境と関係をもちながらも個別性、とくにその民族固有の価値観や歴史性に支えられたもので、普遍化が困難なものといえます。日本にもそうした多様な差異ある食文化がありますが、とくに肉食忌避の精進料理などは日本文化の固有性を示すものだといわれます。この食文化は時代によって変化するものでもあります（これについては後述の表1参照）。

無形文化遺産の対象となるのはとくにこうした固有性をもつ食文化であるといわれています。「無形文化遺産の保護に関する条約」によれば、「無形文化遺産とは芸能、社会的慣習、儀式及び祭礼行事や伝統工芸技術などで、コミュニティが自分たちの文化遺産の一部として認めるもののこと」と説明されています。それゆえ、今回登録申請された対象も単なる日本の伝統的料理ではなく、日本固有の伝統的な食文化なのです。

それゆえ登録文書の作成母体であった「『和食』文化の保護・継承国民会議」（略称「和食会議」）も、次のように述べています。「食文化とは、人間の食生活における文化的要素という意味ではなく、人類の食に関する一切の事象を含む概念である。こうした食文化は、自然の気候風土、社会的環境によって形成されるので、自ら地域的あるいは、民族的な文化的特徴をもつ。ここに日本特有の食文化が誕生」した、と。そしてこの日本特有の「食文化」は自然の尊重という精神性にあり、それは四つの特徴をもつと、説明しています。もちろんこの日本の食文化は、歴史的に変遷しており、また外来食文化と交流をもちながら発展してきたものでもあります。

（2）日本の食文化と和食

日本の食文化の歴史を概観すると、表1のようにまとめることができるようです。ではこのような多様な様式をもつ日本の食文化を、なぜ「和食」にまとめることができるのでしょうか。「和食」こそが日本の食文化をあらわすものだといえるのでしょうか。

日本の代表的な食文化の歴史家である原田信男は、「和食という言葉は明治以降に生まれたものである。明治の文明開化によって、西洋料理・中国料理などが入ってきたとき、それを区別する意味で、和食という概念が成立したし、日本料理という意識も、この時に芽生えたと考えて良いだろう」といっています。食生活も料理も時代によって変化するもので、日本の食のあり方も時代によって変化しており、和食の統一的なものは存在しないといえると述べています。[*3]これを踏まえれば、和食は日本料理ではあるが、日本の食文化の総称とは必ずしもいえないように思います。

このことについては、登録文書の説明は次のようです。[*4]

日本の食文化はたしかに歴史によって変化しているが、歴史上独特の様式をもつ日本的料理は、貴族や武家などの限られた行事食であったり、現在まで継承されていないものもあります。それに対して、家庭食に重点をおいて日本食文化の全体を見ると、和食という言葉がふさわしい。そして和食が選ばれる理由としては、「米飯と汁と菜」という食事の様式にあるといわれています。この食事様式は、昭和三〇年代まで日本の家庭での共通の形として継承されてきた

表1

	世紀・年	時代	「食文化」	特色
	7or8 万 〜BC3C	旧石器 〜縄文	狩猟採集	植物性食料、獣……木の実・魚介・鳥獣 縄文後期米移入･栽培始まる：北九州など
	〜BC4C 〜AD6C	弥生 〜古墳	神饌料理	水田稲作開始、米を基本とする食生活、余剰食糧争い→戦争小国の誕生、農耕器具（青銅器・鉄器） 酒、醤、塩、「ナレズシ」（ブタ移入） 卑弥呼 AD239 肉の家畜飼育あり
古代	593〜710 〜794	飛鳥 奈良	※ 675 肉食禁止令	律令国家、階級社会の成立：貴族と庶民、コメ租税化　唐式仏教文化
古代	〜1185	平安	大饗料理	貴族料理、美的嗜好、テーブルと小椅子、固い干したもの、酢の物、発酵食品類
中世	〜1333	鎌倉	精進料理	武士の質素な食生活、粟稗の農民等の食、鎌倉仏教、昆布出汁だし、寺社料理、
中世	〜1467 〜1573	室町 (戦国)	本膳料理	武家料理、農民の食生活：魚介、カツオだし、金銀装飾、形式主義：四条流・大草流・進士流・山内流などの庖丁術
近世	〜1603	安土 桃山	懐石料理	茶を飲むための宴会、茶事（千利休)、南蛮貿易
近世	〜1868	江戸	会席料理 普茶料理	江戸の食べ物屋、高級料理屋、料理茶屋の隆盛、料理書　そば・うどん・すし・天ぷら・菓子など多様化
近代	〜1912	明治		西洋食の導入　肉食の解禁、スプーン
近代	〜1926	大正		栄養学　家庭料理　女学校料理実習
近代	〜1945 〜1955〜	昭和		敗戦食料危機　パン給食 外食産業、インスタント食品、 ファストフード
近代	1989〜	平成		食のグローバル化

（作成：河上）

からだと。

日本の食文化を総称する和食のその具体的な料理形式については、さらに次のようです。和食の一番基本的な要件はご飯、ジャポニカ米を水炊したご飯を主食とすること。次の要件は汁で、これはご飯と一緒にとるもので、みそ汁だけではない、塩味の清まし汁、潮汁のように魚を素材とする汁もあれば野菜や豆腐などを具とする汁もある（なお吸物とは酒とともにとるもので、汁と区別される）。漬けものも和食に必須の要件である。和食の要件としては他にもう一つ、お菜がある。お菜とは主食に対して副食といわれるもので、主食のご飯をおいしくいただくための「おかず」である。これは標準的な数として三菜といえる。汁やおかずを支えているものが旨味をうみだす「だし」だといい、和食の形式は、「一汁三菜」だとまとめられています。

でもこうした和食の内容（食材・料理・もてなしなど）は、昭和三〇年代以降、変化したといわれています。その変化がどのようなものか、以下に概略のみ確認してみます（表2参照）。そのうえで、和食登録の意味について考えてみたいと思います。

表２　戦後の日本の食の歴史

年	食料・食品・食器具	食関連記事・事件	社会状況
1945 S20	22 ミルク給食 27 魚肉ソーセージ 28 電気トースター、プロパンガス普及	食糧難、闇市 22 食品衛生法、栄養士法 28 青山にスーパー開店	終戦、日本国憲法 25 朝鮮戦争 JAS 法 29 第 5 福竜丸
1955 S30	33 日清チキンラーメン 35 インスタントコーヒー・食品 36 コーラ、自動販売ジュース、ダイニングキッチン、自動式電気炊飯器・電気冷蔵庫、ドライブイン型食堂	30 森永ヒ素ミルク事件 31 水俣病 33 スーパーダイエー神戸 35 にせ牛缶事件 不当表示防止法 37 台所中性洗剤有害論争	30 団地族 35 安保阻止運動 39 東京オリンピック テレビ 39 東海道新幹線
1965 S40	レモン輸入、ビール自由価格　40 レトルト食品 42 スナック菓子、立ち食いそばブーム	新潟水俣病、イタイイタイ病、カネミ油症事件起こる 生活クラブ生協運動	40 ベトナム戦争 人口 1 億になる 43 GNP 世界 2 位 消費者保護基本法
1970 S45	46 冷凍食品　47 カップヌードル、家庭用ガス湯沸かし器、システムキッチン、電子レンジ	44～49 ファストフード店、ファミリーレストランの繁盛	減反政策開始、消費生活センター 45 大阪万博、マイカー流行 48 第一次石油ショック
1975 S50	50 大型冷蔵庫、健康食品、電子ジャー炊飯器、カップ食品、コメ消費減少、缶入り飲料水、ペットボトル、宅配、米飯自由販売	50 捕鯨制限、 51 マクドナルド 100 号店 55 農薬問題 コンビニエンスストアー	カラーテレビ 52 マクガバン報告 55 米の自由化、東京サミット、 イラン・イラク戦争
1985 S60 1989 H1	電子レンジ 50% 普及 自動パン焼き器、宅配ピザ、激辛ブーム、中食ブーム、ミネラルウォーター IH クッキングヒーター	61 ドミノピザ 62 ピザーラ 62 英狂牛病 H2 日本型食生活指針 5 平成の大不況：外国米輸入、国際スローフード協会	男女雇用機会均等法 61 チェルノブイリ事故 H1 ベルリンの壁崩壊、 中国天安門事件、 ソ連崩壊

1995 H7	オール電化普及 サプリメント 遺伝子組み換え食品	8 スターバックス 11 タリーズコーヒー O-157 事件頻発 塩専売法解除	7 阪神大震災 サリン事件
2000 H12	特保食品・有機農法 日本スローフード運動(16：スローフードジャパン)	食生活指針 12 雪印集団食中毒事件 13日本BSE（狂牛病） 14 牛肉偽装事件 15 食品安全基本法	介護保険法 13 食品リサイクル法、東海村原子力臨界事故（米国同時多発事故）
2005 H17	ミシュラン・宇宙日本食 特保食品改訂 マクロビオティック流行	17 食育基本法 19 鳥インフルエンザ 20 中国製冷凍餃子中毒事件 21 米国産牛肉危険部位混入事故、米不正転売事件	
2010 H22		22 口蹄疫、 24 牛生レバー食中毒事件、給食による児童アレルギー死亡 25 アクリフーズ冷凍調理農薬混入食品 25 食品表示偽装事件 和食文化遺産登録	23 東日本大震災・福島第一原発事故

（作成：河上）

（3）和食「文化」の登録の意図

◆ユネスコが登録した内容

★登録記載内容：和食：日本人の伝統的な食文化―正月を例として―

基準1　世代から世代へと伝承される中で、「和食」は、日本人の間の社会的結束を強めるとともに、アイデンティティと絆の感覚をもたらすことに重要な役割を果たしている。

基準2　「和食」の記載によって、無形文化遺産全般の重要性への認識が高まり、同時に、対話並びに人類の創造性及び環境への尊重が助長されるとともに、健康的な食が促進される。

基準3　日本の様々な地域において、研究、記録並びに教育及び文化交流を通じた認知向上といった、市民団体や政府による「和食」に係る保護措置が実施される。

基準4　多くのコミュニティ、個人、研究機関、地方自治体が、提案のプロセスに参画し、かつ、コミュニティにおける、任意の、事前の説明を受けた上での同意が伴われている。

基準5　「和食：日本人の伝統的な食文化」は、コミュニティ、集団、個人の参画に基づく無形文化遺産として、二〇一二年に日本の無形文化遺産目録に含まれた。

これまで述べてきたように、登録申請においては、「日本人の伝統的な食文化」が和食であり、それは一汁三菜という料理形式に代表されるといわれていますが、これは必ずしも説得力をもつものとはいえません。そのように定義した理由はどうやら別のことからきたように思います。ユネスコの食に関する文化遺産登録では、文書をみればわかるように、食文化を支えるコミュニティー（共同体）が重視されています。しかもその食文化には「統一された内容」が必要とされます。ここから、歴史的にも地域的にも、（各地方の郷土料理など）多様で差異ある日本の食文化は、「和食」に統一化されたように思います。このことは、和食が日本という共同体に属するすべての日本人に共通する一元的な食文化の形式であると断定されたことを意味しています。つまり登録文で書かれている和食を支える「日本人」とは、「すべての日本人」を意味します。「和食会議」の長である熊倉功夫も、「（申請対象は）日本人の食文化全体を対象にしている」と述べています。そして和食、しかも正月のおせち料理などの行事食に代表されるものを日本人の食文化とすることで、日本人全体を社会的に結束させ、日本人のアイデンティティと絆の感覚を形成するものだとしています。

しかし今日、都市で忙しい生活をおくっている人々や一人暮らしの若者たちが、正月に、家族とともに手間のかかったおせち料理を食べるようには思われません。ファミリーレストランで家族団欒の外食をしたり、ピザの中食を囲む人々も多くなっています。かつてハレの日しか食べることのあまりなかった餅やお寿司は、いまや日常の食べものになっています（ハレの日常化や形骸化）。また外国のスーパーにも並んでいます。こうした食の現実をどのように考えればいいのでしょうか。伝統的な和食の再興でもって、日本人のアイデンティティが再生されるというのでしょうか。

他方で和食文化は、沖縄やアイヌの食文化を一元化できるのでしょうか。そこでは和食の代表とされる一汁三菜食を基本とするような食の様式とはまったく違う肉食料理様式や食文化が継承されてきました。そうした人々にとっては、「和食」による日本人としてのアイデンティティ形成の主張は、ある意味で食文化の強制になるのではないでしょうか。もちろん後述するように、登録以後、和食の一汁三菜の「菜」は肉でも良い（とんかつなどの洋食も入る）といわれています。しかしそうした地域の差異ある食文化のうち和食に同化できないものは、「周縁」の食文化として、今後、侮蔑や差別の対象とされるかもしれないと危惧されるようにも思います。

もちろんこの登録によってこれまでほとんど顧みられることのなかった各地方や地域の独自の食文化が再発見されたり再評価されるようになったりしていくのは喜ばしいことです。地域の食文化を活性化するための「地域食文化ナビ」という政府の企画も生まれました。地域でもこの地域の食文化の再興も、日本全体の経済再興という大きな目的のためにあることを確認しておく必要があるようです。

①登録は、経済的な思惑からであった

和食をユネスコの無形文化遺産として登録申請しようとの動きは、「和食」が消えつつあるので、あるいは和食離れが進んでいるので、和食を保護するためであると表面上はいわれています。だが登録申請の経緯をみると、伝統的な食文化の保護・継承を目的としたというよりは、和食についての新たなイメージをつくることによって、原発事故による日本の食のダメージを減らすとともに、より以上の経済効果を引き出すということが、真のねらいであったように思います。

和食登録の発起人は、日本食の継承や世界への発信を目的に、京都の料理人たちによって設立されたNPO法人「日本料理アカデミー」だったようですが、申請はあくまで日本政府のプロジェクト（文化庁・農林水産省・外務省・内閣府など）によるものです。

このプロジェクトは東日本大震災と原発事故によって生じた日本の食産業の危機意識から生まれています。二〇一一年三月一一日の福島第一原発事故から三か月後の六月から日本料理の無形文化遺産登録が企画され、同年七月に、農水省が専門家を集めて、省内に「日本食文化の世界無形遺産登録に向けた検討会」をたちあげ、政府主導での申請活動を開始しました。[*5]「実現すれば原発事故でひろがる日本食への風評被害を払拭でき、日本を元気づける明るい話題にもなるという判断があった」と、農水省関係者は語っています。

日本中が原発事故による食べ物の放射能汚染問題に対応苦慮していた時期に、こうしたプロジェクトの企画が推進されていたということ、しかもプロジェクトは食産業界や料理業界、学者、政府機関によって企画構想されたこと、これらのことはどういう意味をもつのでしょうか。国の食政策とは、国民のいのちを支える食の安全問題と商業文化とを別建てに考えていくことを基本とするものなのでしょうか。このプロジェクトは、原発事故による日本の食の「ダメージ」を、「和食」という文化イメージをつくることによって払拭しようという経済的意図が中心であったようです。

より詳しくみてみましょう。登録申請文によれば、次のような意図がみえてきます。まず国内的には第一に、東日本大震災と原発事故による日本の農漁業へのダメージを払拭することでしたが、そのほかには人々の和食離れを食い止めるためでした。とくにコメが余っているにもかかわらず、その消費量は年々減少している状況があります。（NHKの調査では、コメの消費額は世帯当たり年間で一九九〇年には六万二五五四円であったのが、二〇一一年では二万七七八〇円に下がったのに対して、パンの方は一九九〇年二万六一二二円から二万八三六八円と増加したそうです）。こうしたことを踏まえて、米を食べることを推奨したい、あわせておかずである和食材料の生産を増やしたいとの意図があったようです。

また和食登録は政府の海外向けの食政策の一環でもありました。[*6] これは①日本料理店の海外進出の拡大、②日本料理を介した外国人観光客の誘致、③日本の農水産物や食品の輸出促進などの政策と一体でした。これについては、二〇一一年の日本貿易振興機構の調査によれば、外国人が好きな料理の一位は日本料理（八三・三％）で、二位はイタリア料理でしたが、農林水産物・食品の輸出額は日本の五一億ドルに対し、イタリアは四三四億ドルでした。人気が必ずしも食材輸出に結びついていないこと、[*7] また日本食レストランが二〇〇六年約二万四〇〇〇店、二〇一〇年約三万店、二〇一三年三月約五万五〇〇〇店と増加していることなどが踏まえられたうえでの政策です。

これらの和食推進政策においてとくに申請者たちが神経を配っているのは、なによりも原発事故による農産物の放射能汚染についての対策であるようです。というのも原発事故後、日本の食料品輸出は減少していました（農林水産物や食品の輸出額は、原発事故や円高の影響により、アジアを中心に事故前の二〇一〇年四九二〇億円から二〇一一年四五一一億円へと大きく減少していました）。さらに「風評被害」の拡大もありました（韓国や中国では日本近海の水産物輸入が一時期禁止されました）。これらの対策として、日本の食経済のたてなおしや農業振興をすることが緊急の課題だと考えられました（農水省は二〇二〇年までに国産食材の輸出額を一兆円に倍増させたいという方針をたてているそうです[*8]）。そうしたことを背景として、政府は、和食を日本の食文化としてうちだすことで、国産農産物の輸出促進、コメの消費拡大、外国人観光客の増加などを期待したようです（なお「風評被害」対策も国内の農産物対策として以上に、原発の再稼働や海外輸出策の一環だったということもできます）。

②和食離れをとり戻すために「家庭の食を和食に」

今日、多くの日本人の食生活は和食料理を基本にしたものではないように思います。日本人の好きな料理をあげさせると、寿司やさしみ以外に、カレー、から揚げ、焼肉、ハンバーグ、ビーフステーキなどがあげられます[*9]。主食もコメ以外の麦類のパン、パスタ、トウモロコシなどでつくられたものも多いようです。こうした食生活にみられる西洋化は、明治時代に国の近代化政策として進められたことが関係しています。コメについては年々減少し、一九六三年の一三四一万トンをピークに、二〇一二年では八〇〇万トン位にまで消費量は低下し続け、コメの一人当たりの年間消費量も半減しているそうです。

日本人のこうしたコメ離れ、和食離れは、第二次世界大戦後の食生活の欧米化、外部化などによって徐々に起こってきましたが、とりわけ高度成長期後の社会構造や労働形態ならびに家族の変容（核家族化）にともなう中食・外食の増大や、個食や孤食という多様な食形態が生まれてきたことと関係があります。和食登録文書ではこれを和食中心の家庭食・内食に戻すことを提唱していますが、これは問題です。若い人たちを中心とする和食離れは、単に個人の嗜好によるものではなく、家庭生活や労働形態、食産業構造、そして教育環境も含んだ近代社会構造全般の変化と関係があります。そしてまた食の近代化とは、なによりも個人の食のあり方の自由化を意味します。いわば時代や社会の変化にともなって欧米化してきた（変容した）わたしたちの食生活を政策的に「もとに戻す」ことは、困難でありかつ問題であるといわざるをえません。

にもかかわらず登録申請者たちは、和食は古来より日本人の健康、家族や地域の人のつながり、コミュニティを守るための重要な役割を果たしてきたものゆえに「とり戻そう」というようです。和食＝日本の食文化の大切さを、国民全体が認識し、保護・継承をしようというのです。

熊倉功夫は、「食文化継承の基本は、家庭の食にある。このまま家庭内の調理が衰退すると、和食が途絶えてしまうのではないか。申請は、和食を見直してほしいという問題提起でもある」といっています。そのうえで和食の基本的な要素は米飯を中心に汁物、おかず、漬物を組み合わせる食事の形式、いわゆる「一汁三菜」を家庭で取り戻そうと主張しています。だが毎日の食事を大好きなカレーやハンバーグをやめて、一汁三菜の食事へ転換することをほとんどの人が納得するようには思えない。そのことを登録者たちも知らないわけではありません。それゆえ毎日の「おかずは何品でもいい。ハンバーグやトンカツなど、洋食的なおかずが入っても構いません」という。和食離れをなくすための方法が和食ではない洋食料理でもいいなら、和食の推奨とはなにを意味しているのでしょうか。和食文化のとり戻しとはどういうことなのでしょうか。

留意されるのは、和食への回帰の照準が家庭の食卓に向けられていることです。そして和食料理が敬遠されている原因を女性たち、働く主婦たちの食事づくりの問題に焦点化していることがあります。子どもたちの和食離れの原因は働く女性たちにあるというのでしょうか。でも働くお母さんは手間のかかる和食料理をする余裕はないといってもいいでしょう。食生活に関する意識調査によると、夕食の支度にかける時間が一時間未満の人が増え続けているといいます。男性たちの家事負担が依然として少ない日本では「女性が限られた時間で家事をこなすなか、食事作りに時間がかけられないのが実情」なのです。こうしたなかで時間をかけずに少ない食品数で栄養を取るには、和食は最適であるとはいいがたいのです。[10] この現実を無視して、和食は日本人にとって大事な食の文化なのだから、世界で認められた健康食なのだから、和食料理を家庭でもするように心がけるべきだというのです。それならば、食事づくりに関するジェンダー意識の変革や男女の労働形態の改革がまず必要でしょう。

③和食による食育・教育

　現在の日本の子どもたちにおける食の乱れや欠食・偏食、個食・孤食などの問題は、重要な教育課題とされ、食育が叫ばれるようになり、二〇〇五年には『食育基本法』が制定されました。食育基本法では、子どもたちの食の乱れなどの主原因は家庭機能の崩壊にあるとされ、家族団欒などの再建、食に関する作法やしつけなどの家庭教育の実践が提唱されるとともに、学校給食における食の訓練なども課題づけられました。

　この食育を、和食登録の目的であるとしていることは留意すべきです。農林水産省のホームページの「食文化」のところには、和食文化の推奨のために、「食文化を活用した地域活性化」「日本食文化の海外展開」と並んで、「食育による食文化の継承」が提示されています。そして和食文化の推奨と食育との結びつきの根拠として、『食育基本法』第二四条の「国や地方公共団体による伝統的な食文化の継承・推奨のための啓発と知識の普及」があげられ、家庭や学校での和食教育の必要性を説いています。

食文化の歴史や食に関する知識の学習が、食育教育として重要であることはいうまでもありません。しかし食育教育が和食教育でなければならないはずもありません。和食会議の代表である熊倉功夫は、次のようにいっています。「学校で食育を積極的に取り入れ、幼い時から和食のスタイルと美味しさを経験させる必要がある。そのためには給食のあり方ももう一度考えなおす必要があろう。米飯給食であればその傍らには牛乳ではなくて味噌汁を置いてほしい」[*11]。

これは、まさに和食をとおした食に関する「イデオロギー」教育といわざるをえません（後述するように、戦前これと同種の米によるイデオロギー教育がなされました）。これを受けて、さっそく京都の教育委員会などが小学校給食を和食中心にすることを検討しはじめたそうです。和食を登録申請した京都の料理人たちが中心になって、給食の週一回のパン食・牛乳をやめて、米飯・みそ汁・漬物、和食の主菜中心の献立にしようという。これは栄養学的な食育から道徳・民俗学的な食育への転換ではないでしょうか。こうしたことが、ユネスコの無形文化遺産登録の趣旨だったのでしょうか。

もちろん食育は単なる教育の問題ではなく、人間形成の基本にあるものとして国民全体で取り組まねばならない課題であることはたしかです。しかし戦前のように個々人の食の選択領域に国家が介入することは、民主主義国家では許されません。食の民主化とは、食についての個人の自由を保障することを国家の方に義務づけるものであっても、国家が個人の食の領域に介入したり自由を制限することではないからです。

和食登録と教育との関係については、他方では高等教育や学術分野への影響が認められます。政府は食に関する高等教育機関のあり方を検討し、「和食文化学」という新たな学術分野を設定することも構想しているとのことです。和食にかかわる伝統行事などの慣習や「しつらえ」に関する伝統工芸、日本型調理の知識、日本文化論、栄養学・医学・食品に関する法律などを含む文理融合型で学際的な学問体系の構築、およびそれらを追求する高等教育機関の設置を検討しているそうです。なぜ登録申請に、文化庁や文部科学省などの教育関連省庁がかかわってきたのか、その理由がみえてくるように思います。そして従来日本の食の現実を憂い食育の必要性を掲げ、食改革を模索していた一部の食の学者や専門家たちがこの登録に積極的にかかわったということも、和食登録が「産官学」一体の国家的な事業であることも確認しておきたいものです。登録認定を受けて、さっそく大学で「和食文化学科」の設置や、「和食文化学士（仮称）」などの資格取得体制も準備されているそうです。

3　和食と「イデオロギー」

(1) 和食文化の「精神」

さて登録では、和食は、米飯を基本におかずと汁と漬物で食べる「一汁三菜」様式という基本的な組み合わせであるといわれていますが、今日このような食事様式を日常おこなっている人たちがどれほどいるでしょうか（高齢者対象の宅食サービスや病院食や和食レストラン位だろうか）。和食の登録を推進した人たちもそのことを認識しているようですが、にもかかわらず、なぜ和食の食事形式の意義を語るのでしょうか。それがはたしてコメ余りの解消や和食材料の輸出の増加に通じると信じているのでしょうか。

それにしてもよく考えてみると、家庭や学校での食事を伝統的な一汁三菜生活へと実際に戻すことは、食の自由化が進んだ今日、限界があることはいうまでもありません。和食推進者たちもまたそのことを認識しています。だとすれば、和食登録にはさらにどのような意図が込められているのでしょうか。ここで注目しておきたいのは、登録されたのは和食ではなく、和食という食文化なのです。

日本の食文化研究の第一人者といえる石毛直道は、食文化について次のようにいっています。「食の文化の本質は、食物や食事に対する態度を決めている精神のなかにひそむもの、すなわち人びとの食物に関する観念や価値の体系であるといえる」[*12]。食文化の本質は「食」に関する精神、観念、価値体系にあるというのです（なおここでいわれている「精神」とは、わたしたちの食生活を外部から支配するような観念体系・上部構造ではなく、日々の食生活のなかで慣習化される精神・考え方です）。

このことを踏まえて和食登録の意味を考えると、登録は和食の食事様式にあらわれている伝統的な日本文化の「精神」、日本人の「社会的慣習」の尊重ということが込められていることがわかります。つまり和食登録のほんとうの狙いは、直接的な一汁三菜の米飯の復活よりも、そうした米飯に込められた日本的な「共食」のあり方の「精神」、伝統的な日本の家族や地域の食を介した「絆」「日本的つながり」などのとり戻しであるように思います。

つまり和食登録の真の意図は、食文化を支える日本的コミュニティー（共同体）の再建にあり、無形文化登録はむしろその方途にすぎないのではないでしょうか。いいかえれば、日本型「共食」の精神を、和食という食事様式を通して形成していくことが、主眼ではないでしょうか。それゆえに「和食」とは「食べることに関する日本人の慣習」であり、それは日本が守るべき「文化」だとされたように思えます。

共食の今日的意義とその再建については、わたしも必要だと思っています。でもそれが「和食」であり、「日本文化」の再興として語られることが、問題だと思っています。このことについて、ここで考えたいと思います。

(2) 自然の尊重

登録のなかで、和食が日本文化である理由として、四つのことがあげられています。「自然の尊重」「家族や地域を結ぶ――行事や祭りの食の役割」「ハレの日の健康長寿の願い」「和食の多様性」。これらが和食という食文化のなかで、日本の精神、観念を最も示すものだといわれています。

このなかで最も重視されているのは、「自然の尊重」です。日本の地理環境、風土、気候、四季、多量の降雨をもとにした海・山・里からの旬の豊かな食材が和食を支えていますが、それはそうした恵みをもたらす自然を、日本人が敬い、また共に生き、神仏や先祖への信仰と食を結びつけてきたからだとされています。つまり和食は単なる料理ではなく、自然の尊重という「日本的精神」を最もあらわしている文化なのです。

しかし自然の尊重のうえに成り立つさまざまな和食の食材の実態は、ほとんど外国産や人工的操作が加わったものです。米を除けばみそ汁・醤油・豆腐の原料である大豆もほとんど輸入品であり、農薬使用や遺伝子組み換え技術がなされているものもあります。和食の代表格である「煮物野菜」の材料も年々外国産が増え、揚げたり炒めたりするためのなたね油も遺伝子組み換え作物が入っています（ＴＰＰ交渉によってモンサントなどの遺伝子組み換え食品が大量に入ってくることが心配されます）。また定番の和食料理天ぷらのエビもタイやベトナム、インドネシアからやってきているのです。和食の原点の天然「水」もいまやペットボトルで購入しないと手に入りません。こうした和食の食材の実態を、日本の豊かな自然のたまもの、「自然を貴ぶ」精神、とまとめることができるのでしょうか。

自然の尊重を語るならば、そうした食材をうみだす日本の自然をいかに保護するかの対策を立てていくことが必至であるように思います。あたかも志賀直哉や川端康成が描いたようなかつての日本の自然風景がいまも実在するかのように、しかも喪失した自然の精神を一汁三菜食という食様式で実現できるかのようにいうのは、きわめて欺瞞的ではないでしょうか。

もちろん自然の尊重という日本の文化を、食の世界で取り戻そうという試みを否定するつもりはありません。しかしそれが和食であるということの根拠は希薄といわざるをえません。もちろん和食（日本型食生活）が健康にいいことは、日本人男女の平均寿命の長さや肥満が少ないことで示されているといわれてきました。この点については、アメリカの「マクガバン・レポート」（一九七七）によって、生活習慣病の予防のために穀物・植物性タンパク質・魚菜食中心の和食が推奨されて以降、文化遺産登録に関係なく、和食の評価は世界で承認されているのです。

ところで日本には明治以来、西洋料理を受容して和洋折衷型の食文化を形成してきた世界に誇るべき食の歴史があり、栄養学などの食の科学を追求し独自の食加工技術を構築してきた食の「文明」もあります。ある意味では健康食品や特保食品にみられるような新食品開発の方が、食に関する日本の文化の精神性・機能性であるといえるかもしれません。登録文書の「和食が日本文化である理由」のなかにも自然尊重の精神性と並んで、栄養バランスに富んだ健康食への寄与が、和食の「機能性」としてあげられていることは大事だといえるでしょう。

(3) 伝統的食文化とは?

次に和食登録において重視されているのは、行事や祭りなどの食事のようです。和食登録の思想的基盤をなしている『日本食文化テキスト』には、「行事と食文化」の章があり、そこには五節句を始めとする年中行事、出産、誕生から結婚、還暦、葬儀までの人生儀礼にかかわることが説明されています。そしてそれらについて、日常生活とは違う特別なハレの日として、それにともなう食べ物やしつらい、しきたりをもつ独自の食様式があるといいます。

でも戦後、核家族を基本とするわたしたちの都市中心型の食生活のなかで、行事食はほとんど形骸化しています。たとえば、典型的な行事食である「おせち料理」はいまやデパートやネット通販で購入することができるものとなっていますし、各地域の祭りはツーリズムの対象であり、還暦の健康長寿の祝いの儀式は西洋料理のオードブルやビールやワインを囲む同窓会のパーティになっています。またそうしたハレの行事に関心のない人々にとっては、かつてハレの日にしか食べることの許されなかった料理も、日常的に安くスーパーやコンビニで食べることができるので、敢えてハレの食を設定する必要を感じなくなっています。

『テキスト』に書かれた年中行事や人生儀礼にともなう食様式は、時代性や地域性を色濃くもつものであり、また同時に固有の宗教的刻印（神仏系）をもっています。もともとそれらハレの日の特別食は、古き宗教文化の共食（神饌）に由来するもので、階層や身分制とのかかわりをもつものです。[*13] それゆえに近代化とともに変容し、とくに戦後は、「信教の自由」が保証されるようになって、行事や人生儀礼の脱宗教化・脱慣習化が進められてきました。そうしたなかで年中行事食や伝統的な人生儀礼食の意義を再興しようというのは、各個人の信教の自由のみでなく、生活や生き方についての自由に抵触することも確認しておきたいものです。ハレの日の特別の食事の再興が、食の領域を超えて、日本的宗教文化自体の再興の主張の側面をもっているようにも思います。ある意味で、それは食による日本的「イデオロギー」の提唱といえる要素をもっていることも確認したいとわたしは思っています。

（4）和食のイデオロギー

①食の認定制度

「すしポリス」という言葉を知っているでしょうか。これは、二〇〇六－七年頃にアメリカなどで流行していた「日本料理」や「日本食レストラン」について、当時の農林水産相松岡利勝が、それらが本物の日本料理かどうかを認定するための制度を設定しようとしたことから生まれたものです。松岡農水相はそのために「海外における日本食レストランの認証制度を創設するための有識者会議」を立ちあげ、認証のための「日本食認定制度」を設定しようとしました。こうしたことに対して、アメリカなどのマスコミが「ニセ日本食の取り締まり」だと、この言葉で皮肉り、政府指導の日本食認定制度の設定は「国粋主義」だと批判しました。その結果、この企画は中止されました。

だが和食の文化遺産登録をきっかけに、再び世界で和食レストランの流行がおきそうです(政府もそれを期待しています)。そうした流行に対して、本物の和食を護ろうという動きも出てきています。なにしろ生の魚の代わりにアボカドを使い海苔を真ん中に巻き込んでいる「カリフォルニア巻き」や、バナナやチョコレートソース付きの「ロール風寿司」なども海外にはあるからです。わたしもイギリスで肉巻スシを食べたことがあります。

こうした流行に対して、民間にはすでに「和食検定」などの認定制度がありますが、和食登録を契機に「和食認定」制度を導入しようとの国の動きもあるようです。でもそうした動きは再び世界的にも失笑されることになるのではないでしょうか。美味しい料理は国境を越えていくものだからです。

報道によれば、政府は、今度は認定制度とは違って、日本の食材の良さを宣伝してもらうための「食の伝道師」事業を始めたいとしているそうです。これは海外における和食の食材や和食料理の拡大のための戦略だそうで、和食が登録されたことによる「ニセ和食」の防止、和食の国家保護という願いがそこには含まれているようです。でもユネスコの文化遺産では登録する食文化の「保護」はよしとされても、「優位主義」を排しています。和食の「伝道師」事業が和食文化の「保護主義」や「優位主義」に陥ることはないのでしょうか。そうなれば、和食も国のイデオロギーとなっていくかもしれません。

食べることは個々人の味覚に依拠しているかぎり個人的なものであり、これが本物の食べ物であるとか、正しい食べ物だとかいえないものです。しかし食という行為は個人的であると同時に共同的・社会的なものであり、また食は、社会集団において営まれ保持され習慣化され規律化されて、そこに独自の食の様式が生まれて発展してきたものです。そうした食の様式は、時代や他の国や集団・組織との交流によって変化するものであり、普遍的なものではありません。

とくに近代以降、食の世界化と同時に、食の生産・消費の市場化・人工化・情報化などによって、これまで家族を基本とする共同体によって担われてきた食事様式および規律も変化し、自由の領域が増えてきました。今日では食(食べるモノと食べるコト)は、誰もが自由に内容も目的も選択できるものとなりました。和食だけでなく、中華、洋食、メキシコ料理を、わたしたちは自由に食したり販売したりすることができ、それも健康のため、商売のため、快楽として、趣味として、家族のため、ケアとしてなど、目的も自由です。こうした食の民主化・自由化のなかで、この食のあり方が「正しい」とか、和食とはこうした内容が「正しいモノ」だという考えは、今日の人々の食への志向に逆行しています。まして国家が、和食は健康食ゆえに、日本の文化だから、そのあり方を指導することは許されないように思います。

ところで登録のテキストには、和食の「もてなし」という項があり、そこには箸の正しい使い方や交互食べ・三角食べなどの「正しい」食べ方、接客の「正しい」もてなしなどの教授がありまます。こうした「正食法」はどうやら学校や家庭での食育として推奨されているようですが、これは食の民主化の時代においてどのように位置づけられるのでしょうか。食の道徳や倫理なのでしょうか。日本人にとっての和食という「正しい食べ物」の「正しい食べ方」「正しい食べる儀式」などの発想は、なにを根拠にしているのでしょうか。こうした考えは「イデオロギー」の復権、あるいは今日的にいえば食の「原理主義思想」ということもできるでしょう。いや食の形式を借りた日本文化の「国粋主義」との疑いもでてくるようにも思います。

②「米」についてのイデオロギー

日本にはかつて米食についての「イデオロギー」が支配的となった時代がありました。岩崎正弥の研究によれば、コメは一八九〇年代までは自給できたが、それ以降一九五〇年代まで不足し、とくに一九三〇年代には生産量より消費量が大きくなり、コメの輸移入政策をとる必要に迫られたとのことです。そうしたコメの食糧事情は朝鮮・満州侵略の動機ともなったといわれていますが、その時代には「日本米イデオロギー」が支配的になったそうです[*14]。これは「日本米賛美が日本の国体を守る国民心性を育み、天皇制を支える一つの土台となる」との考えを基本としていました。

この「日本米イデオロギー」は次のような特色をもっていました。日本米と日本人の心性とは密接な関係にあると認識されたこと、日本米の優秀性に対して非日本米や非米食文化の劣等視や差別観があること、日本米を食することによる平等意識や仲間意識が形成されること、日本米を中心とする天皇崇拝および豊かさの象徴としての日本米信仰など。こうした考えは、日本産「白米」への願望・崇拝において顕著であったといわれています[*15]。

ではこれらの特徴を、今回登録された「和食」にあてはめてみると、あまり違和がないようにみえます。そのことがまさに今回の登録について、「和食イデオロギー」という疑念が生まれてくる要因ともいえるかもしれません。

ところで日本における食に関するイデオロギーとしては、「日本米イデオロギー」以外に、「玄米食イデオロギー」もあります。この玄米食主義については、今日、ベジタリアニズム思想の一つとしてのマクロビオティックなどが注目されていますが、この思想の系譜をたどると、そここにはイデオロギー的側面もあることを認識する必要があります。食のイデオロギーは、多くは政府の食政策や食育と結びついていますが、玄米食主義を説いた石塚左玄が日本の食育の創設者であることも示唆的なような気がします。

日本では第二次世界大戦が始まると海外から米も入らなくなり、食べ物不足に陥るようになってくると、食事や食生活への国による規制とともに、民間からもさまざまな考え方が提唱されるようになります。そうしたなかで「玄米食」こそが健康食だとする医学者仁木謙三などが現れ、またマクロビオティック思想の創始者といわれる桜澤如一も、「玄米菜食」という自然に則した食事法を提唱します。しかも彼は第二次大戦時、ヒトラーの意志力の強さは菜食主義にあると述べ、戦争に勝つための「正しい食」のあり方を主張しています。彼の玄米食イデオロギーは、以下のようなものでした。[*16]

彼の主張によれば、近代戦争は国民精神の総動員の結集が不可欠であり、そのためには国民の健康が重要であるが、その基礎をなすのが食生活である(「食は民の大本なり」)。そうした食のあり方のモデルがヒトラーであり、彼が「自由と飽食」「肉食主義＝個人主義・唯物的原子論機械論」の英仏に勝ったのは、ベジタリアンだったからだといいます。そして桜澤は、ヒトラーの国民生活十か条を模倣して、自国食中心主義(地産地消、旬のもの、伝統食、自然素材の「身土不二」)を展開して、外国食料品の排除を基本とする「正食運動」を国民教育に取り入れるように主張しています。正食とは正しい食べ物、正しい食べ方、正しい調理・料理を含むもので、伝統的な日本食の様式であるといいます。ただし白米食ではなく、玄米食が中心でなければならない。この食事法は同時に精神性と一体でもありました。それが「無双原理」といわれるものです。「有為転変を重ねつつも瞬時も止まらざる形式を有しつつ、永遠にかわらざる天地大自然の秩序」の「八紘一宇」(全世界を一つにまとめて、一家のように和合させること)の精神は、玄米食の正食法で実現されると述べています。

彼は、戦後はこの正食主義を平和主義に利用すべきだと転向していますが、食のイデオロギーとはどういうものであるかを、それはわたしたちに示唆してくれているように思います。

まとめ

多くの人が喜ばしいと思っている和食の無形文化遺産登録について、以上、ネガの面について考えてきました。思想とは本来問題を批判的に考えるものだからです。でも最後にポジの面も確認しておきます。和食登録は、豊食・飽食・崩食の日本社会に対して、①日本の食文化の見直し②地域の食文化の掘り起し(地域食文化ナビと新しい食文化の発見)③日本の食文化の海外への紹介は食を通した文化交流への寄与④食育の重要性、という大事なことを明るみにだしました。

そして登録文書には次のような文が書かれています。「和食は……海外の食材や料理、調理方法を積極的に取り入れ、その内容を変化させてきた。明治時代の積極的な西洋文化の導入により、……肉食へのタブーが解けて、……肉じゃが、すき焼き、カレーライス、とんかつなどいわゆる和洋折衷料理も生まれた。これも新しい『和食』の伝統である」と。

食文化は時代を映して少しずつ変化するものです。「和食文化の保護」が日本文化優位主義の排他的で偏狭なナショナリズムに堕すことがないように、また和食の推奨が「日本文化」復権のための「和食イデオロギー」へと転換することがないように、世界の食文化へと拡がることを期待したいと思います。

[注]

＊1　最近（二〇一四年五月）原発事故による農産物の放射能汚染問題をとりあげた漫画『美味しんぼ』に対して、「風評被害」をまき散らすといって、記事そのものを弾圧するようなことも起きています。

＊2　和食の無形文化遺産登録に関しては、農林水産省のホームページ（食文化）に掲載されています。これは申請前と登録後とは若干差異がありますが、ここでは二〇一三年登録時に公表されたものを使用しています。

＊3　原田信男『和食と日本文化』小学館、二〇〇五、一〇頁。

＊4　農林水産省ホームページで公開されている「日本食文化テキスト」テキスト作成共同研究会、（代表 熊

倉功夫）、二〇一二年三月一日作成。このなかの「日本の伝統的食文化としての和食」参照。なおこのテキストでは、幕末（西洋食の移入）と昭和三〇年代に和食は大きく変容したと述べています。

＊5　和食の登録申請は二〇一一年七月から文化庁、農林水産省をはじめ関係省庁の協力のもとに、政府主導で学界、料理界、外食産業等の関係者が集まり、和食文化の無形文化遺産の登録を目指してきました。この活動には生産者、食品メーカー、フードサービス、観光業などの企業・団体、地域の郷土料理保存会や食育団体・ＮＰＯ・料理学校などの食に関わる団体、地方自治体、個人なども参加して進められてきました。（産経Ｗｅｂニュース：二〇一三・一二・五）

＊6　農林水産省による食の海外普及政策は、和食登録以前の二〇〇六年から企画されており、二〇一〇年の六月には「日本食レストランを通じた輸出促進の取組」が出されています。この政策が和食登録申請の前身であったともいえます。

＊7　農林水産省作成（ホームページ）の「日本食・食文化の海外普及について」より（これは二〇一一年三月の日本貿易振興機構調査による）。

＊8　農林水産省指導で、食の海外市場を広げる事業は、和食の文化遺産登録のみでなく、二〇一五年ミラノ国際博覧会への公式参加、日本食・食文化普及推進事業、日本食・食文化の世界的普及プロジェクト事業などが予算化されています。cf：食料産業局食品小売サービス課外食産業室作成「日本食・食文化の海外普及について」二〇一三年六月作成参照。

＊9　農林中央金庫の二〇一一年の調査によれば、子どもの夕食で好きな料理・おかずは、一位「ハンバーグ」、二位「カレー」、三位「から揚げ」で、以下は「ギョウザ」「焼肉」「シチュー」で、洋食の人気度が高いとのことです。

＊10　夕食の支度にかける時間が一時間未満の女性は二〇一二年は五四％、今より減らしたい人は五八％であったそうです。しかし既婚男性はほとんど家事をしていないようです（朝日Ｗｅｂニュース：同上記事）。

なお総務省の二〇一一年の労働力調査では、既婚女性のうち仕事を持つ人が四九％。二五～三四歳の女性は五五％でした。

＊11　熊倉功夫『日本食文化テキスト』「日本の伝統的食文化としての和食」より。

＊12　石毛直道「なぜ食の文化なのか」『講座　食の文化：第一巻　人類の食文化』石毛直道監修、味の素食の文化センター、一九九八、三一～五二頁。同『食の文化を語る』ドメス出版、二〇〇九。

＊13　そうしたハレの日の特別食は、神に供物を捧げ、神と共に分かちあう「直会《なおらい》」から由来したものです。

＊14　岩崎正弥「悲しみの米食共同体」『食の共同体』池上甲一他著、ナカニシヤ出版、二〇〇八、一二六頁。

＊15　米食については、明治時代に兵食論争、脚気論争といわれるものがありました。これは軍隊の脚気対策をめぐって、高木兼寛のパン・麦食と森鷗外の米食との間でおこなわれた論争です。これについては補論（１）の「食文化から見る日本の近代化」参照。

＊16　桜澤如一『戦争に勝つ食べもの』大日本法令出版、一九四〇。桜澤は、日本の栄養学が明治以来ヒトラーの批判したユダヤ栄養学、リービッヒからモーレショットやフォイト、ルブナーに依拠してきたゆえに、日本人が軟弱になったという。そして一九三三年のヒトラーの言葉「ドイツ魂をドイツの小麦で、バターや肉よりも大砲を」を引用し、日本も玄米食で戦争に勝つべしと主張しました。

第2章　ヨーロッパの食（文化）を考える

今日、日本の食の風景として、和食はいうまでもなく、洋食・中華・韓国料理など華やかで、食の世界化やグローバル化が身近なものとなっています。メディアやインターネットには世界の料理の「レシピ」や「グルメ」情報が氾濫し、若い人たちの中には朝食はパンとコーヒー、昼食はラーメン、スパゲッティやカレーライス、夕食はハンバーグ、餃子、から揚げチキン、焼肉などが好みだという人も多くなっています。近年ではマクドナルド、ケンタッキー、スターバックス、ファミリーレストランなどでの外食や、コンビニやデパ地下などの中食が、単身者のみでなく主婦たちにもなじみのものとなってきています。その一方で健康のための栄養、ダイエット、高齢者の食事ケア、子どもたちの孤食や欠食等の問題が語られたりしています。わたしたちはまさに豊食・飽食・崩食の時代に生きているのです。

人間の食という行為は、自己の生命活動維持のための自然的かつ文化的社会的な営為といえますが、それは風土・土地・伝統文化などにも依拠しているので、個人の食活動も地域社会の食文化思想の影響をうけます。しかし二〇世紀後半以降、この食活動は世界経済のグローバリズムの進行とともに、一方では地域性・差異性を脱して一元化しつつあります。他方では日本ではこれまで米と魚を基本にしていた日本食一辺倒から、パンと肉を基本とした西洋食が加わり、多様化してきました。こうした今日のわたしたちの食の状況を考えるために、この章では、世界の食のあり方を主導してきたヨーロッパの食文化思想について考えてみたいと思います。

第1節　西洋の「食の思想」の特色

日本における食の西洋化は明治の文明開化に始まりますが、その文明開化は、西洋の文明技術の受容を意味し、西洋の近代社会の構造や仕組み、政治・経済・法制度や諸学問とくに科学的思考を取り入れて、それらを国家の礎にして、日本の近代化を進めることにありました。この文明開化によって、日本の食の西洋化がはじまり、それまで米魚菜食を基本としてきた日本の食文化に、パンと肉の西洋食が導入されました。そうした導入過程において大きな役割をはたしたのは、医者や知識人たちによる西洋の食の学問の移入でした。明治政府は欧米の科学者を積極的にうけ入れ、また欧米に有望な若者を留学させて、近代科学技術や医学や社会経済・学校制度を学ばせましたが、食の世界についても同様な近代化政策がとられました（こうした明治の食事情の変化については、補論（1）を参照ください。日本の近代化がもっている問題も論述しています）。

しかし確認しておきたいのは、この日本における食の西洋化による近代化が、富国強兵という明治政府の政策のもとで、兵隊を中心とする国民の体力増強策のためという条件付きではじまったことです。それゆえ西洋の食の科学を導入しても、そうした食の科学を生みだし支えてきた西洋の食の思想・考え方については無関心でした。つまり近代日本の食の西洋化といっても、国力増強のための西洋の食材、料理、食のレパートリーなどの食の技術面だけの移入を意味していました。ここから日本で流布していったのは、あくまで西洋という出自を忘却する「洋食」という「日本型西洋食」、和洋折衷食というものでした。それはまた日本における食の西洋化のあり方は、食糧・生産よりは消費・政治を重視するものだったといえるでしょう（これは今日の日本の食事情、圧倒的な食材の輸入依存・低自給率と、世界グルメ志向というような飽食・崩食現象に結びついているといえます）。

このように、日本における食の近代化とは、単に西洋の食の科学技術・産業技術の導入・発展と西洋料理の移入を意味しているにすぎません。食に関する安全性の確保のための法制度、個人の自由や権利などの保証の考え方は、日本には移入されませんでした。舟田詠子がいうように「モノの製造技術だけを西欧から取りこんだが、そのモノをつくりだしてきた人間や、文化の過程は切り捨てられたままなのである」[*1]。

その後も日本は第二次世界大戦後のアメリカの食糧政策のもとに、食への欲求・消費の拡大のもとで産業・消費社会への道を歩んできましたが、それと同時に食の経済構造の変化にともなって、ＢＳＥ・農薬・ＰＣＢ・放射能汚染などの食の安全性問題、遺伝子操作などのテクノロジー問題、ダイエット・拒食などの心身問題などの諸問題をも抱えるようになりました。こうした食の状況は日本にとどまらず、いまや世界の食の問題となっています。いずれにせよ日本の食の近代化の礎をなしてきた、西洋の食についての考え方とはどういうものだったのか、考えてみる必要があるように思います。

西洋にはさまざまな食の思想があります。古代ギリシア、キリスト教、近代科学、近代思想、現代思想というような西洋思想の流れのもとで、食文化思想も多様なものがあります。とくに西洋思想発祥の地である古代ギリシアの食の哲学、中世ヨーロッパを主導したキリスト教の食の思想、そして近代の栄養学などの食の科学や、美食と拒食との思想的拮抗等、多様です。それらの食の思想は、「パン」と「肉」を中心とする「食べ物」の効用や役割を追求すると同時に、「食べること」についての意味づけや目的などについても多様な角度から考えてきた歴史をもっています。また食全般についての自然主義、食餌法、断食思想、ベジタリアニズム、食快楽思想、食の医学思想、産業思想など、現代の食思想の起源といえるような思想をみいだすことができます。こうした多様なヨーロッパの食文化思想を考えるためには、少なくとも系譜学的な視点が必要です。

もちろんヨーロッパの国々や地域には、それぞれに固有の食文化があり、また独自の食思想も認められます。ヨーロッパの食文化といっても北欧と南欧ではまったく違いますし、また南欧といってもギリシアやイタリアとフランスなどでもそれぞれ特色・差異があり、一様には語れません。そのうえヨーロッパ社会自体が民族・政治・宗教などの影響のもとで歴史的に大きく変遷していますので、食文化も総論的に語ることができません。食文化は時間的にも空間的にも差異と多様性をもつものなのです。ヨーロッパの食文化は一元的に語れないのです。ここからヨーロッパにおける各国や各地域の食文化について、その差異と多様性において研究しようという動向が、一九七〇年代から社会史などを中心に生まれてきました。

ここではとくに日本の食文化への影響という視点から、ヨーロッパの食文化に特徴的だといえる食についての「考え方」「思想」に注目したいと思います。もちろん食文化は、その食材や調理・料理にあらわれるものであり、それら食材や調理・料理は地理、環境、道具、社会共同体のあり方などによって制約されて歴史的にも変化していますので、一つの食文化でも総論的に語ることはできません。たとえば日本の和食文化が鎖国のもとにあった江戸時代と、肉が入ってきた明治時代とでは違いがあるように、ヨーロッパでも同じ肉食文化でも電気やガスのなかった一六世紀と、二〇世紀の冷凍解凍技術のある時代では違いがあります。しかしそれでもなお、同じ地域の食文化にはある種、時代制約性を超えて共通していると考えられる特色があるようにも思います。そうしたヨーロッパに共通的なものとして、「パンと肉」という「食べ物」をあげることができるように思います。「パンと肉」は、ヨーロッパの国々や地域に共通してみられる、共時的にも通時的にも「主食」とみなすことができる、ある意味でヨーロッパの「普遍的な」食・食べ物といえます。

この「パンと肉」を共有するヨーロッパの食文化にはそれを支える精神・価値観がありますが、これは時代や社会構造によって変化してきました。パンと肉という共通の食べ物をどのように調理・料理するかということには、土地や風土や気候の制約や、共同体の伝統や慣習によって違いがあります。しかし中世以降キリスト教という大きな宗教文化・精神文化の力が、パンと肉を基本とするヨーロッパの食の世界を変えてきました。近代になると栄養学や食物学・医学という食の科学の知恵がヨーロッパはもちろん、世界に伝播していきました。そしてそのヨーロッパの「大きな食文化思想」は、多様性と差異をもつ他の地域や国々の食文化思想に影響を及ぼしていきました。

またヨーロッパの食の思想は、食料や料理に関する効用・役割・目的についての考え方はいうまでもなく、食にかかわる人間のあり方に関する考え方、家庭や社会のあり方についてまでも理論化を求めるという、「普遍的な」食思想の要素をもっています。この普遍的な食思想こそ、ある意味でヨーロッパ独自の食文化思想であるといえるかもしれません。

この章ではこうしたヨーロッパの食文化の特色を、思想史的な視点を踏まえて、代表的な食の思想系譜から考えてみたいと思います。

第2節 古代ギリシアの食の哲学
——ヨーロッパの食文化思想の始原

古代ギリシア（BC5C-AD3C の初期ローマを含む）に、神話や宗教や習俗から距離をとって、知恵や思考を追求する哲学者や思想家たちが誕生しました。とくに二五〇〇年前に始まった「哲学」は、有名なソクラテス、プラトン、アリストテレスなどの三大哲学者を始め、多くの哲学者・自然学者・倫理思想家によって、人間、自然、社会、文化、精神にかかわる「あたりまえ」と考えられていること、不思議なこと、解決できないことなどについて問いを立て、根本から考える学のはじまりでした。

哲学者たちは、人間の生命にかかわること、生きることや死ぬことの意味についても自身の思考をもって追求しました。そして自然の仕組みや関係性、感覚や感情の仕組みはもちろん、国や社会のあり方、男女のあり方、生活の仕方について、そして「食」についても議論し、その根本を追求し、食の哲学が生み出されたのです。その一部の著作が今日まで残されています。古今東西、古くから多様な食の思想がありますが、古代ギリシアの哲学者たちは、食に関して宗教的伝統や慣習からも自由に、食の「真理」を追究することをめざしました。この食の哲学は、近代以降ヨーロッパ思想の枠組みを超えて、食についての普遍的な学問へと発展していきました。

古代ギリシアの哲学者たちが食を哲学の主題としたのは、食餌のあり方もまた「魂の世話」にかかわるものであると考えていたからです。そして魂の善きあり方として「節制」を唱えましたが、この節制は単なる「節食主義」ではなく「善き魂」のあり方の媒介でした。それゆえプラトンは、哲学者は食という「肉体的なもの」を節制し、理性の糧で生きるべしと説き、「羊飼いは羊のために世話をするのであり、食べるために世話をするのではない」とソクラテスにいわしめています。

それゆえ彼らの「食」についての考え方の基本には、「食べること」は単にからだの維持や栄養ではなく、人間性にかかわることであり、とくに「良く生きること」にかかわることだという認識があります。「食」について考えることは、人間（心身の良きあり方）、自然、そして「神」について考えることでもあったのです。

彼らは、ギリシア独自の自然観（「活動的自然」φύσις ピュシス）にもとづいた人間の生命・身体のあり様や、「魂」の「善きあり方」を求めました。人間の食活動を含めた身体活動は、活動的自然の内的な自然（ミクロコスモス）として、他の生命・環境などの外なる自然（マクロコスモス）との連続・連関をもつ対応関係にあると考えました。そして両者の対応関係が調和的であるときに、善き生活や「善き魂」のあり方がもたらされると考えました。食のあり方もそうした魂の善きあり方と結びついていると考えられています。

彼ら哲学者たちによると、善き魂のあり方をもたらす自然との調和的な対応関係は、自然がもつ原理（αρχηアルケー）・法則性に沿うもので、食もまたこの法則性に沿っているとされます。こうして多くの哲学者が食のアルケーを求めて哲学し、水、気、四元素、理性等の原理説等が主張されました。たとえば、エウリピデスは四元素（土・水・空気・火）説に則って、肉食禁止説を唱えたといわれています。そして多くの哲学者や思想家たちは、善き魂、善き生活のための食のあり方は「節制」にあると考え、自らも実践しました。

こうした食の哲学を追求した思想家たちには、ピタゴラス、ヒポクラテス、ディオゲネス[*2]、アリストテレス、エピクロス、プルタルコスなどがいます。

（1）節制思想

今日では数学者として有名なピタゴラス（Pythagoras, BC582-496）は、「ベジタリアンの父」といわれ、肉食文化のヨーロッパのなかで、現代まで継承されてきたベジタリアニズム思想の創始者だということができます。彼は仲間と共に（ピタゴラス教団）、自然の調和的原理アルケーを実践的に志向するための善き魂のあり方を求め、そのための「善き食餌」のあり方を説いています。彼は著作を残していませんが、肉食の禁止、生贄の禁止、生命の同族性から殺生の禁止、性欲の関係から豆を抑制し、レタスなどの菜食生活を奨励しました。徹底した節制主義、節食思想を貫いたといわれています。

「西洋医学の父」といわれるヒポクラテス（Hippocrates, BC460-370）[*3]は、医療のなかには食養生も含まれるとして、養生という良き食生活のあり方を著作に書き残しています（「食餌法について」[*4]）。そこでは良き食生活にはつねに自分を省みること（＝知恵）が必要だと説いています。なお彼の食餌法*δίαιτα*（ディアイタ）とは、養生法・摂生法・生活法を意味する言葉で、現在使用されているようなダイエット（痩せ術）ではありません。

ヒポクラテスによれば、人間の食活動を含めた身体活動も活動的自然（ピュシス）のもとで動くのであり、この活動的自然には熱（温）、冷（寒）、乾、湿の四つの基本性質・状態があり、それらの保持の仕方が人間の健康状態を左右するとのことです。食餌と運動は人間の健康状態におおきくかかわっており、なかでも食餌は自然のもつ基本的性質に相応するようなあり方が推奨されています。そして主食である大麦だんごとパンを基本とする穀物類、豆類や種子を中心とする野菜類、肉類は牛・豚などや家禽・鳥、魚介類、果物とチーズ類、「水」とワインなどの飲み物を、その基本的性質（熱冷乾湿）に沿って、季節に応じて調理し摂取することが、健康維持のための必要条件である、と述べています。とくに食塩の効能は重要だともいっています。食餌法のほかには、沐浴の仕方・睡眠方法・レスリングなどのスポーツ・運動を合わせてすることが健康維持には欠かせないとも述べています。

ヒポクラテスは節制の徳と規則正しい運動の必要性を主張し、それらの知識を踏まえて、病気治療としての食事療法を発展させました。こうした彼の食餌論は、今日の臨床栄養学の礎をなしたといわれています。

ヒポクラテスにかぎらず、古代ギリシアの食の思想家たちはみな、良き食生活は「節食主義」にあると考えましたが、それを学問的に展開したのは、古代ギリシアの三大哲学者の一人、アリストテレスです。

アリストテレス（Aristotélēs, BC384-322）[*5]は、生物学的な知見にもとづいて食料・食べ物と人間の身体の関係を学問化しています。また食に関することは倫理の問題（節制とふしだら等の問題）であると考えています。彼は『ニコマコス倫理学[*6]』で、人間の行為や感情における超過と不足を調整する徳として「中庸」μεσοτης（メソテース）をあげ、この中庸の徳を食生活の基本とするように主張しています。中庸とは両極端の中間を知る徳性で、蛮勇や臆病の中間的な状態としての勇気が例としてあげられますが、これはあくまで思慮の善きあり方（フロネーシス、実践知）です。そして食における中庸のあり方として推奨されているのが、「節制」なのです。

アリストテレスはまた『政治学』『自然学』などの著作で、植物は動物のため、動物は人間のため、家畜は役用や食糧のため、野獣は食糧のため……という人間と動物とを区別する「生命論」を展開し、食べ物についても、生命論から考えられなければならないと主張しています。彼の著作にはこうした食の哲学が展開されています。

なお『ニコマコス倫理学』という著作とは別の『問題集』[*7]という著作には、食にかかわるさまざまな項目が並んでいます。代表的なのをあげてみましょう。これらをみると、現代の食物学で研究されていることが網羅されていることが分かります。

●医食同源に関する問題：病人食（大麦粥）、食餌と労働との関係、眼・耳・鼻・口・口腔内・触覚・顔・身体全体・膚の色艶などへの食の影響
●発汗に関する問題：食べながら飲むと汗が出ない
●飲酒と酩酊・性交・疲労に関する問題、横臥と姿勢に関する問題、共感に関する問題、冷えと悪寒に関する問題、音声・芳香・悪臭との関係の問題、自然（海・温水・空気・風）の問題（体に影響する酒の状態などの分析、酩酊状態がどういう視覚や思考状態・眠気・震えになるかの症状の分析と病気との関係や体内変化、会話、性交との関係、年齢との関係などについて）
●食と倫理の問題：恐怖と勇気、節制と不節制・自制と無自制、正義と不正、思慮・理性・知恵との関係、触覚と味覚に対する不節制・無自制は快楽に由来する……「劣悪な快楽」
●個々の食べ物について：灌木と野菜、セロリ、薄い煮物、南瓜、辛味、大根、胡瓜、果実、玉葱（涙のわけ＝乾きと刺激物と水蒸気）、大麦粉・大麦パン……白いパンの秘密、小麦の方が大麦より栄養高い

理由＝粘り
●食べ物の育て方、成長の仕方、保存の仕方、腐敗の構造、土壌、季節、甘みなど
●食べ物の料理の効用、焼くこととゆでることの効用（食べ物の水分の保有度との関係）、食べれるものと食べられないものとの差とは液汁との関係あり（薬味となるものあり）
●調理の仕方：捏ね方、焼き方、硬くなる理由
●食べ物の効用：長く摂取できるもの＝栄養豊かで肉体に残りつつ効果をもつ。美味のもの、満腹観とは栄養効果が体内に滞留するもの、身体にあうもの
●美味と適度の量は体力と対応関係にある。「美味は習慣がつくりだすもの」、果実：甘味は満足感・欲求……乾燥無花果の美味

ここで再確認しておきますが、古代ギリシア・ローマ人たちは地中海の豊かな自然風土が与えてくれる穀物・果物・野菜・魚介類を中心に、人間らしく「節度」をもって食することを理想としています（「節食思想」）。この考え方は、暴飲暴食することのない「節制」を基本としたものですが、そこでは食べることとの快楽・喜び自体を悪いこととして否定していません（後のキリスト教の節制主義との違い）。食べることについての快楽は人間の本性からくることである、という考えがあるからです。

この食の快楽の肯定という考え方は食の哲学者たちも共有しています。もっとも食快楽の過剰な追求は諫められています。肉体的快楽より知的快楽を主張した、かのプラトンですら『ゴルギアス』のなかで、「料理法とはどんな技術ですか」の問いに「喜びや快楽をつくり出すこ

との経験だよ」とソクラテスにいわせています。節制の哲学者アリストテレスも善き行為は快楽をともなうものであるとも述べています。なおヘレニズム期になると、ストア派の哲学者たちは飲食の快楽について否定的なスタンスをとっていますが、エピクロス[*8](派)は肯定しました。もちろんかれらも真の快楽は欲望の「節制」によって生じると考えています(こうした節制とともにある「快楽」主義は、現代人の過剰な快楽主義を見直すために最良の手引きとなるように思います)。

(2) 宴会(会食)の哲学

古代ギリシアには、「シュンポシオン」=宴会・会食[*9]という独自の食事様式がありました。とくにクレタ島のアンドレオンやスパルタでは、男子のみの自由市民による公的会食・宴会が盛んに開かれたそうです(この宴会の様子は、アテナイオスの『食卓の賢人たち』に詳しく書かれています)。そこでは女性と子どもを排した男子の自由市民たち(三〇人位の規模もあったそうです)がソファー(寝椅子)に寝そべり、花輪花綱飾り、香油、掛け布、クッション、靴置き円椅子を置いて、給仕奴隷によって運ばれる移動テーブル上の数枚の皿のねりパン・大麦・肉・魚介・野菜・無花果などの果物・ウナギなどを手(指)食しつつ、水割りワインを飲みながら政治、芸術、哲学、文学、人間、セックス、食材・食べ方などを主題にして自由に談議していました。時には遊女、歌舞、器楽もあり、床には食べかすがあっても無頓着に、毎日あるいは数日にわたって宴会食が催されたそうです。

こうした宴会は一面では宗教儀式と関係していましたが、徐々に宗教儀式から独立化し、市民の日常生活のなかに定着していきました。この宴会が注目されるのは、そのなかで食事とはどういうことなのか、食事のあり方、一緒に食事することについて論議されていることです。そして一緒に食べる（食卓の共有）という「会食」には「談議の快楽」「団欒の喜び」が伴うこと、談議することを食の行為として意義づけたことにあります。「われわれが食卓につくのは食べるためではない、一緒に食べるためである」とプルタルコスはいっています。

「宴会」が祝宴や祭りという非日常性において開かれ、会食をとおして食が共有されるのは世界共通にみられますが、古代ギリシアではその宴会を日常化して食を共有するだけでなく、その「共食の楽しさ」を「言語化」しました。食は親しい人同士が食べることを共有するだけでなく、コミュニケーションであり、また食べることの「楽しさ」を共有することとして意味づけられ言語化されているのです。そうした食の言語化に哲学者・文人・政治家・商人なども大いに寄与しました。彼らはともにワインを飲み、美味しい食を味わいつつ、どういうものが美味しいか、どういう食材が健康にいいか、他の宴会の情報など……まさにコミュニケートしています。そこには「共食」という行為（＝宴会）の快楽、会食における「言葉・談議の快楽」も付け加えられているのです。会食の楽しみ（食べながらの会話）が人間の食行為においてもっとも大切なことであるという思想＝シュンポシオンの思想が、古代ギリシアの食文化思想として始まりました。この考えは現代のヨーロッパの食文化のなかに継承されています。

人間の食の世界がもともと共食の世界であるのは周知のことですが、文明社会にあってはその共食のあり方が、それぞれの地域文化特有の社会性・集団性の特質、「しきたり」「行動規範」を示します。多くの場合、共食の形態は、食の配分の秩序化を中心にした共同体維持が基本となっていますが、ギリシアにおける共食のあり方が、宴会（シュンポシオン）という独自の形態だったのです。

シュンポシオンという語はもともと「一緒に楽しく飲む」という語義ですがこのシュンポシオンの食思想は、祝宴や祭りで開かれる非日常性の食の形態を脱宗教化し、日常化し、平等化していきます。そして一緒に食べる（食卓の共有）という「会食」における「談議の快楽」「団欒の喜び」を、人間の食行為として意義づけしました。ここには共食における食の快楽の肯定があり、その快楽は単なる食べることとの快楽ではなく、コミュニケーションをともなう「感性的な」快楽であり、言葉の快楽と一体になった人間の食事のあり方である共食＝会食の快楽でした。それゆえにその会食の会話を通して人間関係、教育、マナーなどについても追求されました。そしてプルタルコスの食の哲学も、こうした食卓談議として内容が展開されています。

(3) プルタルコスの「食の哲学」

古代ギリシア・初期ローマ（以下初期ローマを省略）の哲学者のなかで、食の哲学そのものを展開したのはプルタルコス（Plutarchus, 46or48-127）[*10]といえます。彼は他の哲学者たちと違って、哲学のテーマは魂が本領とするようなみえないことだけではなく、わたしたちの日常生活のなかでみえている事象のなかでみえていないことだといい、食は哲学的なテーマであると考えました。それを著しているのが『食卓歓談集』[*11]という著作です。この著作は、世界で最初の「食の哲学書」といえるでしょう。この著作は最初に食卓で哲学談議をしてもよいかという問いから始まり、食に関するさまざまな疑問が提示され、それについて登場人物たちが議論します。この議論は古代ギリシアの対話形式の哲学なのです。彼の食の哲学について考えてみましょう。

まずこの著作は、「食卓で哲学することについて」という問いから始められます。

この問いを聞くとほとんどの人が「エーッ？」「哲学談議など、食事中の話として最もふさわしくない」「食事中に哲学のような難しい話や論議をすると食欲がなくなる」などというのではないでしょうか。日本では伝統的に、食事中は黙して食べるというマナーがあり、雑談やまじめな話ですら禁止されることも多いので、食事中に哲学の話なんて考えられないというかもしれません。もちろんいまでは日本でも食卓の家族団欒が推奨され、食事中は「楽しい話」をすることが推奨されます。それでも、学問のなかでもとくに難解だと思われている哲学を、食卓でおこなうなんて、とても理解できないといわれるかもしれません。

でもこうしたことには、まず「哲学」についての誤解があります。哲学はもともと日常のなかの不思議なことやわからないことなどについて、仲間同士で自由に気楽に語り合うものなのです。プルタルコスを始めとして、古代ギリシアの対話形式で書かれた哲学の本を読むと、哲学が必ずしも難解なものではないことがわかります。子どもの素朴な問いに大人たちが食事しながら答えているような印象があります。プルタルコスも述べています。「哲学は生きる術」で、遊びや楽しみから遠いものではない。宴席の会話にふさわしいものでなければならない、と。そして宴席の会話の仕方についても述べています。

まず気楽な前提から始め、例を引き神話を交えて話して、対話に加わっている人々を自分の方に引き付けるのがよい。それほど知的でない人が聞いても息苦しくなったり、あるいは除け者にされることのないように、対話の仕方そのものも気楽であるべきだし、問題も誰にもおなじみのもの、提供される知識もほどほどに宴席という場にふさわしいものがよく、肩のこるものではいけない。また重箱の底をつつくような話、論証技術を積み重ねた人がするような話、バカ話、教師用の話はだめだと。美味しい酒や嗜好品などをたしなむことは哲学的会話にふさわしいと。そして食卓での会話をリードする幹事・主催者を哲学者だといっています。

これはまさに食卓におけるコミュニケーションの方法論ではないでしょうか。二千年以上も前に、食卓における会話の仕方（哲学対話）について書いているのは、まさに驚きです。ヨーロッパ人のコミュニケーション能力は食卓から始まったともいえるかもしれません。

プルタルコスの『食卓歓談集』は食の哲学談議ですので、取りあげられているのは、一般的な哲学のテーマではなく、あくまで食に関する哲学的なテーマです。それでは彼の食の哲学がどのようなテーマを取りあげているのか、みてみましょう。

プルタルコスがあげている食に関するテーマは、「食べ物」「食べ方」「共食のあり方」「食の慣習・伝統」の四つに分類できるように思います。これらのなかで特色あるものをとりだしてみましょう。

①「食べ物」について

「鶏と卵ではどちらが先か？」――これをめぐっては、いのちのはじまりの秘密やいのちのなにを神聖だと考えるか、卵生か胎生かなどの誕生や妊娠をめぐる問題、そして小さいもの（物質・要素）が大きいもの（生物）より先か、その逆かという生命の発生・生成の法則などが話しあわれています。

「なぜ塩は神聖だと考えられるのか？」――塩の神聖さをめぐって、宗教・神話・習慣・伝統から話すのではなく、自由に調味料としておいしいから、必要を広く満たしてくれるから、死体など腐敗を防ぎ、長期間もとの状態を保たせるから、豚や犬に塩を食べさせるとどういう効用があるとか、まさに現代の栄養学にひけをとらない議論がなされています。

そのほか、「なぜ肉は日の光よりは月の光にあてると腐りやすいか」「山より海の珍味の方が多いか少ないか」「甕酒やオリーブ油・蜜の貯蔵の良い仕方」など食べ物の良い状態なども議論されています。

②「食べ方」

「酒は漉して飲むべきか?」「なぜ新酒は酔いにくいか?」「なぜ老人は水で割らない酒を好むか?」など――これらの問いは、食べ物の摂取の仕方について、食べ物の状態と人間の状態(年齢・健康)とのもっとも適合する関係についての議論です。そして食べ物と人間の最良の関係は両者の自然状態(季節・水分状態・土壌などと年齢・体力・性差など)の相応にあると述べられています。老人は体力の衰え、外の刺激への反応力が遅くなるので強い刺激―味覚・嗅覚・触覚―を好むのだとか、果実は便通を良くし、果実の酸味が食欲をそそるとか、柑橘類は体内の熱が希薄になる夏から秋になるといいとか、女性のからだは湿っているが老人は乾いているので酒が体内に留まりやすいとか、面白い話が載っています。旬の食べ物がなぜおいしいのかを人間の身体の状態との相応から述べているのは現代栄養学の知識に負けません。もちろんなかには今日の生理学の知識から変だと思えるものもありますが、食べ物についてのエコロジー的な話題がだされていて興味深いです。

③「共食のあり方」

「宴会の料理はめいめいに盛り分けるのと大皿からめいめいがとりわけるのとどちらがよいか?」

――これは一緒に食事をすること（共食）[12]の意味についての問いです。そこでは食卓の平等性や公平性が問われます。一人ひとりの盛り分け式の食事様式が会食の自由や平等性を示すものであること、そのための銘々皿、個人差に応じた食事の量（各人の食欲に沿う）などが語られます。もちろん盛り合わせの分配において生じてくる食の「格差」「不平等」を解消するために主人（＝分配する人）や各人の「自制」が必要であることも述べられます。宴会で一番大事なのは、「会話や乾杯やお互いの好意」を共有することである、といわれています。古代ギリシアの民主主義とは食卓においても実行されることがみてとれます。

興味深いのは、「性と食」との関係を論じていることです。古代ギリシアでは性について自由でした。古代ギリシアの食文化とキリスト教の食文化とは、「パンとワイン」と節食主義を共有していますが、違う点は性との結びつきです。「食」の欲求は、「性」の欲求とともに、動物と共通する本能的な欲求ともいえる面をもっているので、性的欲求を罪とみなすキリスト教では両者の結びつきを禁止し、禁欲精神を課しました。食事中に性の話などもってのほかです。しかし人間の欲求に対して解放的であった古代ギリシアでは、両者の結びつきにも寛容でした（もちろん過度の快楽の忌避は前提です）。

そこから「性交に適する食事」などのテーマも、とりあげられて議論されます。まず性交が会食の話題としてふさわしいか、話題とするときの人数、その領域、議論の仕方・目的などを議論したうえで、性交との関係について、食事の時期や効果、食べ物の内容とくに飲酒との関係、労働との関係、影響まで語られています。なおピタゴラスが（精神活動の妨げになる）性交との関係から豆を禁止したのは有名です。またこの議論においてはプラトンの『パイドロス』を引いて、視覚などの感覚と肉体との関係というレベルまで掘り下げて議論され、世間話のような安易な結論を出すのではない点に留意しておきたいと思います。

そのほか**「結婚披露宴にはなぜ他の宴より多くの客を招くのか」**（招待の意味や結婚と付き合いとの関係）などが主題となっています。会食の招待については、古代ギリシア独特のものとして、「影法師」といわれるものがあります。これは招待された客が同行して連れてくる人をさします。ヨーロッパには古来、ホストが知らない人が宴会に来てもいいという伝統がありました。これは現代社会において難民や異邦人・被迫害者の受け入れ（ナチスの時代にもユダヤ人を家に受け入れた少数の人々がいました）とも連なっている考えです。

現代のコミュニケーション社会は身近な人たちの交流が主となっていますが、かつては結婚式や葬式においての客人は開放的でした（知人の知人など地域の人々まで広がっていました）。そういう非知の人とのコミュニケーションは古代ギリシアのみでなく、キリスト教社会を経て、近代以降も継承されていることにも留意したいと思います。[*13]

④「食の慣習・伝統」

「ユダヤ人はなぜブタを食べないのか?」――世界には食べ物に対するタブーがあるのは知

られていますが、古代ギリシアの哲学者たちにとっては、こうした食のタブーもまた不思議なことでした。ユダヤ人はなぜ豚食を禁止するのか、ブタを崇めているからなのか、嫌いだからなのか？　こうした疑問は国際化時代のわたしたちもまた感じています。なぜイスラム教圏でも豚がタブーなのか、ヒンズー教徒は牛肉を食べないのはなぜか、仏教はなぜ肉食を禁止したのだろうか、などなど。多くは宗教的な根拠づけや地域文化の伝統から説明するだけで、それ以上は議論がなされていないように思います。

だがこうした食のタブーについても、古代ギリシアの哲学者たちは聖典や伝統に縛られることなく自由に論議しています。豚食のタブーについては、豚への崇拝と忌避との両面から論じ、崇拝の方は豚がエジプトの洪水後の大地を耕してくれるからとみます。忌避の方は豚が不浄や不潔なところにいるので病気をもっており、感染のおそれがあるからとの意見も出しています。現代人にも納得しうるような議論が展開されています。そして食習慣に関する疑問としては、当時の食事の片付け方や会食マナーや（ホストなどの）もてなし方なども話されています。

こうした古代ギリシアの食の談議は、伝統や宗教的な慣習からではなく、お互いの議論を通して、食において大事なことを見極めようとしましたが、それは、後に食の学問への道しるべとなっていったように思います。他方では、人間のコミュニケーションのあり方から人々の暮らし方にかかわることにまでつながった食についての自由な討議は、食という行為において個々人の立場を承認し、会食者同士の「平等」のもとで「ともに」食べるという民主化の精神が基本的なものであると指示しています。こうした古代ギリシアの食の哲学談議は、現代の豊食＝飽食時代のなかで分からなくなってきた食の意味や役割について、再考するための示唆を提供しているように思います。

第3節　キリスト教の食の思想

日本にパン・肉・コーヒーなどの西洋料理が公的に移入されたのは、明治時代ですが、すでに一六世紀に西洋の野菜等が持ち込まれています。カボチャ、ジャガイモ、トウモロコシ、春菊、パン、カステラ、コンペイトウなどを、キリスト教の宣教師たちが布教する際に持ち込んだといわれます。でも日本では当時、肉食が禁止されていたことや江戸幕府のキリスト教禁令のもとで、西洋の肉食料理の移入はなされなかったようです。

明治以降、文明開化の掛け声のもとで、西洋食は、日本独自の「洋食」として徐々に日本社会に定着していきました。そうした洋食を支えたのは、主として食物学や栄養学などの食についての西洋の科学的知識ですが、しかし西洋社会の食のあり方を規制し構築してきたキリスト教を始めとした西洋の食思想についてはあまり関心をもたれませんでした。

ここでは西洋食を構成している「食べ物」に注目しつつ、とくに古代ギリシアの食思想と並んで西洋の食文化を支えてきたキリスト教の食思想に、注目したいと思います。

西洋の食文化は、起源的には二つの文化に支えられて発展してきたように思います。南欧・地中海地方を中心にして発展してきた「パンとワイン」の世界と、北欧や中欧で発展してきた「肉」の世界です。パンとワインは古代ギリシアにおいて、肉食は中世以降のローマ、ゲルマンの人々が嗜好してきたように思います。そしてその両者にまたがってキリスト教がヨーロッパの食の世界を席巻してきました。

キリスト教は食に関する独自な意味づけや規制・儀礼の秩序をつくってきました。聖書にはそれについての多くの記述があります。なかでもとくに、「食べて良いもの」と「食べてはいけないもの」を選別し、一方は聖化し、他方はタブー視するという食の選別思想や、摂食を制限する規律や儀礼などがあります。そうしたキリスト教による食の秩序化は、他の宗教文化圏との抗争・排除・差別などをもたらしましたが、キリスト教の食の思想には他の文化にはみられないような独自の興味深い食の意味づけがあります。ここではこうした食べ物をめぐるキリスト教の食思想を取りあげてみます。

（1）食の聖化

①パンの思想

パンの起源はメソポタミアにあるといわれています（紀元前六〇〇〇年頃に小麦の無発酵パン、紀元前三五〇〇年頃には発酵パンがつくられたとの記録があります）が、西洋においては、パンは生命の糧としてさまざまな意味づけがなされてきました。

古代ギリシアには「人間とはパンを食べるものである」との言説があるように、パンは「人間固有の食べ物」とみなされています。というものパンはそのままで食べることはできず、人間の加工・技術を要するものだからです。[*14] まず原料（小麦・大麦・ライムギ・えん麦からトウモロコシまで）を「粉」にして、それに「水」を加え、捏ねて、そして焼くという加工をします。原料からパンに至るまでには、人間の労働力（農業）・技術・道具（竈の発達は中世です）が必要です。小麦（素材）からパン（食品）への道は、精神、洞察力、技術、道具、動物の飼い馴らし、農業などの習慣を営むための人間の魂と生き方の規律的変化も欠かせません。そのうえでパンの分配方法や規律なども要請されるので、パンは人間の共同的な作業・精神力・文化力があらわれる特別の食べ物なのです。つまりパンは、単に自然が与えてくれる食べ物ではなく、人間の知恵・技術の加わった食べ物（自然＋人間⇓パン）なのです。それゆえに「人間はパンを食べることによって人間的となる」ともいわれてきました。

またパンはひとかたまりで焼かれるので、それを分け合って食べるところから、古来、共同体の食事のあり方をもっとも表示するものと考えられてきました（この食べ物の分け合い＝分配ということについては、後述する「肉」もそうです）。食べるということはともに食べ合う、分け合って食べること、という人間の食の本質（共食）をもっとも示すのが、パンという食べ物だったところから、パンが大事にされ、神聖化されてきたといえます。

こうした「人間の食べ物」であるパンの意味づけについては、多くの研究がありますが、ここでは、それが示唆していることの一般的な意味についてのみ触れたいと思います。

ユダヤ・キリスト教には、パンについての独自の言説があります。有名なのは、『旧約聖書』[*15]の「出エジプト記」(12：15-20)に登場する「種(酵母)無しパン」の話です。これは、ユダヤの民が「種無しパン」をもってエジプトから脱出することができたという逸話から、ユダヤ民族にとって種無しパン(酵母菌を入れない発酵しないパン)は、神との結びつきと神への感謝を象徴するものとして位置づけられています。今日もなお、ユダヤの人々は過越祭の後(あるいは「間」)の一週間(除酵祭)に、このパンを食べるといわれています。酵母無しパンは他の食べ物とは異なる聖なるものなのです。

『新約聖書』の福音書にもパンの記述はたくさんあります。パンについてのイエスの奇跡(五つのパンを五〇〇〇人の貧しき者たちに与えたという奇跡など[*16])の記述は、パンがキリスト教の信仰の真髄に関わること(後述する「ほどこし」など)として位置づけられています。しかしもっとも重要なのは「人はパンのみにて生きるに非ず」(マタイ4：4)という言葉に示されている内容です。

この文は、次のようなイエスの言葉と合わせて考えると理解できるように思います。「わたしがいのちのパンである」(ヨハネ6：22-59)、「わたしは、天から降ってきた生きたパンである。このパンを食べるならばその人は永遠に生きる」(ヨハネ6：51)。人が永遠に生きることができる「パン」とは、なにを意味するのでしょうか。

ここで記述されている「パン」は、人間が生命維持のために食べる物という、いわば「モノ的」なことではなく、信仰の本質にかかわることなのです。キリスト教徒にとって「パン」を食べて生きることの真のあり方は、イエス・キリストと「ともに」生きること（＝信仰を生きること）を意味しています。ここでパンは、人間のいのちの内容、人間が真に生きることを支える糧、人が神の前に生きていくための糧、「霊的な」ことを指示しているといわれています。

それゆえパンはワインとともに「最後の晩餐」にも出てくるのです。イエスは弟子たちとの最後の食事・晩餐で、パンを裂き、弟子たちに与えながら「取って食べなさい。これはわたしの体である」といっています[*17]（これに続くワインの方は「わたしの血」といわれます）。ここではパンにさらなる意味も加えられています。キリスト者として生きることを指示するそのパンは、同時にイエスから弟子たちに分け与えられたものであること、つまり神の許しと愛を信仰者同士で「分かち合う」ことが指示されているのです。

これはキリスト教の隣人愛を示唆するとも言われていますが、「パンは一つだから、わたしたちは大勢でも一つの体です。皆がひとつのパンを分けて食べるからです」（コリント10：16-17）の一節から、パンは信仰者の集まり＝教会を指示しているともいわれています。そしてここからパンはカトリックでは聖別されて、「聖体」といわれるものになり、同じく聖別されたワインとともに「聖餐式」の儀礼に欠かせないものとなっています。こうしたパンの「分かち合い」の考えは、中世の修道院では貧しき人々へのパンの「ほどこし」の精神に連なっています（なお余談ですが、サンタクロースの源といわれる聖ニコラスが貧しき人々にクリスマスに配ったものも、パンであったとの『黄金伝説』もあります）。

以上のようなパンについてのキリスト教的意味づけを一般化してみると、パンは、もともと家族や共同体で分け合って食べるという「共食」の本質を端的に示すものでした。パンが示すその「分け合い」の思想は、古代ギリシアでは「会食」の思想とつながっていましたが、キリスト教では「ほどこし」という思想に読み替えられています。そのことは、食における人間関係を、横縦のコミュニケーション（共同体内部の親密な者同士の関係から共同体以外の者たちを含む関係）へと広げたことを意味しているように思います。パンは人間関係のあり様を端的に示すものだといえるのです。なお同じ食べ物の「分け合い」でも、パンと肉では異なります。肉の分け合いはパンのような人間関係の拡がりはなかったように思います。さてワインについてはどうでしょうか。

②ワ・イ・ン・の思想

ワインは、キリスト教ではパンと同じように聖化されていますが、ワインにはパンとはまったく違う要素と効用があります。ワインはなによりも嗜好飲料ですので、生命維持のために不可欠なものではありません。それはブドウという自然の植物からつくられますが、起源的には必ずしも人間が手を加えてつくったものではありません。しかもワインはそれを摂取すると、人間の精神や身体に特殊な作用（酩酊作用）を引き起こします。それは一方で心や精神の緊張や労苦を解きはなち、人間を癒し、快楽へとさそいますが、度を越すと心身を麻痺させ、知的能力を奪い、錯乱や狂気を生みだします。そこからワインは、古来、人間を超えたもの、神からの贈り物とみなされたり、人間にとって善いもの・悪しきものという両面的な評価がなされてきました。

ワインのもつこの両面性は古代ギリシアの神話にも明確に表明されています。神話によると、ワインを地中海の人々にもたらしたのはディオニソス神だとされています。この神は神ゼウスと人間セメレーとの間の子どもですが、ゼウスの正妻ヘーラー女神の嫉妬を受けて殺されそうになったので、ゼウスが自分の太腿に入れて生んだと言い伝えられています。ディオニソスは祖母・地母神レアに育てられますが、成長後もヘーラー女神から狙われ、地中海に逃げていきます。彼はその時に訪れた地域にワインを伝えたとされています（旅の過程で袋詰めのブドウがワインに変わる）。ワインを伝えたディオニソス神は、人間たちに飲食の楽しさや喜びと同時に、狂気や争いをも伝えたとして、精神史上、両面的な解釈をされてきました。

ワインはまた父権制を象徴する飲み物であるといわれてきました（女神から男神へという神話解釈）。また南欧の温暖な土地と地中海が与えてくれる穀物果物魚貝等の自然豊かな食の世界が、都市国家間の殺戮・狂気・戦争によって荒れていったときの飲み物であるともいわれています。古代ギリシアの壺の中で、水入りワインを入れた壺（クラテール）がありますが、それにはそうした戦いの絵とともにディオニソス神の旅の絵が多く描かれています。古代ギリシアでは、二〇人位の男性たちのみが毎日一緒にする食事会（シュティオン）の政治談議には、ワインは詩歌の朗読・口承・物語・吟遊、唱歌とともになくてはならない飲み物でした（女性は総じてワインを禁止されました）。また前節で述べた古代ギリシアのシュンポシオンには、会食者が一緒にワインを飲む集団儀礼もありました。

その後ワインは一世紀にはイタリア半島全体からガリア地方に広がり、フランス、ドイツへと伝播され、パックス・ロマーナを象徴する飲み物となっていきました。

ではキリスト教ではワインはどのような位置づけをもっていたのでしょうか。新約聖書でワインが出てくるのは、カナの婚礼の奇跡[*18]と最後の晩餐です。婚礼式のワインは今日まで伝わる慣習ですが、これはキリスト教にかぎったことではありません。キリスト教独自のワインの意味づけが重要です。

イエスは、最後の晩餐でパンに続き、杯を取り、感謝の祈りを唱えて「皆、この杯から飲みなさい。これは、罪が赦されるように、多くの人のために流されるわたしの血、契約の血である」といったと、聖書には述べられています。なぜワインは「血」と結びつけられたのでしょうか。これについては、次のような解釈が多いようです。ユダヤ教の過越祭の共食儀礼、つまり神がユダヤ民族を救うために命じた犠牲獣（小羊）の血から由来した、と。過越祭で贖罪の犠牲としてエルサレムの神殿にささげられ、その後各家庭で食された小羊の血は、罪の赦しを与える契約の血とみなされています。この共食儀礼の食事から最後の晩餐はイメージ化され、イエスの死も贖罪の意味をもたされ、血のイメージとともにワインに託されたと考えられているようです。こうしてイエスの血を意味するワインは、パンとともに聖化され、キリストの死と復活を記念する聖餐儀礼の（食事の）内容となってきました。

(2) 食の禁忌

①選別される食べ物

ユダヤ・キリスト教には、パンやブドウ酒のように聖化される食べ物とは別に、悪しきものとして忌避され、タブー視されている食べ物があります。これらの食べ物は古くは厳密に食べることを禁じられていましたが、徐々に緩やかになり、禁食期間も限定され短期間になりました。ユダヤ教で禁止された食べ物は、キリスト教では許されるようになったりしています。食べ物についての考え方や食べ方も、宗教文化のあり様とともに変化しています。

ユダヤ教の聖典である聖書（旧約聖書）は、神とユダヤ民族との契約について書かれたもので、紀元前六世紀頃に成立したといわれています。ユダヤの人々はこの聖書に書かれたことに則って生きることを、現代まで大事にしてきましたが、そこには食べ物へのかかわり方も指示されています。そして食べ物には差異や区別があること、とくに「清い（良い）食べ物」と「不浄の食べ物」の区別があり、それは神が創造した生命の秩序を守るために設定した区分けであるとされています。それゆえユダヤ民族はその秩序に沿って食生活を遵守する責務をもっていると考えます。

食べ物の秩序、とくにその禁忌の遵守は、ユダヤ教と異教との「分離・区別」を明確にするものでもあり、またユダヤのアイデンティティを示すものでした。そうした意味をもつ食べ物の区別は、律法五書といわれる『創世記』『出エジプト記』『レビ記』『民数記』『申命記』などに書かれています。

なかでも『レビ記』(11)と『申命記』(14)には、食べてよいものと食べてはいけないものの内容が書かれています。「清い食べ物」の多くはパンを始めとした植物性のものですが、動物については「ひづめが分かれ、完全に二つに分かれており、反芻する動物」と明確に示されています。またそれらは一つの環境＝地・水・空気に存在する生き物種であるともいわれます。食べてよい動物の例をあげれば、牛、羊、山羊、雄鹿、カモシカ、子鹿、野山羊、羚羊、大カモシカ、ガゼルなどです。また、ひれ・うろこのある魚類や鳥類なども許されるといわれます。

それに対して「不浄の食べ物」は清い食べ物ではないもの、ひづめが分かれていなかったり、まったく反芻しなかったりする動物だといわれます。肉食獣、ブタやイノシシも入り、ラクダ、野兎、岩ダヌキ、死んだ動物、猛獣によって殺された動物などもあげられています。また、ひれ・うろこのない魚や甲殻類（カニ・エビ）、爬虫類、など、そしてワシ類、ハヤブサ、トビの仲間、カラス類、ミミズク類、タカ類、フクロウ類、コノハズク、コウノトリ、サギ類、コウモリ、羽のある昆虫類も示されています。

今日的な視点からみると、こうした食べ物の区分の根拠は定かではありませんが、[*19] にもかかわらずこの区分は、その後、キリスト教にも伝承されていきました。しかしイエス自身は、罪は、「外から体の中に入ってくるもの」や食べ物からくるのではなく、偽善や悪などの人間の内部からくるといって区分けを退けています（マルコ7：15）。

ユダヤ教には食べ物の禁忌と同時に、調理や食べ方の禁忌があります。食べられる肉について次のようなきまりがあります。肉の「その血は断じて食べてはならない」「血は命であり、命を肉と共に食べてはならないからある。血は食べることなく、水のように地面に注ぎ出さねばならない」（申命記12：13-28）。

このユダヤ教の肉食についてのタブーには、Kosher（コーシャまたはカーシェール）といわれている調理法があります。コーシャはユダヤ教独自の宗教儀礼にもとづくといわれ、その製法は現代まで伝承されています。コーシャは、四－五世紀に編纂されたタルムードで、食生活に関する神の掟（ハラハー）として確立しました。コーシャの重要な目的の一つは、摂食行動

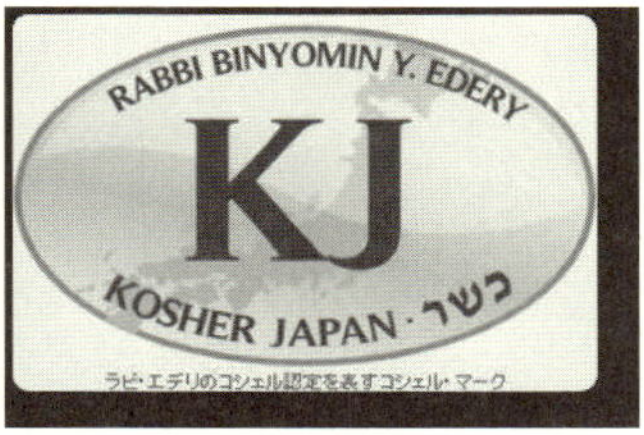

ラビ・エデリのコシェル認定を表すコシェル・マーク

を聖化し、食べられる食材の数を減らすことにあったといわれています。この方法で処理された肉や乳製品は、今日、上のような記号を付けることが多いようです。この印をつけた肉や食品は、日本でもスーパーや店舗などで購入することができます。またユダヤ教の食べ方の禁忌として「あなたは子山羊をその母の乳で煮てはならない」（申命記14：21）というものもあります。これは、肉をミルクや乳製品と一緒に食べること、とくに肉食後六時間内のミルクの摂取の禁止や肉とチーズの共食の禁止などですが、その理由としては同族のものを食べることを忌避するからであるといわれています。[*20] キリスト教には、こうした食の禁忌は伝承されていませんが、肉の禁忌儀礼全般の考え方についてはユダヤ教と共通するものがあります。

②肉食忌避

鯖田豊之は西洋の食の思想を「肉食の思想」と特色づけ、これは西洋食文化の本質そのものであると述べています。[*21]「ヨーロッパの思想的伝統」は肉食中心の「食生活パターン」によって規定されていることから、それを「肉食の思想」とまとめています。

彼によれば、肉食は西洋ではパン食よりも比重が大きく、日本における米のような主食に対する副食ではない。ヨーロッパでは主食と副食は明確に区別されていず、パン食は主食とはいい難く、むしろ肉食を補完するものともいえます。もちろんパン食は一一世紀頃より主要なものとなりましたが、あくまで肉食が食の中心をなしているといわれています。その理由としては、一九世紀まで、三圃制農法（秋撒き穀物のライ麦・小麦畑→春撒き穀物の大麦・燕麦畑→家畜牧草地の循環）のもとで、家畜と同居の住宅や、家畜育成と穀物栽培が結合していること、雑草がない牧草が豊かであること、穀物生産高が肉生産より高くはないことなどがあげられています。こうした肉食重視については、人間と動物の区別・差異を強調する「人間中心主義」と、人間と動物との断絶という「断絶論理」がキリスト教の思想の根源にあるからといわれています。

肉食論は、ヨーロッパにおける食の形式が「人間主体」に対する他の自然物の「対象化」という近代の思考様式と符合している（食の対象を人間の生命との連続性においてとらえる日本などの考え方と対比的）ともいわれてきました。しかしキリスト教には他方で肉食忌避の思想もあります。たしかに肉食の思想は（中世）キリスト教を支えるゲルマンの食文化とともに発展してきましたが、同時に肉食への忌避思想も伝承されていることを忘れることはできません。

キリスト教の肉食忌避思想の由来は次のように説明できるようです。肉食はもともと食糧確保と分配の面で量的に限界があり、また動物を殺して食べるというある意味で非人間的な行動をともないますので、それを人間化するための意味づけや規制が必要でした。そうした肉食の人間化のための意味づけや規制を中世ヨーロッパにおいて担ったのが、キリスト教です。キリスト教は南欧由来のパンとワインの食文化をもとにしつつも、他方で北欧・中欧由来のゲルマンの肉食文化を引き継いでいました。そこではもはや古代の節制主義やユダヤ教の禁忌主義だけでは対応できませんでした。そうして中世キリスト教独自の「肉食」へのかかわり方が生まれました。

キリスト教には「肉食も神の恵み、贈与であるという考え方」と「肉食には罪が付着しているという考え方」という、肉食についての肯定と否定という両面的な考え方があります。『創世記』には、人間がすべての生物を治めよ（1：26-29）との記述があり、ノアに肉食を許したとの記述があります（9：1-3）。そこでは自然支配者としての人間の位置づけ、および動物は食用の対象であると肉食は肯定されています。アウグスティヌスは動物に人間の道徳律をあてはめる必要はないといい、トーマス・アクィナス（『神学大全』）は、神は牛のことを気にかけてはおられないともいっています。これは、動物と人間との境界は明確であり、人間は動物を含めて生き物を食べ物とすることができる、という考えです。しかしあくまでこれは、ホーリスティックな思考にたって、食べ物を神の被造である自然の恵みとして讃え、敬意と感謝をもつということも前提されています。ここから王侯貴族とキリスト教との一体化した中世の肉食肯定思想も生まれました。

しかし他方で、人間には食に関する「罪」があるとの考えもキリスト教にはあります。また罪は食べ物からくるのではなく、人間の内からくるものであるとの考えのもとで、大食や暴食の罪[*22]があげられています。そうして神の僕である人間には、適度な量、バランスよい食事、食べ過ぎの忌避などの規律・儀式が課せられ、食に対する清貧・貞節・従順などの「節制」が重要視されています。留意したいのは、ここでいう節制とは、古代ギリシアのような自然との共生のもとでの節制ではなく、神のもとにある節制であり、肉食という「罪」に対する禁欲・節制の思想といえます。『創世記』には人間は菜食者であるとも描かれているからです（1：29）。そしてこの節制思想を徹底して実行した人は聖人といわれ、キリスト教徒の尊敬を集め、聖化されました。

③断食の思想

キリスト教の独自な食思想には、断食思想があります。これもユダヤ教からの伝承といえます。ユダヤ教の断食は厳格で、安息日は料理も禁止され（前日料理する）、肉のみならず多くの食べ物や調理・料理法の禁食がありましたが、初期キリスト教でも断食は贖罪という観点から継承されました。「節制」が、食べることや触れることの快楽・喜びへの渇望の抑制を意味しているのに比べ、「断食」は、肉とある種の食べ物を断つことですが、これは修道士たちを中心におこなわれました。

イエスは、四〇日間悪魔と対決するときに断食をしたといわれていますが、信者たちに断食を強制しなかったといわれています（マルコ2：18-20、ルカ5：33-35）。それでも初期キリスト教では何日も断食する信仰者がいたり、金曜日（水曜や土曜）の祭りの前に断食がおこなわれたりしています。四世紀には四旬節が断食日とされ、断食は贖罪を意味し、とくに罪（性的罪）を犯したものは断食を命じられました。

しかし中世になると、ガレノスを始めとした四体液説（血・胆汁・黒胆汁・粘液）にたつ医食同源思想がヨーロッパの食事法の基本とされ、初期キリスト教時代のような厳しい断食は避けられるようになりました。そして肉食日も限定され、肉食日と精進日の交互や代用肉も登場するようになります。それでも聖人たちや神秘主義者たちの断食は厳格で、シエナのカタリナなどは今日流の拒食症であったといわれています。[*23]

修道院の断食（節制を含む）の方法については、ベネディクトス会則や聖ヒルデガルドの食事法などに詳しく説明されています。ブリュノ・ロリウーによれば、修道院では、基本食はそら豆と野菜という二種の食（レフェクティオ）の二食で、肉はあまり食べなかったといわれています。しかしこうした禁食主義も一〇世紀になるとほとんどがなくなったそうです。なおこうしたキリスト教の断食＝禁肉食の思想は、その後ベジタリアニズム思想へと連なっていきました（これについては次章）。

カフカの『断食』

断食は、近代まで、キリスト教をはじめ世界の宗教文化のなかで、食生活の規範として、僧侶や修道士たちの修行としてだけでなく、庶民のなかでも実践されていました。その根拠づけとなったのは、どの宗教においても「節制・自制」、つまり現世の原理である我欲・快楽・エゴイズムの抑制からでした。それはある意味で、食の世界における宗教性・精神性の追求でした。しかし宗教の衰退とともに断食も一般の人々の生活から薄れていきました。[*24] こうした宗教とともに衰退へと向かっていった断食をとおして、現代人の人間性・精神性のゆくえを描いたのが、カフカの『断食芸人』[*25]という小説です。この小説は一九二二年に執筆され，一九二四年に刊行されました。カフカのこの小説についての文学的評論についてはこの本の主題ではないので、ここではカフカがこの小説で語ろうとした断食の現代的意味について若干述べてみたいと思います。

あらすじ――格子のついたサーカスの檻のなかで断食芸人が、ときどき水で口を湿らすほかはなにも口にせず藁の上に座っている。そばには見張りが、芸人が隠れて物を食べないように監視している。芸人は四〇日間断食を続け、音楽とともに終了し、見物客の喝さいを受ける芸をしている。しかし、その断食芸も徐々にすたれていき、一座の動物小屋の近くにまで追いやられ、人々にも忘れさられるようになる。しかし彼は自分だけの断食芸を死ぬまで続ける。最期に彼をみつけた監督に、断食を続けたのは「自分に合った食べ物を見つけることができなかった」からといい残す。断食芸人がいた檻には、生命力に溢

――れた豹が代わりに入れられる。

この小説に書かれた商業断食は、ヨーロッパでは、一九世紀終り頃から二〇世紀初めまで、サーカス、見世物小屋、歳の市などで「芸」として演じられていました。そこではもはや断食がもっていたかつての真摯なキリスト教的理念が失われ、人々には奇異なこととみられるようになっていました。この時代人にとって奇異だと思われているような食のあり方を通して、カフカは人間の「生き方」とはどういうことなのかを問おうとしているように思います。彼はいわば断食という食のあり方を通して、同時代人の生き方を問いかけているようです。

小林俊明は、この小説について、次のようにいっています。[*26]

断食芸人は「カフカ自身の分身」である。その彼の断食は「口にあう食物の不在故の断食」であり、それゆえ断食は当人において「己の肉体を食べることによって自己の消滅をはかる自殺者の行為である」。カフカが叙述しているものは「彼自身の内部の主観的現実の世界であり、一社会人としての公的意識に抑圧され疎外された私的意識の領域である。それゆえ彼の作品は彼自身の生の現実と不即不離の関係にある」。

カフカは食べることは自己の生き方とかかわることであり、それは世間のあり方によって差配されるべきものではない個人的なことであると考えています。つまり断食を個人の生き方に象徴させているのです。断食という事象にカフカが込めたものは、人には奇異だと考えられようと、それはあくまで自身の生き方の真の選択であることを意味していました。断食にみられるような食の選択を通して、食には共食（共同性）や科学（味覚）、身体（健康）に収められない精神的な側面があるということ、そして食べることが「生き方」にかかわることである、とこの小説は示唆しています。

第4節　近代ヨーロッパの食の思想

今日、誰でもお金をだせば美味しい料理を食べることができ、美食の快楽や自由を満喫することができます。でもそうした自由・快楽は、庶民が身分制社会や封建制社会から自由になってきたからこそできるようになったのであり、それ以前は美味しい料理を食べることができたのは王侯貴族や富裕層だけでした。庶民が美食を楽しむことができるようになったのは、ヨーロッパではフランス革命以後です。食の民主化・自由化も、社会の民主化・自由化ということを背景として生まれてきたのです。この食に関する民主化と自由化は、現代社会の食思想の基本になっているものです。ヨーロッパの食文化が世界に広がっていったのは、それが民主化と自由化という考え方に支えられていたからではないでしょうか。そうした食の民主化と自由化を実質的に支える食の思想とはどのようなものであり、またどのように成立したのでしょうか。

近代ヨーロッパの食の世界は、ルネサンス、新大陸の発見、宗教改革などを経由して、一八世紀の市民革命・産業革命へと進行する社会の歩みのなか、とくに植民地からの新食料・香辛料・嗜好品の流入[*27]によって、大きく変わっていきました（ジャカイモ・トウモロコシ・コーヒー・

紅茶・チョコレートなどの新食料は、やがて西洋料理の主要な食材や嗜好品となっていきました)。スペイン、オランダ、イギリスなどによる植民地獲得競争を背景に、食の市場拡大と商品化の歩みがおこってきますが、それは徐々にキリスト教的節制主義を放逐し、人々の食に対する意識や考え方をも変化させていきました(「食欲＝罪」からの解放)。なかでも自由と平等の考えをもって社会全体を変えようとしたフランス革命の精神は、ヨーロッパ中に意識変革の波を起こし、食の世界にも大きな影響を与え、変えていきました。そしてそれはヨーロッパ人の味覚自体を変えるような一種の「食革命」へとつながり、一九・二〇世紀の主導的な食思想となっていきました。

こうした食革命を象徴するヨーロッパの食思想には、二つの思想潮流があります。一つは食についての科学的研究、他は美味追求を肯定する思想です。この二つの思想は現代の食思想を代表する食思想といえるように思います。

近代とは、それまでヨーロッパを理念的に一様に「統合」していたキリスト教的精神・文化が徐々に実体をうしない、各地域・各国家の精神文化が独自性を獲得して、文化の差異と多様性があらわれ、ナショナリズムがおきてくる時代だといえます。しかしそれと同時に、近代は多様な文化の国境を越えて、キリスト教に変わる新たな「普遍的な」思想も生起してきました。そうしたヨーロッパ近代が生みだした食の新たな普遍思想は、食の科学的解明と食の快楽・美味追求の肯定思想といえます。それらは現代まで通底している食思想です。そしてその思想内容を典型的に示しているのが「栄養思想」と「美食思想」です。この二つの思想は「食」の世界が人間の生存維持のためのものという位置づけを超えて、明確に「科学技術」「文化」というレベルになったことを示すものです。

以下この二つの思想がどのような系譜をもって成立してきたか、考えたいと思います。

(1) 栄養思想

現代栄養学の基本は一九世紀に成立しますが、それを支える科学的な思考は、一六世紀から始まっています。デカルトに始まる近代の二元論的思考は、食物と人間の（身体的）食機能とを、両者ともに自然的（物質的）対象としてとらえ、そのうえで両者の整合的関係性を追求しました。こうした方法は「医学」にもみいだされます。

古代ギリシア以来、医学の領域では、健康や病気という観点から食物も考察されます。ヒポクラテスは『古い医術について』という著書で、病気治療としての食事療法のなかで食物の効能を語り、またケルスス*28も『医学論』で病気の治療論から食物を強弱に分けました。マルクス・アウレリウスの医師で、中世医学の柱となったガレノス*29も、食餌療法の一環として食物の効用論を説きました。彼は、物体を四元素（土・空気・火・水）と四性質（乾・冷・熱・湿）の組み合わせから説明し、それを踏まえて生命は四体質（多血質・粘液質・胆汁質・黒胆汁質）をもっていると考えました。そして解剖学・生理学の知識（動物の生体解剖をおこなう）をもって、自然界のプネウマ（精気）から脳・心臓・肝臓などの身体機能の栄養・消化・成長なども説明しています。近代以前までは、フュジスという自然の調和的秩序や神の意志のもとで、食物は人間への影響（善・悪⇓健康・病気）から考察されました。

けれども一八世紀になると、食物も、人間の身体活動も、ともに独立した自然的（物質的）対象として研究されるようになります。そしてそれぞれの構成要素と両者の結合子・関係が求められるようになります。そうした研究方法から「栄養素」という考え方も生まれてきました。栄養素という概念は、それまでは「神」がつなげていた食物と人間の身体活動とのつなぎを、「物質的に」つなぐものとして考えられたもののように思います。こうしてキリスト教的世界観から自由になった近代科学に依拠する食思想として、栄養（素）思想が一九世紀以降発展します。以下、この栄養（素）思想の系譜の概略を確認しておきましょう。[*30]

現代栄養学の礎を築いたといわれているラボアジェは、一七八九年に『化学原論』を著し、生存の本質とは呼吸によって取り込まれた酸素によって、体内物質を燃焼させることにあると解明しました。呼吸こそは体内の活動やエネルギーのもとになっていると実証し、食物が身体内で物質的に変化し生命活動を維持するその仕組みを解明するための熱力学的視点の第一歩を彼は始めました。

「栄養素」という概念は食物中に含まれる生命維持に必要な成分を意味しますが、食物の主要な成分である三大栄養素が、(牛乳分析から)タンパク質・糖質・脂質であるとしたのは、イギリスのプラウトだといわれています。さらにオランダのムルダーが動物に共通するタンパク質をプロテインと命名し、それが炭素C＋水素H＋酸素O＋窒素N＋硫黄S＋リンPによって構成されていると説明しています。

ドイツのリービッヒは、食物の体内へのとり入れと排泄を研究して、食物を構成している物質が生体内で変化する作用、消化作用についての学、「消化生理学」を生みだしました。そして彼は体内のタンパク質がエネルギーのもとになると考えました。彼の後継者たち(フォイト、ペッテンコーファー、ルプナー)は、「人にとって必要な栄養素は、食物からとれるタンパク質・炭水化物・脂肪である」との説(三大栄養素説)を主張して、栄養学界をリードしたといわれています。なお森鷗外がドイツ留学で学んだのも、こうしたリービッヒを中心とするドイツ栄養学でした。彼の脚気対策の「失敗」には、ドイツ栄養学重視の影響もあったといわれています(補論(1)参照)。

その後、栄養学は二〇世紀にはアメリカを始めとした欧米の研究者たち(ベルナール、ジェルジ、マッカラムなど)によって、他の栄養素(ビタミンA・B・Cなど)の発見や熱量の仕組みなどの研究が進み、現代の栄養学が組み立てられてきました。そしてその栄養学の知識が、今日のわたしたちの健康な食生活を支える基礎理論となり、また新たな食の加工技術を試みるための構造論的研究も生まれました。

(2) 美食思想――ガストロノミー

近代以降のヨーロッパの主導的な食思想には、栄養思想以外に、美食思想をあげることができます。この美食思想は、美味への欲求、美食の快楽の肯定を前提していますが、人間の美味の欲求や美食とはどのようなものなのでしょうか。

①「美味しさ」をめぐる理論

食が人間の生命維持のために不可欠であるところから、食の欲求は人間の基本的な「本能的な」欲求とみなされてきました。この本能的な欲求は動物にも共通している面がありますが、人間の食欲求は動物とは本質的な差異があります（人間の欲求は「文化的・精神的な本能」といわれます）。この人間固有の食の欲求のあり方をどのように考えるかが、古代ギリシア以来の食の学の課題でした。その欲求の仕組み、味覚・知覚（脳）・消化・代謝・排泄などの身体的な食機能・活動について、さまざまに考えられてきました。アリストテレスなどは、人間の食欲求の独自性は味覚のみでなく、共感覚を中心とするものであり、霊魂にもかかわるとの考えをもっていました。しかしキリスト教においては、食欲は性欲と同じように罪観念（魂の問題）と結びつけられ、味覚の研究はあまりなされませんでした。近代以降の科学的な思考の発展とともに、味覚についての研究も成立してきたといえます。

近代フランスの美食術[*31]の思想的な基盤をつくったといわれているサヴァランが書いた著作は、『美味礼讃[*32]』となっていますが、原書は『味覚の生理学 Physiologie du goût』です。なぜそうした訳がつけられたのかといえば、この著作がおもに、人間にとっての「美味」、美味の世界、美食の世界とはどういうものかについて書かれているからです。しかし美味や美食が味覚に関する生理学を前提としていることはたしかです。味覚と美味とはどのような関係にあるのでしょうか。

生理学的にいえば、味覚は飲食物(「呈味物質」)が味覚器官(味蕾細胞)に接したときに起こる感覚と説明できますが、味覚が受容する基本味は、現代では、甘味、酸味、塩味、苦味、旨味の五味といわれています[*33]。これらの基本的な味から人間の美味感は形成されるといわれていますが、それは必ずしも本能的につくられているわけではありません。

伏木亨によれば[*34]、人間において「美味しさ」の感受はただ生理的な欲求にそうものではなく、むしろ食文化に合致するもの、情報がリードするもの、やみつきになるものなど、きわめて文化的歴史的なものだといっています。

文化的精神的存在である人間においては、美味しさの感受自体が精神的であり、文化的なのです。身体にとって悪いものだとわかっていても美味しいからと大食したり、美味しいものの誘惑に打ち勝つことが修行であったり、美味しい食べ物は地域によって違ったり、値段によって美味しさが変わったりします。人間が「脳で食べる」「文化で食べる」存在だといわれるゆえんです。このように人間の「美味しさの欲求」は、人間における食の本能が「文化的・精神的」であることをもっとも示しているものだといえます。

この「美味しさ・美味」を求める欲求は、そのうえ、人間にとって「快楽」を伴うという性質をもっています。快楽を伴う欲求には、性的欲求もそうですが、それ自身増幅していくという特色をもっており、制御が難しいといわれています。フロイトは性的欲求を動かす原理を「快楽原則」と名づけていますが、美味しさを求める食の欲求も快楽原則に従うように思います。

食べることについて哲学的考察を試みた松永澄夫は、次のようにいっています。[*35] 食べることの「快楽」が人間的欲求にはあり、それは文化的な欲求である。この食べることの快楽は、空腹解消とは別の、食べることによって得られる満足であり、「食べていることの満足・歓び、行動の快、行動結果の体の状態」を含む「欲求充足の快」である。そこでは「食べ物そのものよりはその味覚的質、すなわち味だけを味わう」、つまり「その欲求を満たす時に生じる美味しさというもの」、「質の質」としての「美味しさ」である、と述べています。石毛直道もまた、食の欲求と性の欲求との近似性を指摘し、食の美味しさ・うまさへの欲求は「快楽性追求」の欲求であると述べています。[*36]

この人間の美味しさへの欲求がもつ快楽は、一方で個々人の嗜好（好き嫌い）を生みだしますが、他方では、「文化的な」美味しさへの希求や願望へとつながっていきます。そして美味しいものへの希求・願望を、想像力をもって、現実化しようと誘導します（こうしたところから、「美味しさ」への欲求は「美の欲求」と同じく、人間の「感性」「想像力」にかかわるものだと考えられています）。そうして人間は美味の世界の創造へと向かい、食の世界を美・芸術の世界へと高める文化をつくりあげてきました。それが美食文化です。美食思想とは、そうした食における美の世界＝美食文化を創造しようという思想、美食文化を支える思想なのです。美食思想は人間がもとめる「美味（しさ）」を追求する食思想、美食文化をつくろうという思想であるという方が適格であるかもしれません。

こうした食の領域のなかで美の世界を創造しようという美食思想が最初に開花したのが、一九世紀のフランスだということができます。

②美食思想

美食とは、フランス語の gastronomie で、「美味しいものや贅沢なものを食べること、またその食物」と辞書には書いてあります。百科事典の方は、「食通」といいかえられて説明されています（これは日本的用語の説明にすぎません）。

ところで美食文化はフランスにかぎりません。ヨーロッパにも古来多くの美食文化があり、たとえば古代ギリシアのシュンポシオンの宴会料理や中世の宮廷料理がそうです。近代以降で

「ルドルフ2世像」果物の肖像画

はフランスだけでなく、トスカナ料理やシチリア料理などの郷土料理をもつイタリア料理やドイツのバイエルン料理など、いまもそれぞれ固有の美食文化を継承しています。もちろん世界には多くの美食文化があり（ユネスコの無形文化遺産はそれをあらわしています）、現在では失われたものもあります。日本各地の正月料理などもそうかもしれません。

しかし美食文化は（今日の日本にみられるような）グルメ文化ではありません。日本のグルメ文化は、お金があれば誰でもなんでも味わえるような現代人のかぎりない「美味」への過剰な欲望からくる飽食文化です。それに対して美食文化とは、そうした過剰な美味追求とは違います。

ここで一応、言葉の確認をしておきたいと思います。グルメgourmetとは、語源的には、食通、「よき食を選ぶことを知り、それを評価できる人」「洗練された味覚を持ち、食卓の歓びについて嗜好を深めた人」、およびそうした「行為」をさします。グルマンディーズとは食通・極端な大食、暴飲食、食道楽で、グルマンとはグルマンディーズの実践者ですが、よき食を愛し、情熱を傾ける人だけでなく、「大食家、必要以上に詰め込む人」という意味もあるそうです。

フランスの美食文化は美食術ともいわれていますが、これは一九世紀以降に生まれてきた美食思想に支えられて発展してきたものです。その美食思想には、他の文化圏にはみられない独自のものがあります。それは美食文化を理論的・思想的に構築しようとする特色です。そこでは、美味の料理・美食の世界をつくりあげるために、美味とはなにか、美味の根源・目的を問い、美味の人間的意味や役割を追求し、美食の世界を創造するための協同的な作業と精神的・美学的な理論化作業が追求されました。そして美食を支える術《アート》の理論が構築されてきました。それは、美味・美食に関する「理」「学」を要していたのです。

この美食思想は、フランス革命以後の食の民主化・自由化を契機に発展してきたものですが、その淵源は古代ギリシアにあります。この章のはじめに説明したように、とくに古代ギリシアの都市国家の市民たちによるシュンポシオンという会食では、水入りワインを飲みながら美味しい料理を楽しみましたが、そこでは美味しい料理を楽しむための「知恵・術」が要求されていました。その「知恵・術」は、料理を提供する側の主催者だけでなく、会食に参加する者たちにも共有されることでした。それゆえときにはその会食の術について議論したり、また競いあったりしました。この会食の知恵・術は、その後、中世の宮廷や教会の会食、一六世紀イタリアのメディチ家などの貴族の晩餐会にも継承されています。そうしたヨーロッパの会食文化を支えてきた知恵・術が、一九世紀以降の美食思想にも継承されてきたのです。もちろん近代以降の美食思想には、食物の知識である栄養思想や、味覚の生理学などの科学的知識も踏まえられています。そうした食に関する近代的知識をともなった美食の追求が、フランスに始まった近代ヨーロッパの美食思想なのです。この美食思想は「ガストロノミー」といわれています。

③ガストロノミー

近代ヨーロッパの美食思想、ガストロノミーの原語（gastronomie：仏）は、ギリシア語のガストロ（胃）とノミー（術・法・学）の合成語で、「美味しく食べる術」「洗練された食に関する術と学」を意味し、料理・食事・食卓の創造技術・想像力によって生まれる美味の世界についての知恵・術ということができます。この語は、一八〇〇年にフランスの作家ジョセフ・ベルシューが使用し、一八三五年にアカデミー・フランセーズのフランス語事典に収録されています。

ガストロノミー誕生の背景には、「フランス革命の落とし子」といわれるほどに大量発生したレストランがあるといわれています。ガストロノミーは、一八世紀までの宮廷の王侯貴族や上層ブルジョアたちの料理である「オートキュイジューヌ（高級料理）」が、フランス革命以後、市民に開放されたところから生まれてきたものなのです（宮廷料理人たちのレストラン開業による美食料理の民衆化）。それゆえにこれは家庭料理ではなく、外食料理を対象とするものです。

しかし由来についてはいろいろな説があります。①アンリⅡ世とフィレンツェのカトリーヌ・ド・メディシスとの結婚（一五五三年）により、イタリアのフィレンツェの料理文化が移入されて生まれたとする説、②フランスのブルボン王朝の強大な文化の中心地パリの料理文化から生まれたという説、③一七世紀の料理人たちの料理術[*37]の発展であるとする説などです。

でもこの一九世紀フランスで隆起したガストロノミーは単なる美食の料理術ではありません。それは①美食のための科学的知識（食材や栄養の知識、ダイエット理論などの医学的知識）、②美食をつくる料理や調理のプロと彼らのレストラン、③美食を評価し論じる評論家たちの美食論、④美食を支援した作家や画家たちの作品（食の祭典への芸術の讃歌、文学での食表現）、⑤国家の後援などに支えられていました。[*38] これらのなかで美食思想の形成にもっとも寄与したのは、料理人たちと料理評論家や文学者たちです。[*39]

ルイ14世の宴会（ヴェルサイユ宮殿）

シェフ・料理人としては、アントナン・カレームやオーギュスト・エスコフィエやシュヴェなどが有名で、彼らの店（高級レストラン）はフランス料理を芸術にまで高めたといわれています。またガストロノミーの基礎理論をつくった二人の評論家サヴァランとグリモを始めとする多くの美食家、文学者たちは、美食の内容の言語化・理論化をおこない、「美食評論」や「美食文学」をつくって料理技術の芸術化に貢献したといわれます。ヴォルテール、バルザッ

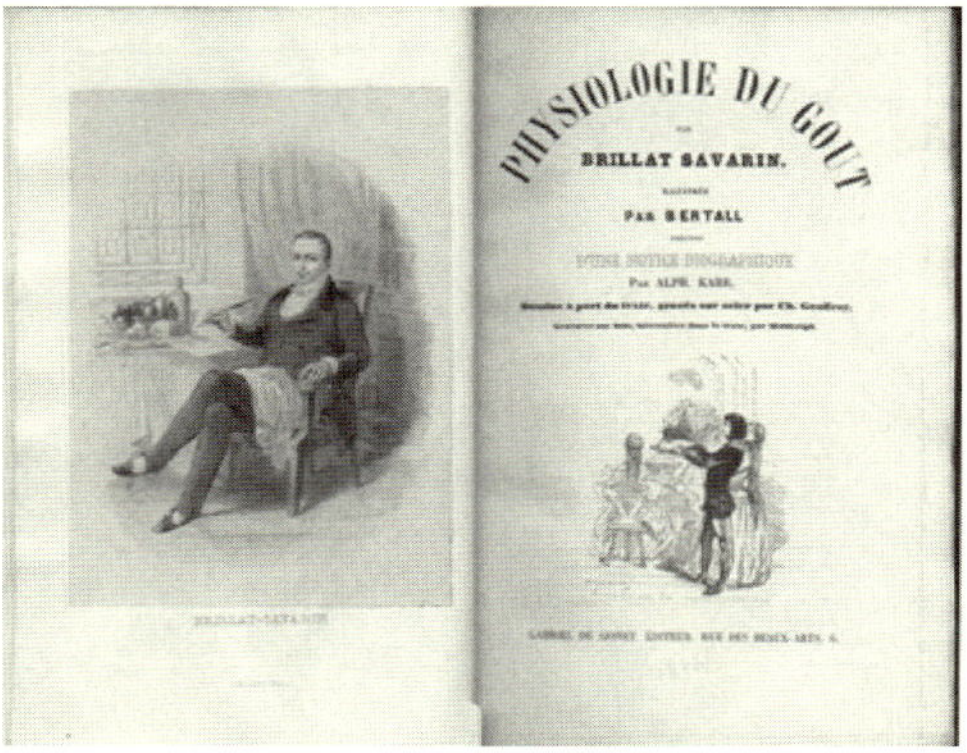

サヴァラン『美味礼讃』

ク、デュマ、ゴーティエ、フロベール、ゾラ、プルースト、コレットを始め多くの文学者は、フランス料理を文学・エッセイで表現しています。さらに高級料理のレシピ本の流行も美食の民衆化に貢献したといわれています。

なおフランスでこうしたガストロノミーが誕生した背景には、一七世紀の香辛料、一八世紀の果物・砂糖菓子という嗜好品が流入したことによる食市場の拡大も関係していますが、百科全書派と始めとする一八世紀後半のフランス啓蒙思想の解放思想が思想史的背景としてあったことも確認しておきたいと思います。啓蒙思想は既成の権威やキリスト教的規律を否定し、自由な人間精神による社会文化の発達と人間性の高揚を提唱した思想だったからです。

④サヴァランのガストロノミー

フランスの美食思想の基盤をつくったのは、ブリア・サヴァランとグリモ・ドゥ・ラ・レニエールですが、ここではサヴァランの思想に注目したいと思います。

サヴァラン（Brillat-Savarin, 1755-1826）は、フランス・ベレの裕福な法律家の家に生まれ、法学・化学・医学を学び弁護士になっています。一七八九年の革命には代議士として活躍し、国民議会で極刑擁護の演説をしたことなどで、革命末期に処刑されそうになり、スイス・アメリカ・オランダに亡命しています。一七九七年に帰国してからは、パリ控訴裁判所の裁判官になりますが、生涯独身で美食生活を楽しんだそうです。法政治関係の著書もありますが、ガストロノミーの著『美味礼讃』は最晩年（一八二五年）のもので、死の二か月前に公刊されました。

グリモ・ドゥ・ラ・レニエール（Grimod de la Reynière, 1758-1837）は、奇人といわれ、盛大な夜食会を開催したそうです。サヴァランとともに現代の食通および料理評論家・作家の元祖ともいわれていますが、彼は味の審査委員会をつくっています。彼のガストロノミーは男性中心でした。『食通年鑑』（一八〇三～一八一二）を出版し、『招客必携』を書いています。

サヴァランのガストロノミーを表示する次のようなロラン・バルト[*40]の文があります。「ガストロノミーとは……食生活をおこなう存在としての人間にかかわりのあるすべてのものについての理論的知識である」。

この文に示されているように、サヴァランのいうガストロノミーは、フランスの美食料理術にかんすることだけをいうのではありません。それは美食にとどまらず、食に関することとすべてを、しかも食の人間的な意味について考えようとしています。ある意味でガストロノミーは食の哲学であり、美食の人間学といえるようなものなのです。というのも、人間の食へのかかわりの基本には、美味を求めるということ、美味は人間の味覚の本質にかかわるものであるとの考えがあるからです。サヴァランはいっています。人間は味覚を喜ばすものを情熱的に理知的にまた常習的に愛する心、美食愛（グルマンディーズ）をもっている。その美食愛を深め、反省するためのものが、ガストロノミー（美食学）なのだと。

ガストロノミーはそれゆえに、単に食べ物や調理・料理に関する知識や技術だけでは不十分で、同時に諸文化学（博物学・物理学・化学・商業・国民経済など）などの知識も必要となります。というのもガストロノミーは人間の一生を支配する食べ物の調達、食生活を中心とする人々の暮らし方、社会のすべての階層の生活につながっているものを対象とするからです。そしてまた食事が人間の精神活動における想像・英知・判断・勇気・知覚などに及ぼす影響についても考えなければならない、といわれています。

こういう考えから、『美味礼讃』の原書の題は、『味覚の生理学、或いは、超越的ガストロノミーをめぐる瞑想録。文科学の会員である一教授によりパリの食通たちに捧げられる理論的、歴史的、時事的著述』となっています。

そしてこの著作は、味覚、食欲、渇き、消化、休息、眠り、夢、という食にかかわる欲求の基本から、美食の内容・判定・美食家、食卓の快楽、料理術、料理店、装飾、肥満とやせすぎ、断食・死と食の考察に至るまで、美食（ある意味で食全般）に関するほとんどの要件を取り扱っています。現代の美味学の基礎理論が網羅されているといってもいいでしょう。とくに今日では「食の付加価値」といわれている料理技術による文化価値（料理、食器、食の盛り付け、食卓、食の空間、食のふるまい方、食の情報、食の値段、料理人と料理技術などの価値）が、重要視されていることが注目されます。

とくに思想的な面から注目されるのは、食の「快楽」についての見解です。

サヴァランは、（美味しさを含む）食べることに関する感覚を、快楽と苦痛の両方から考え、「人間は感覚ある存在のなかで最も多く苦痛を感じるものである」と、快楽よりは苦痛の方が大きいと語っています。[*41] そして食事が人間の精神活動における想像・英知・判断・勇気・知覚などに及ぼす影響を考える必要があるとしています。そのうえで「食べることの快楽」と「食卓の快楽」を分けています。「食べることの快楽」は一つの欲望を満足させることからくる現実的・直接的な感覚ですが、「食卓の快楽」は反省から生まれる快楽であり、食事に伴ういろいろな事情、場所だとか、物だとか、人物だとかに関係している。それゆえ食卓の快楽は総合的なものであり、まさに文化的なものであり、まさしく創造的なものとして、美食思想の主課題だと述べています。

サヴァランのガストロノミーがなぜヨーロッパの美食思想の中軸となったのか、まとめてみましょう。それは以下のような特色をもっていたからです。①調理法や味覚の普遍性、②地理的特殊性を超えた独創性、③伝統的な食材や調理法にこだわらない革新性、④美的評価・芸術性・創造性をめざしたからです。さらに重要なことは、それが食の民主化の精神に支えられたことと食の理論化を軸にしてすすめられたことです。食の民主化は、一方でレシピ本の流行とレストラン競争を引き起こし、またそれらのための情報誌も出版されるようになりました（その後の『ミシュランガイド』（一九〇〇年創刊）、『ゴー&ミヨー』（仏）、『食通のためのアトラス』（独）など）。

だが他方で、そうした競争は、国家権力の保護と後援を引き出すことにもなりました。フランスでは、美食料理技術を保持するための国家による資格制度や中央集権化がなされました。しかし料理術とは本来特権化されるものではなく、すべての人が保持しうる開放的なものです。資格制度は一面では伝統的な料理術を維持・継承する面をもちますが、料理術がもつ開放性と革新性（これは食の祭典、食の芸術の賛歌、文学者の関心などにつながっています）を封鎖することになる面をもっています。いずれにせよガストロノミーはすべての人に美食が開放された現代の豊食文化を先導した食思想なのです。

まとめ

ガストロノミーを基本とするヨーロッパの美食思想は、日本をはじめとする現代の美食文化の理論基盤を形成しました。それは「美味しさ」がもつ「人間的な意味」を踏まえ、「食べること」の「喜び」「快楽」を肯定したうえで、その「美味しさ」の秘密を探究し、料理技術・芸術による美味の価値創造的役割を評価し、新たな美味の世界を創造していくものでもありました。それは食の領域における美の創造として、芸術の世界にも属する「食の美学」を目標とするものでした。

この近代の美食思想は、現代では主導的な食思想となっています。そこから新たな「美味学」や「感性学」という学問も生みだされました。[*42] また他方で食べ物や料理の技術化・産業化を背景として、美食アートの世界の創造を目指す思想となってきています。そこでは、食器の色彩、テーブルアート、飾り付け、花、音楽、テーブルマナーなどの「美食の芸術」が重要です。

だが同時にこの思想は現代の過剰な快楽主義と産業主義と一体となって、グルメ文化や豊食文化を支えるとともに、「飽食や崩食」の文化現象を生みだしている面もあることを確認しておきたいと思います。

【注】

＊1　舟田詠子『パンの文化史』朝日選書、一九九八。

＊2　ディオゲネス（Diogenes, BC412-323）シノペ生まれ、タコ食死や自死説あり。キュニコス派、乞食、

大樽生活。無為自然の生き方を説く。「食べるということが、おかしなことでないのなら、広場で食事をしてもおかしなことではない」という言葉を残しています。

*3　イアンブリコス「ピタゴラス的生き方」『ピタゴラス的生き方』西洋古典叢書、水地宗明訳、二〇一一。

*4　ヒポクラテスはコス島生まれの医者で、有名な「ヒポクラテスの誓い」をあらわした。ヒポクラテス「食餌法について」『ヒポクラテス全集』第二巻、大槻真一郎編・監訳、エンタプライズ、一九八七。

*5　アリストテレス『アリストテレス全集』第一一、一三巻等、岩波書店、一九九四。

*6　アリストテレスは自制・節制の徳の概念も触覚や味覚の快楽をともなうといっています。そして快楽を幸福へとつなげ、幸福な生活の条件を政治的な実践へとつなげることを説いています。

*7　アリストテレス『全集11、問題集』戸塚七郎訳、岩波書店、一九六八（一九九四）。

*8　エピクロス（Epikouros, BC341-270）「快楽」説。自然との調和のうちにある自然的な快楽の主張をしました。彼自身は禁欲的な生き方をしました。ジャン・ブラン『エピクロス哲学』有田潤訳、白水社（文庫クセジュ）一九七五（一九六〇）。

*9　宴会（συμπόσιονシュンポシオン）という独自の形態がみられます。シュンポシオンという語はプラトンの『饗宴』という著作が有名ですが、語義は「一緒に楽しく飲む」であり、ラテン語の「会食・宴会convivium（一緒に生きる cum vivere からの派生語）」と同義です。

*10　プルタルコスは初期ローマのギリシア人、ボイオティアにあるカイロネイア出身。

*11　プルタルコス『食卓歓談集』柳沼重剛編訳、岩波文庫、二〇一〇（一九八七）。

*12　ギリシャの共食は「神饌」という宗教的意味づけを人間化しています。

*13　最近日本では「お・も・て・な・し」という言葉が流行していますが、ヨーロッパに継承されてきた「招待」の意味を考えてみる必要があるように思います。

*14　これは米《コメ》にも同じことがいえますが、パンの方がより人間的な加工が加わっているということがありま

す。

＊15　新旧聖書の引用は以下の書による。『聖書』新共同訳、日本聖書協会発行、一九九五。

＊16　マルコ（6：30-44）、マタイ（14：13-21）、ルカ（9：9-17）、ヨハネ（6：1-14）。

＊17　マタイ（26：26-30）、マルコ（14：22-26）、ルカ（22：15-20）。

＊18　ヨハネ福音書に出てくるカナの婚礼式で、イエスは水瓶六つの水をワインに変えたという奇跡をおこないました。

＊19　豚の禁忌の由来についてはさまざまな考えがあります。人間と同じ食べ物を食べるとか、自分の排泄物を食べるとか、不潔であるとかの理由づけはあまり根拠がないといわれています。ユダヤ教の豚の禁忌は、六世紀以降のイスラム教に伝承されたといわれています。

＊20　出エジプト記（23：19）には、調理器具や食器、さらには貯蔵場所の混用などについても禁忌の内容が指示されています。そして肉製品を食した後は一～六時間の間隔を置けば乳製品を食べることができると書いています。なお「ブイヨン」「ゼラチン」「肉エキス」には豚の肉や骨が使われており、調理時に注意する必要があるようです。

＊21　鯖田豊之『肉食の思想』中公新書、二〇〇八（一九九六）。

＊22　中世キリスト教では、七つの大罪として、「暴食」、「色欲」、「強欲」、「憤怒」、「怠惰」、「嫉妬」、「傲慢」があげられています。

＊23　その他の有名な断食者として、アントーニ、エデッサの隠者バッテウス、聖ゲノヴェヴァなどの名前が伝えられていますが、実際はさだかではありません。なかでも一三世紀のシュレージェンの聖女ヘドヴィヒは、週三日間少しのミルクと魚、二日間は水とパン、残りの二日間少しの野菜と干した食べ物のみで過ごしたそうで、これは霊的な断食といわれています。その他、ベルギーのオワニーのマリー、フォリーニョの聖アンジェラをはじめ、何日も食べなかった聖女たちがいたそうです（『拒食の文化史』より）。

＊24　現代でも宗教文化が社会的に大きな力をもっているイスラム教では、ラマダーンといわれる断食があります。
＊25　カフカ「断食芸人」『変身・断食芸人』山下肇・山下萬里訳、岩波書店、二〇一二（一九五八）。
＊26　小林俊明「フランツ・カフカの『断食芸人』試論」、『東海大学紀要・文学部』二二、一四〇〜一五〇頁、一九七四。
＊27　ジャガイモ、トマト、トウモロコシ、スパイス、コーヒー・紅茶・チョコレートなどの多くは南米からです。
＊28　ケルスス（Aulus Cornelius Celsus, ca. BC25–AD50）は『医学論』で食物を強弱に分け、強が病気の治療に役立つとした（強の順列：パン＝小麦・肉・魚・野菜・果物の順）。
＊29　ガレノス（Claudius Galenus, ca. 129–200）。
＊30　以下の栄養学に関する知識は、ウォルター・グラットザー『栄養学の歴史』、島薗順雄『栄養学の歴史』、杉晴夫『栄養学を拓いた巨人たち』を参照しました。
＊31　これはユネスコの無形文化遺産に最初に登録されました。
＊32　ブリア・サヴァラン『美味礼讃　上・下』関根秀雄・戸部松実訳、岩波文庫、一九六七。
＊33　この基本味のなかで旨味は、池田菊苗が一九〇八年にグルタミン酸ナトリウム塩に発見したといわれています。今日では五味以外に、風味などもあるといわれています。
＊34　伏木亨『味覚と嗜好のサイエンス』丸善、二〇〇八。
＊35　松永澄夫『食を料理する―哲学的考察―』東信堂、一六八〜九頁。
＊36　石毛直道『食事の文明論』中公新書、九八〜一一一頁。
＊37　代表としてはフランソワ・ヴァテール（François Vatel, 1631–1671）がいますが、彼は、ルイ一四世時代の華やかな大祝宴料理を創出しました。料理の手配失敗（遅延だった）から自殺したことで有名です。

映画「宮廷料理人ヴァテール」があります。

＊38　アントニー・ローリー『美食の歴史』富樫瓔子訳、創元社、一九九六、池上俊一の序参照。

＊39　北山晴一はこの美食思想を「美食神話」であるといっています。『美食の社会史』朝日新聞社、一九九一、五六頁以下参照。

＊40　ロラン・バルト（Roland Barthes, 1915-1980）は、このサヴァランの美食学について、とくに肥満論と快楽論に注目しています。ロラン・バルト『バルト、〈味覚の生理学〉を読む』松島征訳、みすず書房、一九七五。

＊41　サヴァラン、前掲書、二三六頁。

＊42　美味学については第4章「食の感性哲学」参照。増成隆志・川端晶子編著『美味学』建帛社、一九九七、都甲潔編著『食と感性』光琳、一九九九参照。

第3章　ベジタリアニズム
――ヨーロッパに貫通する食思想

西洋の主な食べ物はパンと肉であるといわれ、なかでも肉食は西洋の食の世界を象徴するもので、西洋の食の思想は肉食主義であるといわれます。もちろん肉食が「主食」であるのは西洋社会でも中・北欧であり、南欧では必ずしもそうではないことや、肉食を制限する思想がユダヤ・キリスト教の思想的伝統にあることも確認されます。それでもなお肉食主義は、西洋の支配的な食思想であるように思います。

だが他方で、西洋には肉食忌避の思想、ベジタリアニズムも存在しています。肉食主義が本流なら、ベジタリアニズムは支流といえるかもしれません。この思想は、歴史的には古代ギリシアのピタゴラスに始まり、その後キリスト教の修道界に受け継がれ、近代以降になると、肉食主義の隆盛のなかのいわば「異分子」の食思想として位置づけられるようになります。でも二〇世紀では、過剰な肉食主義の世界化への対抗的な食の思想運動として台頭してきます。この章では、こうした独自の系譜をもつベジタリアニズムという食思想について、主にそれを実践した人々を通して考えてみたいと思います。

第1節　ベジタリアニズムとはなにか

人間にとって「食べること」は単に生命維持のためだけではありません。食べ物がなかった時代と違い、今日では多くの人が「自由に」食べることができるようになりました（豊食の時代）。しかし豊食は同時に飽食・崩食の時代でもあるといえます。健康ブームやダイエット、特定保健用食品の開発、グルメ情報の氾濫、グルメコンテストや評価づけ、「フードファディズム」などが一方にあり、他方では食品偽装や食品添加物やＢＳＥ問題などの食の安全性に関する問題や反捕鯨などの運動もあります。現代人にとっては、食べることがどういうことなのか分からなくなってきているともいえます。なにを食べればよいか、何のために食べるのか、食べることの目的、食べることの意味までも曖昧になってきているように思います。もはや「食べること」は、現代では自然的な営みではないのです。「食べること」には各人の「スタンス」や「思想性」が問われているように思います。

ベジタリアンは、食べることについて独自な視点や態度をとる人たちです。意識的な、精神的な、倫理的な、「知」的な「食」へのかかわりをとっている人たちです。一般にベジタリアンは、健康上、医学上、栄養上、美容上、宗教上、倫理観、信条などの個人的な理由や背景から肉食忌避の食生活を選択する人といわれますが、たとえベジタリアンがそうした個人的な理由、たとえば健康上の理由から肉食忌避をする場合でも、そこでの「健康」とは、おそらく「人間の肉体のみならず、心や精神の健康であり、動植物の健康であり、また社会と地球の健康を考える」ことなのだといわれています[*1]。

ここからベジタリアンは、厳密には、動物・鳥などの生き物のいのちを殺して食べることの忌避・否定という価値観や思想を背景にもっている人であり、そしてそういうベジタリアンを支えている思想と実践がベジタリアニズムということができます。もう少し簡潔にいうと、ベジタリアンとは意識的に動物性食品の摂取を抑制する人であり、そういう肉食忌避の人々の食の思想と実践とを「ベジタリアニズム」といいます。それゆえにベジタリアニズムは、倫理的な性格をもち、「ベジタリアニズムは本質的に倫理的ベジタリアニズム」であるといわれています[*2]。

人間は、もともとは「雑食動物」だといわれますが、ベジタリアンは、肉食を忌避するという意識的・精神的・倫理的な食行為・食活動をおこないます。この食活動は、草食動物がそうであるような自然的な食活動のあり方ではなく、動物性の肉を食べることを拒否するという人間の「自由」に依拠しているものなのです。それゆえにベジタリアニズムとはきわめて「人間的」な食活動を実践しようという食の思想です。その点で食に関する思想としては、もっとも注目すべきものだといえます。西洋では、この意識的・精神的・倫理的な食活動であるベジタリアニズムを実践した人たちが二五〇〇年以上前からあらわれ、現代まで継続されてきました。ベジタリアニズムはある意味では、近代以降の西洋の食の思想の固有性をもっとも表しているように思います。それゆえにこのベジタリアニズムの思想とはどういうものか、考えてみたいと思います。

なおここで取り上げるベジタリアニズムは、基本的に西洋由来の個人や集団の意志や自由にもとづく禁肉食の実践思想です。それゆえ精進料理などの日本の宗教的儀礼や食事様式は取りあげません。

(1) ベジタリアニズムの語源・種類

ベジタリアニズム vegetarianism（ベジタリアン vegetarian）は、日本では「菜食主義（者）」と訳されていますが、これは正確な訳ではありません。原語は「健全な、新鮮な、元気のある」という意味のラテン語 'vegetus' から由来したもので、野菜 vegetable からではありません（野菜も同じ原語から由来していますが）。「植物性食物摂取主義」「植物食主義」が訳として正しいかもしれません。それで今日では、ベジタリアニズム、ベジタリアンと、カタカナ表記します。

語の説明には次のようなものをあげることができます。

・「動物性食品を避け、穀物、豆類、種実類、野菜、果物を中心に摂る人」（アメリカ栄養士学会）。

・「菜食主義は、倫理的（道義的）・宗教的（戒律的）・栄養的（栄養生理学的）根拠に基づく人間食生活の信条で動物性食物を忌避、もしくは植物性食物を尊重する主義で、その程度、厳正度によりいくつかの型に分かれる」（末次勲[*3]）。

・「野菜を主食とするものではなく、穀物とするもの」――これはインドのANNAHAR（アナハール：Anna穀物＋Ahar食べ物）からきている説明のようです。

今日のベジタリアンには、さまざまな種類があります。一応表にまとめてみました。

①ヴィーガン（ビーガン）vegan（肉食すべてを忌避する菜食者）ダイエタリー・ヴィーガン
ラクトlacto・ベジタリアン（菜食以外に乳・乳製品を食べる）
オボovo・ベジタリアン（卵・卵製品を食べる）
ラクトオボ・ベジタリアン（乳製品と卵製品を食べる）
△ペスコpesco・ベジタリアン、ペスクタリアン（魚介類を食べる）
△ポゥヨゥ・ベジタリアン（家禽肉を食べる）
②オリエンタル・ベジタリアン、アジアン・ベジタリアン：仏教系、精進食
フルータリアン（果物主義：根のある果物はとらない）
※マクロビオティック（玄米菜食）

※セミ・ベジタリアン　（時々魚介類や家禽類などを食べる）
※スード・ベジタリアン　（正確なベジタリアンではなく近い人々）

現代の日本や欧米などのような食の自由化のもとで、ベジタリアンを選択する理由には、以下のようなものがあるようです。

①健康・医学・栄養的理由：肉食がもつ高脂肪・高カロリーによる健康・病気への対策から
②宗教的理由―各宗教における食の規律から
③経済的理由―高価な肉が取得しにくい社会状況から
④美容的理由―ダイエットや美容から
⑤仕事上（商業的）の理由―職業やベジタリアン食産業の従事などから
⑥思想信条・倫理的観念・世界観などの理由（以下のような主張がある）
・動物との関係尊重（動物の権利・動物愛護・動物虐待反対）から
・自然観・宇宙論・エコロジーの観点から
・平和・反暴力主義の観点から

(2) ベジタリアニズムの系譜

①古代ギリシア

第2章のはじめに述べたように、古代ギリシア・ローマ（BC7C～AD4C頃）には、自然や宇宙の原理に相即する生き方にたって、食生活を実践しようとした人たちが多くいました。そのなかには、ピタゴラスを始めとして、肉食を忌避するベジタリアニズム提唱者も少なからずいました。しかし了解しておかねばならないのは、古代ギリシアの食環境（自然・民族・文化環境）がもともと「肉食」を基本とするものではなかったということです（パン・葡萄酒・オリーブ油が当時の三大基本食品でした）。またそこでは食事の考え方がギリシア独自の生命観と関係づけられていました。魂の浄化のための肉食忌避、輪廻転生説、宇宙論などからベジタリアニズムも考えられています。

ピタゴラスは今日、ベジタリアンの父といわれていますが、彼は弟子たちとともに厳格なベジタリアニズムを実践し、肉食の禁止、生贄の禁止、生命の同族性から殺生の禁止、性欲の関係から豆を抑制し、レタスなどを奨励したといわれています。

またヒポクラテスは、次のようにいっています。「人間一般の自然性を知り、……人間がどんなものから構成されているかを知り、どういうものによって支配されているかを知らなければならない」。こうした身体の自然的な調和のあり方は運動と食事によって維持される（たとえば夏の暑い時は激しい運動を避け、乾燥しているので、冷たい水分をとって休養するなど）。「各人の体質に見合う食物と運動の適量を、つりあう数量が過不足のない状態を把握できたら、その人たちの健康がわかったことになろう」。彼は、人間にとって身体における自然の調和的なあり方を再生させるための食生活の「養生」が重要であるとして、「食養生」（「ディアイタ δίαιτα」）といい、「節食」を推奨しました（「食餌法について」より）。

②キリスト教のベジタリアニズム

世界の主要な宗教においては、食べ物は人間がつくったものではなく、「神が贈与してくれるもの」「自然が与えてくれるもの」「万物の根源」などの考え方が基本になっています。そしてその考えから、それぞれの宗教固有の食べ物や食事のあり方へのかかわり方がでてきます。それらの具体的な内容は各宗教の聖典・教義に示されていますが、特徴的なのは、ほとんどの場合、食べ物への制限・タブーがあることです。もちろん諸宗教は歴史的変遷を経て、分派や諸派がうまれ、食の規制もゆるやかになってきています。

この宗教における食べ物の制限・タブーのなかで、とくに動物肉（全体か一部）が禁食対象にされていますが、その背景には、人間との近似的ないのちをもつ動物を殺して食べることへの畏れや違和があります。けれども宗教における禁肉食の主張が即ベジタリアニズムを提唱するものではないといえます。ベジタリアニズムに近いのは仏教ですが、これは殺生禁止の教義からの禁肉食です。ユダヤ教、イスラム教などは豚肉食を否定しますし、ヒンズー教は聖なるものとしての牛への肉食を禁止します。このように宗教における肉食の制限・タブーは多様であり、多くは一部の肉食の禁止であり、厳密な意味でのベジタリアニズムとはいえません。

ただ肉食文化の西洋社会のなかで、キリスト教の肉食忌避の精神は、西洋の食思想を考えるための重要な視点を提示しています。というのもキリスト教においては、食べることに関しても人間性、精神性が大事であることを明確に主張するからです。この食べることにおける精神性重視は、近代以降、西洋社会においてベジタリアンたちの食の考え方の基本にあり、そこでは禁肉食のあり方は人間性、生き方の問題であると考えられています。

キリスト教では「肉食」には、次のような意味づけがなされています。そしてそこからベジタリアニズムとの親近性がいわれているようです。①動物のいのちも神が支配しているもので、人間が自由に支配できるものではない。②人間は肉食について、神に許しをもらってから享受する必要がある（供犠、感謝）。③食べることは信仰生活を支えるものであっても、快楽を得るためのものではない。肉食は快楽を助長する要素が大きい。④禁肉食は宗教の修業形態として位置づけられる（聖職者の禁肉食期の設定など）。

聖書には食に関しても多くのことが書かれていますが、肉食に関してはノアの箱舟[*4]にもでてきます。神はノアに肉食を許しますが、これは神の許しのもとでの肉食、および食べることも人間の生き方とかかわっていることを指示しています。この神の許しのもとでの肉食は、他方では前章で述べたように、肉食についての選別や禁食時期の制限と結びついているようですが、これはユダヤ・キリスト教では食事もまた人間の生き方と結びついているからです（信仰とのかかわり）[*5]。しかし中世のキリスト教社会では肉食が謳歌されているような面もみられますので、キリスト教がベジタリアニズムであるとはいえないように思います。こうしたことはイスラム教でも同じで、豚肉という一部の肉食禁止をしてもベジタリアニズムではないといえます[*6]。

もちろんキリスト教のなかには、カトリック教系のカルトゥジア会やシトー会は完全なベジタリアニズムだといわれ、グノーシス派、エビオン派、カタリ派などにもベジタリアニズムが認められます。こうした肉食忌避の思想をもった人々は少数ですが、その考えは近代以降のベジタリアンたちに継承されていったように思います。

③近代以降のベジタリアニズム

ベジタリアニズムは肉食を忌避するという意識的・精神的・倫理的な食実践ですので、背景として肉食肯定の社会文化があること、また肉食を忌避選択するという個人の自由をある程度認める社会文化や社会環境があります。その点でベジタリアニズムは基本的には近代以降の思想、食の民主化のもとで発展した食思想ということができるように思います。そうした近代以降のベジタリアニズムの系譜を年表的に書き出してみます。

一八〇〇　バイブル・クリスチャン（聖書原理運動）、ベジタリアン食を推奨し始める。
一八四七　イギリスベジタリアン協会発足――「ベジタリアン」という言葉を使用。
一八六三（アメリカ）セブンスデー・アドベンチスト教会ＳＤＡ、ベジタリアニズムを提唱。
一八六九　ドイツで独自の食様式としてベジタリアニズムが提唱される。
　日本には明治中期に「菜食主義」と紹介され、明治後期に社会運動化した。
一九〇〇年代前半　ベジタリアニズムの精神運動がヨーロッパに広がる。
一九四四　ロンドン　ビーガン協会発足。
一九六〇～七〇年代　アメリカにて自然保護運動広がる。
一九七〇年代　第一次ベジタリアニズムブーム：動物愛護、動物実験中止、毛皮不買運動。
一九九〇年代　第二次ベジタリアニズムの機運おこる。ＢＳＥ問題、畜産業の抗生物質使用など動物肉の安全性への危機感から、世界にベジタリアニズム運動が広がった。
二〇〇〇年以降　動物保護運動、生態系の危機問題などの視点から反捕鯨活動が盛り上がる。

近代以降の著名なベジタリアンには、次のような人がいるといわれています。
レオナルド・ダ・ヴィンチ、ベンジャミン・フランクリン、ジャン＝ジャック・ルソー、ジョージ・ゴードン・バイロン、パーシー・ビッシュ・シェリー、ワーグナー、ヘンリー・ソロー、トルストイ、ガンジー、ケロッグ、ヒトラー、ヘレン・スコット・ニヤリング、エレン・G・ホワイト（セブンスデー・アドベンチスト教会）、キャロル・アダムス、ジョン・レノン、ピーター・シンガー、トム・レーガン、宮澤賢治、石塚左玄、桜澤如一、久司道夫、鶴田静など。

政治家、文学者、芸術家、音楽家などが多いようですが、これらのなかには、実際にベジタリアンであったのは短期間だった人もいます。

ベジタリアンたちは健康上の理由を始めとしてそれぞれ個人的理由から、ベジタリアンの食生活を選択していますが、そこには肉食社会に対する一定のプロテスト意識が認められます。そうしたプロテスト意識を必ずしも本人は自覚化していないかもしれませんが、肉食社会に対する違和感や抵抗感をもっているのはたしかです。食活動はもともと個人的行為であっても社会的なものでもあるので、肉食社会のなかでのベジタリアンという選択は、ある種の社会的なメッセージをもつことになるからです。

なかには政治改革（フランクリン）や新食品開発（ケロッグ）や自然主義運動（ソローやシェリー兄妹）など、ベジタリアンとしての生き方を社会活動化した人もいます。こうしたベジタリアンたちは、ベジタリアンであることをむしろ個人の食の選択問題としてではなく、社会の問題としてとらえます。それにとどまらず思想信条・倫理的観念・世界観などの理由からベジタリアンを選択した人たちは、肉食肯定社会に対する違和感や明確なプロテスト意識をもち、ベジタリアンであることを個人の領域から社会の領域へと積極的に拡張しようと思想運動を展開します。これらのベジタリアンたちを「社会的ベジタリアン」と呼ぶことができるでしょう。

社会的ベジタリアンたちは、自身のベジタリアンのあり方（生活・思想・精神など）を通して、食の世界の変革にとどまらず、肉食文化を容認している社会の変革を試みようとします（なお宮澤賢治もある意味ではそうした社会的ベジタリアンといえるでしょう）。しかしその社会変革の内容はさまざまです。一般にベジタリアニズムについては、動物の殺戮を前提する肉食の残酷さの否定から、平和主義であるといわれてきましたが、この根拠づけはすべての社会的ベジタリアンに適合しません。日本のベジタリアニズム研究者鶴田静も「真のベジタリアニズムは平和を願う」といいつつも、ベジタリアンたちは多様であると述べています。[*7] 後述するように、ヒトラーはベジタリアンでしたし、「グリーン・ピース」のベジタリアニズムは暴力肯定を含んでいるようです。社会的ベジタリアンの変革思想の内容もさまざまなのです。

いずれにせよ社会的ベジタリアンたちはそれぞれ自分の立場から肉食中心社会への「批判」をおこなっていますので、そうした批判を通して、ベジタリアニズムとはなにか、ベジタリアニズムの本質、その思想的意味を考える必要があるように思います。以下、代表的な社会的ベジタリアンたちを通して、ベジタリアニズムの本質について考えてみたいと思います。

まず二人の対照的な社会的ベジタリアンであるトルストイとヒトラーを通して、次に日本のベジタリアニズムの思想家・宮澤賢治を、最後に現代の代表的な社会的ベジタリアンであるピーター・シンガーとトム・レーガンを通して、ベジタリアニズムとはどういう思想なのか、考えてみたいと思います。

第2節　トルストイのベジタリアニズム
――平和主義

(1)　トルストイという人

【生涯】

一八二八　ロシアのトゥーラ郊外のヤースナヤ・ポリャーナで伯爵家の四男として誕生
一八四四‐七　広大な農地を相続。農地改革（失敗）
一八五一　コーカサス戦争・一八五三クリミア戦争参加
一八五七、一八六一‐六二　ヨーロッパ旅行
一八五九　自領地に学校建設――一八六二閉鎖
一八六二　結婚：一八歳のソフィア（子・九男三女）
一八六四‐六九　『戦争と平和』
一八七三‐七七　『アンナ・カレーニナ』・トルストイ運動
一八八五　『イワンの馬鹿』
一八八六　『イワン・イリッチの死』、　一八八九‐九九　『復活』
一八九〇　政治運動、宗教批判運動――一八九一　ロシア正教会より破門

一九〇四　日露戦争反対、一九〇五　ロシア革命の暴力主義反対
一九一〇　家出の一週間後一一月二〇日にアスターポヴァ（現レフ・トルストイ）駅で死去

レフ・ニコラエヴィチ・トルストイ（Lev Nikolayevich Tolstoy, 1828-1910）は、『戦争と平和』『復活』『アンナ・カレーニナ』の小説で有名なロシアの作家です。ほかに『イワンの馬鹿』等の童話、『イワン・イリッチの死』などの作品もあります。

トルストイの作品は、伯爵家の四男として生まれた彼が、農地改革や農民教育の実践と失敗、戦争の悲惨さの体験（コーカサス戦争やクリミア戦争へ参加）、ロシア正教会への疑問（少数の異教徒を権力的に排除弾圧）などのさまざまな社会的経験から生まれたものだといわれています。彼のベジタリアニズムもまたそうした経験から生まれたといえます。

彼がベジタリアンになったのは晩年の一八八五年ですが、その動機はきわめて思想的なものからでした[*8]。彼は社会的ベジタリアンの代表といえる人でしょう。

(2)　トルストイのベジタリアニズム

①「食べることとは人間の生き方の問題である」

トルストイによれば、「食」とは人の生き方や人間関係、社会のあり方に結びついているものであり、「食べること」は人間性の問題であり、社会的な問題でした。人は「生きるために

ヤースナヤ・ポリャーナのトルストイの居宅

トルストイ

食べる」のであっても「食べるために生きる」のではない。彼は、食べることを個人的身体・生命の維持や健康から考えるのではなく、人間の生き方の問題、人とのかかわり方の問題、社会のあり方の問題として捉えました。そして人々がお互いに飢えることなく、平等に、平和に生きることができるような社会を求めました。

彼の食の思想は『宗教論』のなかで展開されています。それは彼が、食べることについても、人間の「真の生き方」にかかわることとして、彼独自のキリスト教の考えを通して考えたからです。そこには二つの重要な視点があります。一つは個人において食のあり方と生き方とは一体であるということ、もう一つは食に関することは個人の問題だけでなく、他の人との関係や社会のあり方の問題であるということです。彼にあっては、食に関して個人の問題と人間関係・社会の問題はつながっていました。そして「食べること」の問題は、人間の真の生き方・「善き生活」、人間性・精神性・社会性が問われることであり、宗教的な問題であると、彼は考えていました。
ではこうしたトルストイの宗教的な食思想の内容とはどのようなものだったのでしょうか。

②個人にとっての善き食生活は「自制」にある。

まず個人において、「善き」生活を実現するためには、自己の欲望をおさえ、他者への愛と配慮、そして労働が必要です。しかし人間は自己愛の存在でもあるので、そうした善き生活への道は容易ではなく、また一挙に実現できない。それゆえそこには順序が必要で、その第一段階が「自制」、これはとくに個々人における「食生活」の「節制」にある、といわれています。節制の内容とは以下のようです。

個人の食生活の節制とは、「人間を情欲から解放すること、分別によってこれを克服すること」ですが、情欲には根本的情欲（大食・怠惰・性愛）と上位の複雑な情欲（装身・遊戯・娯楽・饒舌・好奇など）があります。節制の方法は、まず根本的な情欲を節制することから始め、順序よく情欲を収め、上位の情欲を節制することへと進むのがよいとされます。ここにおいては「快楽主義は第一の悪」との認識が肝要だといわれます。

こうした食生活の節制の第一条件は断食にあります。断食と大食とは、食生活の対極的なあり方です。[*9] 今日、多くの人々にとっての食生活への関心は「味覚の満足、食欲の満足、大食」にあり、大食への欲望は金持ちから貧困者ももち、うまいものを食べれば幸福で健康だと思っています。個人の生活自体が「食うこと」「いかに食うか」「何をいつ、どこで、食うか」に向けられており、また一堂に集まる会、洗礼、葬式、婚礼、教会開き、送別、歓迎、記念式典、誕生会、祭日などにおいても食べ物に関心が向けられているようです。人の食べる楽しみの大きさには限度がないとみえます。こういう食への過剰な欲望を断つためには、食を断つという断食が一番有効です。

肉食を節制すること（ベジタリアン食）や禁酒もよい方法です。とくに道徳的になろうとするときは肉食をやめるのがよい。肉食は殺生という道徳的感情に反する行為だからです。屠殺の残酷さはいうまでもなく、肉食は人間の動物的感情を大きくし、情欲、色情、飲酒を駆り立てることもあるからです。肉食の節制は道徳的生活の第一歩です。

トルストイは以上のように自制・断食・禁「肉食」・禁「大食」・禁酒のベジタリアニズムを提唱し、自らベジタリアニズム的な食生活を実践し、そして家族にもすすめました。なお再確認しておきたいのは、トルストイの食生活における「自制」という考え方はキリスト教の考えを踏襲しています。

③他者とともに食べる

トルストイにとっては、食べることは自分だけが生きるためにではなく、他者とともに生きるためにあるものでした。他者とともに食べること、つまり「共食」が食の本来のあり方だと彼は考えています。しかもこの共食というあり方は、個人的な信条にとどまってはならず、現実的にも達成されるものでなければなりません。貧しき者たちも日々の糧を得られるような社会、人々が飢餓することがなく食べることができる社会、しかも平和で平等な「共食」が可能な社会こそ、彼がめざしたものでした。

この理想の共食社会への第一歩を、トルストイは自分の領地、「ヤースナヤ・ポリャーナ」で実現しようとしました。みずから貴族的な生活を捨て、仲間や農民たちとともに農業活動をし、自給自足を心掛け、禁酒とベジタリアン食の生活を試みました。ヤースナヤ・ポリャーナは、農民たちの生活を基本とした平等な共同体ですが、これは「農業という生活は、人間的な唯一の生活である。この生活をしているときのみ、最高の人間の生活は現れることができる」というロシア農民主義、ユートピア主義にのっとったものだといえます。それゆえにそこでは農地所有の廃止、共同勤労作業、博愛主義、非暴力が貫かれました。こうした思想は、単なる食の思想にとどまらず、食の生産活動と消費活動の改革運動でもありました。そしてまた食の領域を超えた社会改革運動でもありました。

そこには〔上流階級＝文明の悪〕vs〔民衆＝自然は善〕という思考図式がありましたが、しかし社会主義運動ではありません。なお彼自身は上流階級出身者でしたので、そのことをつねに懺悔し、自己変革と真実を探求し続けました。

しかし、こうした彼の理想主義は、他方では妻や家族たちとの軋轢をうみだしました。

伯爵家の息子だったトルストイは、一八六二年三四歳の時に一八歳のソフィアと結婚し、九人の息子と三人の娘が生まれています。彼がベジタリアンの生き方を選ぶようになったのは五〇歳代後半ですが、その頃から彼は広大な領地ヤースナヤ・ポリャーナで志を同じくする仲間や農民たちとともに農作業をし、家畜を養い、そして時には農民たちと食事をともにするようになります。そうした生活上の変化は、家族との間に軋轢や摩擦をうみだします。とくに貴族的生活を抜けきれなかった妻との間の葛藤や軋轢が大きくなり、彼にとって深刻な苦悩をもたらしました。そして一九一〇年一一月中旬、夫人との不和から彼は家出し、一週間後に駅で死去しました。[*10]

（３）平和主義

トルストイの食にかんする思想は、「貧しきものは幸いなり」に象徴されるキリスト教の神への愛と隣人愛に支えられていたといわれていますが、これは、彼が一般的意味でのキリスト教徒であったことを意味しません。彼はたしかにキリスト教的な生き方を善き生き方であるといっていますが、これは当時の世俗的なキリスト教的生き方ではなく、イエス（やパウロ）の教えに依拠した生き方でした。当時のキリスト教（ロシア正教）については彼は批判的でした。とくに暴力否定の平和主義であった異教のドゥホボール教徒を迫害するロシア正教会に対しては批判的でした。彼らのカナダ移住費として、『復活』の印税を寄付したと伝えられています。

「人を殺すということが、あらゆる信仰の根本に反することである」。こうした考えは日本のキリスト教徒たち、賀川豊彦などに影響したといわれています。

彼の隣人愛の思想は暴力や殺人についての批判に広がっていきます。とくに戦争反対や刑罰（とくに死刑）反対を公言し、「殺すなかれ」の言葉を世界に発信して、平和主義を唱えました。若い頃にコーカサス戦争（一八五一）、クリミア戦争（一八五三）に参加し、その悲惨さを経験したことから、戦争は「人間の野獣化」であると反対しています。とくに日露戦争（一九〇四～一九〇五）に反対し、「汝、悔い改めよ。また戦争だ。かたや殺生を禁じられている仏教徒、かたや愛を旨とするキリスト教徒。双方が野獣のように残酷に殺し合う。誰にも必要のない苦しみ。人間の欺瞞と愚劣さ。わたしたちには必要のない戦争だ。わたしたちは決して許せない」と語っています。この考えは徳冨蘆花や与謝野晶子の「君死にたまふことなかれ――旅順口包囲軍の中に在る弟を嘆きて」に影響を与えたといわれています。死刑についても若い頃にパリで死刑を見学し、恐怖と嫌悪をもったようです。

(4) トルストイの食思想の日本への影響

トルストイの平和主義思想は、文学作品や社会活動などを通して、世界の人々に影響を与えました。しかし彼の食の思想の方の影響は限定的であったといえるようです。トルストイの思想に共鳴した日本の思想家としては徳冨蘆花と武者小路実篤がいます。この二人におけるトルストイの影響力は、以下のようでした。

徳冨蘆花

徳冨蘆花（一八六八〜一九二七）は小説『不如帰』で有名ですが、彼はトルストイの影響で一時ベジタリアンになりました。兄の徳富蘇峰とともに、若い頃キリスト教を信仰し熊本バンドに属していたこともあって、トルストイに関心をもっていました。蘇峰が海外事情を知るために渡欧した際に、ロシアのトルストイを訪れた時（一八九六年一〇月八日）の経験を弟に詳細に語った影響もあって、蘆花はトルストイの平和主義思想に強い関心をもちます。そして彼も一九〇六年六月三〇日から五日間トルストイを訪問しています（「ヤスナヤ、ポリヤナの五日」[*11]）。その時に交わした日露戦争についての二人の会話は、今日的にも意義深いものといえます。トルストイは蘆花に「日本はなぜヨーロッパのまねをする（戦争や徴兵をする）のか、人道と愛国心は両立しない。世界の市民たれ。ロシアの強大よりは弱小を好む」といったそうです。しかしそれに対して蘆花は不同意で、国民として世界に寄与できるのであり、愛国心と人道は両立する、と答えています。国という枠を超えられなかった蘆花に対して、国を超えて平和を唱えるトルストイの偉大さを改めて感じます。

武者小路実篤

武者小路実篤（一八八五〜一九七六）はトルストイの影響をより強く受けた知識人で、一九〇四〜一九〇七年はトルストイ時代といわれ、一九三五年まで影響が続いたそうです。日本でトルストイの食の思想に共鳴した数少ない一人です。ただし実篤はベジタリアンではありませんでした。しかし日露戦争や第一次世界大戦にも反対であったことや日本のシベリア出兵にも批判的だったことなど、トルストイの平和主義に共鳴したことがみられます。

実篤が創設した「新しき村」は、「義務労働を果たすことによって、生活の保証を得、そして安心して自由の時間を生かすことによって、自己の完成を心がける」という理想のもとにつくられましたが、これもトルストイの農業活動による階級闘争の無い平等かつ平和主義の理念を日本に定着させようとしたといわれています。[*12]「各自の自我を生かすこととお互い協力することとの調和」、「協力」と「独立」を併せた自他共生の村が実篤の理想でした。

「新しき村」の農業共同体は、近代工業化時代の到来によって失われていく自然との共生と共食というベジタリアニズムの理念を、日本に根付かせようとした運動として、歴史的なものだといえます。

トルストイの平和主義に影響を受けた人として、ほかにマハトマ・ガンジー（一八六九〜一九四八）がいます。彼は晩年ベジタリアンになり、一九一〇年には南アフリカに「トルストイ農園」をつくっています。彼はインドを初めて離れた頃はまだ肉食をしていましたが、のちに厳格なベジタリアンになりました。日常の食事は穀物、豆類、果実、牛乳、はちみつに限定するという徹底したものでした。死の二か月前のトルストイから、「暴力は決して愛とは共存せず、暴力が許されるやいなや、愛は否定される。あなたの活動は必ずや、世界の人が参加するでしょう」というメッセージを受け取っています。

第3節　ヒトラーのベジタリアニズム
――ナショナリズム

ヒトラーがベジタリアンであったと聞くと、多くの人は驚きます。それは、「ベジタリアン＝平和主義者」とのイメージからくるものですが、ベジタリアニズムは必ずしも平和主義ではありません。ベジタリアンは多様で、とくに社会的ベジタリアンのなかには平和主義がそぐわない人たちもいます。

ヒトラーはたしかにベジタリアンでした。しかし彼のベジタリアニズムは単なる個人の食事内容の選択というようなレベルではなく、ナチスドイツの「食のナショナリズム」に結びついているものでした。ナチス総統ヒトラーのベジタリアニズムは反ユダヤ主義と一体でした。食の問題は決して個人の食生活の問題ではありません。食は時には国家や社会を動かすような力をもつことがあります。ここではベジタリアニズムのそうした側面をヒトラーを通して考えてみます。

ところで近年、「社会史」「ジェンダー学」「環境史」等の新たな視角から、ナチズム研究がなされています。そうした研究では、ナチズムについて、これまでの国家制度の仕組みや政治家たちの動向などを中心とした政治史や経済史という大きな観点からではなく、ナチズム下の人々の暮らし方・衣食住のあり方、人間関係、庶民の心情など、多様な個人の状況についての詳細な足取りを追っていくというような研究もなされています。そこでは生命論、科学論、健康観、「食」、ジェンダー関係などからナチズムについて照明が当てられています。

最近、日本の研究で話題になった『ナチスのキッチン』[*13]は、ナチズムの食の世界を「空間的な人工的な」「モノ」＝物質（食べ物を超えたモノ）の世界に広げ、「環境思想史的アングル」から「台所」をとらえ直して、ナチズムの構造を解明しようと試みています。また女性史研究では、ナチズム時代の女性たちにおける家庭や女子教育における食の管理を通じた戦争協力の仕組みなども追求されています。「食のナショナリズム」について、従来の方法とは違った視角での研究が模索されているのです。

この節では、ナチスドイツの食のナショナリズムについて、ヒトラーの食の思想がどのような役割を果たしたかという問題に注目したいと思います。とくにベジタリアンであった総統ヒトラーの食についての考えが、ナチズムの食政策、とくに反ユダヤ主義とどのように結びついているのか、考えたいと思います。

ところでヒトラーはワーグナーのオペラの愛好者でした。彼は、ローマの政治家を題材にしたワーグナーの初期作品、「リエンツィ」を観劇して政治を志すことを考え始めたといわれています。また『ニュルンベルクのマイスタージンガー』や『トリスタンとイゾルデ』が大好きで、それらを党大会で演奏させたりしました。なおヒトラーにワーグナーの音楽を直接結びつけたのは、ワーグナーの息子の夫人ヴィニフレートだといわれています。

でも彼のワーグナーへの結びつきは音楽だけではありませんでした。二人ともベジタリアンでした。そして二人とも反ユダヤ主義者だったのです。ワーグナーとヒトラーとの共通項であったベジタリアンと反ユダヤ主義とは、どのように結びついていたのでしょうか。彼らのベジタリアニズムについて考えてみたいと思います。

（1）ワーグナー

ベジタリアンには動物愛好家が多くいますが、音楽家ワーグナー（Wilhelm Richard Wagner, 1813-1883）もそうだったそうです（後で述べますが、ヒトラーも大の犬好きでした）。ワーグナーは子どもの頃から犬やオウムを飼っており（愛犬のペップスほか）、コジマと再婚した家庭では猫、馬、孔雀などの動物たちが子どもたちの遊び相手だったといわれています。彼の動物好きは徹底しており、虐げられた動物へのまなざしは哲学的な「同情」（ショーペンハウアー）に値するものであるといわれています。そしてドレスデンの反生体解剖協会の会員になって動物の生体実験反対運動をしたり、『パルジファル』等のオペラに動物虐待の罪などを積極的にとりあげたりしています。彼のベジタリアニズムはこうした動物愛護精神と深いかかわりがあります。

バイロイト音楽劇場

ワーグナー

しかしワーグナー家の実際の食事は健康上の理由から必ずしもベジタリアン食ではなかったとのことです。[*14] 彼は「理論的なベジタリアン」だということができるでしょう。

そのベジタリアニズムの内容については、「宗教と芸術」「英雄主義とキリスト教」などの著作から知ることができます。[*15] これらの著作は晩年に書かれたものですが、そこには明確に反ユダヤ主義とベジタリアニズムとが結びつけられています。彼の考え方は、以下のようでした。

宗教の今日的な衰退の根源は「殺生の罪や肉食の罪」の喪失にあり、それは古代ユダヤ人たちの威嚇手段的精神（教義の遵守が世界支配を導くとの約束＝殺戮）が、それらの罪を謀殺したことから由来してきた。肉食の罪を忘却し堕落したその精神は、創造主（イエス）が自分の肉と血を贖罪の生贄としてさしだしたパンとワインの救済聖餐（Heilamt）の形骸化や、肉食禁忌や断食の矮小化をもたらしただけではない。それは近代の哲学者たちによって抽象的な対象を射当てる精神へと変貌されることで、肉食が殺戮の罪をもっていることすらも忘却するようになった[*16]。

それゆえにそうした堕落した精神から脱するために、なによりも肉食を断念し、動物への哀れみの情を涵養し、飲酒癖をなくすことが、戦争文明からの救済になる。そしてそのための具体的な策として、①ベジタリアニズム協会、②動物愛護のための協会、③節酒の協会を擁立することなどが考えられる。①については、栄養摂取に関する個人的な配慮からの肉食の断念ではなく、人類の「再生」という遠大な思想から、②については、動物への哀れみの情の涵養を育成するために、③については、飲酒癖は現代の戦争文明の奴隷と化した、人々の宗教心の欠如や現代文明の抱える不道徳性であるゆえに、これらをなくすための方策が必要である。このようにワーグナーは主張しています。

ヴィニフレート夫人とヒトラー

彼は、現代人の精神の荒廃をもたらしたユダヤ民族に対して、激しい憎悪と軽蔑を向けるという反ユダヤ主義の正統性を主張しますが、そうした反ユダヤ主義は必ずしも理論的なものではなかったようで、感情的な要素が強く感じられます。「(メンデルスゾーンやマイアベーアは)

金銭づくのユダヤ人だから、真の芸術創造はできない」などと、若い時からユダヤ人嫌いをあらわにしていますが、晩年にはユダヤ人の指揮者を起用したり、親交もあったようです。

しかし肉食忌避に関しては極めて思想性が強かったといえます。「動物はその知的才能の程度によって人間と異なっているが、動物の欲望や苦悩は人間と同様にまったく同様の生への意志である」「激しい欲望の沈静化をするために、生けるものに対する柔和な心と互いの苦しみを誠実に実践していく」などの言葉にみられるように、あくまで動物についての見方から肉食の残虐性を指摘します。そしてバラモンや仏教徒の例をだしたり、菜食を主にしている日本人は、「極めて鋭敏な頭脳を持ちながら、最高度に勇猛果敢である」と、肉食忌避する文明の高さを論じます。

「飲酒癖という疫病」は「現代の戦争文明の奴隷と化した人々」の悪癖だと断言し、「(肉食という）自然に反した栄養摂取をした結果、人間は人間にしか見られない病気で衰え、天寿を全うすることもなければ、穏やかな死を迎えることもなく、むしろ人間独自の心身の病や苦難に苦しみながら、虚しい人生を送り、絶えず死の脅威におびえながら悶々とした日々を送るのである」と激しい論調で、肉食攻撃を繰り返しています。

ある意味でワーグナーの肉食忌避とは、彼固有のベジタリアニズム「哲学」、とくに宗教や時代文化への批判精神から生み出された「思想」であるといえますが、そうした思想性が「音楽」を介してヒトラーに影響を与えたように思われます。

彼のベジタリアニズムの特色をあらわにしている言葉を、引用してみます。

「強欲や残忍がはびこる世相の中で、賢者たちが昔から自覚していたのは、人類が二つの病（肉食と飲酒――引用者）に冒されていたために、時とともに退化の状態に置かれていることであった」。「堕落の概念が進むにつれて、血と屍（しかばね）だけが征服者にふさわしい糧となるような風潮が生じた。動物の殺戮や殺人をありきたりのことと受け容れるようになってから、人間の想像力はそのような恐ろしいイメージを抱くようになってきた」（「宗教と芸術」より）。

（2）ヒトラー

【生涯】

一八八九　オーストリア・ブラウナウで誕生
一九〇〇 - 一九〇九　実技学校・美術アカデミー中退
一九〇九 - 一九一三　最低生活・国外逃亡
一九一四 - 一九一八　第一次世界大戦：バイエルン軍義勇兵志願、野戦病院収監
一九二〇　ドイツ国家社会主義労働者党、翌年二代目党首就任
一九二三　ミュンヘン一揆
一九二四　ランツベルク要塞刑務所収監。同年仮釈放
一九二八　ナチス党一二人の国会議員
一九三二　大統領選・出馬落選、ナチス党第一党になる。

一九三三　ヒンデンブルク大統領から首相指名を受け、全権委任法設定
一九三四　大統領・首相兼任の総統職に就く。
一九三九　チェコスロバキア併合。ポーランド侵攻、第二次世界大戦が勃発
一九四〇　新生ドイツ軍の戦勝
一九四一　日本真珠湾攻撃
一九四三　ソ連戦苦戦、アメリカ南欧攻撃、イタリア降伏する。
一九四四　東部戦線崩壊、ノルマンディー上陸作戦。敗色濃厚。暗殺未遂事件
一九四五　自殺

①ベジタリアン・ヒトラー

ヒトラーがベジタリアンだったのかについては疑問がだされてきました。ゲッペルスの宣伝だったという説、ビールや薄めたワインも飲んだヒトラーが「倫理的な意味でベジタリアンであったはずがない」とのリン・ベリー（ベジタリアン作家・動物の権利論者）の主張、菜食主義非難のために利用しているのだとか、さまざまありました。しかし今日では、彼がベジタリアン（セミベジタリアン）であったことは立証されています。[*17]

もちろん彼のベジタリアン食は貧素ではありません。彼の別荘ベルクホーフでの食事はプロの料理人による菜食料理が並び、昼食や夕食の多くは、スープ、卵、野菜、マッシュポテト、アスパラガスやニンジンの料理などだったそうです。彼は肉は食べませんでしたがソーセージ

を好みました。魚も食べませんがキャビアを楽しんだといわれます。でもお酒も煙草もほとんどたしなみませんでした。そしてベジタリアン食を他人には強制しなかったともいわれていいます。なお彼がこうした食生活をするようになった理由については、若い頃病弱で腸が弱かったという健康上の理由、母クララががんで死亡したことや恋人ゲリの自殺などの人間関係、ワーグナーやオカルティズムの影響などがあるといわれていますが、さだかではないようです。

ベジタリアンであることは必ずしも平和主義であるわけでも、他者に融和的であるわけでもありません。しかしそれでもヒトラーがベジタリアンであるということにある種の疑念をぬぐえません。*18 ベジタリアンの肉食忌避とユダヤ人殺害とはどうしても結び付かないからです。封建時代の君主と違って、近代以降「国家元首」といえども、個人の食生活が国家の食の政策と直接的に結びつくことは不可能のように思いますが、ヒトラーはある意味ではかつての君主のような国家元首でした。彼はどのようにナチスの食政策を組み立てたのでしょうか。それはベジタリアニズムと無関係なのでしょうか。ナチスの食政策に関する多くの研究から推察すると、ヒトラーは巧妙なかたちでベジタリアニズムをナチズムに近づけたように思われます。

② 「共食」のナショナリズム

食は本来「共食」を基本とするということができます。これは食の歴史を顧みるまでもなく、個人史においても人類史においても歴然とした事実です。ナチスは、この共食ということを媒

エヴァ・ブラウンとの食事

ヒトラー

体にして、個人の食生活を支配し統制していきました。しかし、その方法は抑圧的強制的なものばかりではなく、他方で食生活改善、自然保護、動物保護、環境の視点を重視するという、ある意味では今日的に「注目される」視点をもつものでした。

ナチスは、栄養学や統計学の知識を踏まえた近代の食の科学の合理主義的思想を重視し、それに依拠して国民の健康管理や食政策をおこなっていきました。他方でナチスの食の思想は、いわば「神人」ヒトラーへの供犠の「宗教」ともいえるような反近代的な面をもっていました。それは「血と地」という自然に根ざした「生命主義」の思想として知られているものです。その点でナチスの思想（ナチズム）は近代的かつ反近代的であるという両面的な相貌をもっていました（この両面性は、「食」の領域においてとくにいえることでした）。

こうした両面的な要素をもつナチスの食の思想は、どのような背景をもって生まれてきたのでしょうか。

二〇世紀前半のドイツの食の状況は、第一次大戦から一九三〇年代半ばまでと、それ以降第二次大戦までとに分けられます。前半期は食の近代合理主義が進められた時期、後半期は食のナショナリズムが展開された時期といえます。庶民の食生活についていえば、第一次大戦では餓死者が七六万人もでたといわれるほどそれはひどいものでしたが、戦後もインフレ、食糧価格の高騰、穀物統制、食料品のヤミ取引などの横行が続きました。そのなかで庶民は食費を切り詰め、Ｋパン（ジャガイモ入りパン）という代用食で我慢し、ベルリン郊外のクラインガルテン（市民農園）で家族のための野菜作りをせざるをえないような生活を余儀なくされていました[*19]。

このようなドイツ国民の惨状を、ナチスは「利用」しつつ登場してきます。彼らの選挙ポスターは「飢餓と絶望に対抗せよ！　ヒトラーを選べ」という反飢餓キャンペーンでした。彼らは、食についての考え方の転換を提起しています。それは、各個人や各家庭で営まれる食卓・食の場を、私的なものから公共的なものに転化するという考え方です。これは「食の公共化」と言葉化されていますが、「共食」としての食の役割を前面に出して、国民の食生活全般を改造しようというものです。

まずナチスは食糧自給のために農業・畜産を重視し、流通の組織化のための道路や鉄道などの交通網の整備をしたといわれていますが、それと同時に重要視したのは、食の消費レベルの徹底的な公共化への改造でした。この改造は、ナチズムの精神（イデオロギー）を真に実現するための「共食の思想」といえますが、それは次のような特色をもっていたといわれています。

③食卓の公共化

ナチスは「みんなで食べること」を食生活の第一の精神としました。これは、食は個人のものではなくみんなのものであるという、「共食」の理念の復権でした。「身体は国家のもの！身体は総統のもの！　健康は義務である！　食は自分だけのものではない！」[＊20]という標語があったそうで、「食」（食べ物と食べること）はドイツ民族共同体に属するものだという考え方を意味します。こうした食の民族共同体こそ、ナチスの「食のナショナリズム」を支える主体でした。

この共食圏には、それに所属しうる者と排除される者が想定されました。排除される者たちとは具体的にはユダヤ人たちや「障害者」などでしたが、排除の理由づけは、必ずしも食の外部の理念（「優生思想」）からなされたのではなく、食の内部においても設定されました。ナチスは食を利用して、反ユダヤ主義を広めていったのです。その典型が、「豚殺し」キャンペーンです。ドイツ国民の主要な食料であるブタを殺し、食糧危機に追いこんだのは「誰か！」と、早くから暗にユダヤ人排撃を打ち出しています。反ユダヤ主義は食の世界においてもナチズムの目標とされていたのです。

なおこうした食による民族排外主義はナチスにかぎりません。おおくはナショナリズムによるものです。これは第1章でみたように、戦前の日本民族共同体にもみられましたが、ナチスとは違いがあるように思います。日本の場合は、「家」という私的な領域の食の場において、「米」という「食べ物」に象徴される日本イデオロギーをもって、東南アジアの人々を差別・支配・統合していったという経緯をもっています。それに対して、ナチスの場合は、食の場を「公共化」したうえで、そこに「食べ物」「食べること」に関するナチズムのイデオロギー装置をつくって、ユダヤ人たちに対する排除・断罪・殺戮がなされたといえます。

共食の民族共同体に属するドイツ国民に対しては、これまでの食習慣を変えること、とくに個々人の自由な食生活を離脱することが求められました。このことは単に意識改造ではなく、現実的な改造でなければなりませんでした。そのためにナチスは食事の場を私的なものから「公共的なもの」へと現実的にひろげる方策をたてました。調理・料理とは家族のためにあるのではなく、ドイツ国民、ドイツ民族のためであることを体得させるため、さまざまな方策がたてられ、「食のナチズム化」を実行しました。

ナチズムの精神を体得するための制度や仕組みづくりは、次のようでした。まず食を私的なものではなく、みんなのものとするために、台所を街なかに移動した「移動式厨房」をつくったり、「民衆食堂」「工場食堂」などをつくったりしました。またドイツ国民・ドイツ民族として食事（調理・料理）をしているという意識をつくるために、食糧自給、国産品の奨励、伝統的なドイツ食文化の掘り起し、食糧保存術や料理術の啓蒙活動などを、各家庭でも実践しなければならないと義務づけました。そして戦時にあっては、台所は「戦場」、調理器具は「武器」、家事は軍備なのだといわれ、家庭・家事のなかに直接、国家を注入していったといわれています。[*21]

このようなナチスの食の政策は、食べることに関する「上からの共食」理念の統制といえます。近代社会では「私事としての食」が、国家からの個人への干渉をゆるさない最後の砦であるともいわれてきましたが、ナチスの場合、個人の砦の牙城である調理や食事の世界を直接公共化させることで、それを国家に収奪していったといえます。そこでは「みんなで食べる」という「共食」の精神以外は許されなくなっていきました。

④「無駄なくせ闘争」

ドイツ民族のための共食運動は、「みんなで食べる」精神が実際の食事において実践されなければなりませんでした。しかし当時の食糧事情は最低でしたので、そのなかで共食しあうためには、食事に関する共通の「モラル」が必要となります。一九三六年の「無駄なくせ闘争」はこうして生まれてきます。近代国家においては、食糧不足や食糧危機に陥る危険性がある場合、贅沢を排し節約を奨励する対策がたてられます。ナチスにおいてはそれは「無駄なくせ闘争」として運動化されていきました。ブロイエルによれば、それは次のようなものだったそうです。[*22]

(a)「無駄なくせ闘争」は民族の価値ある財産を救い、民族の食料の自由に貢献するものである（ここでの自由とは第一次大戦の教訓から、イギリスや世界市場からの自由を意味しています）。

(b)勤勉な主婦であれば、食べ物をけっして無駄にしない。

(c)旬のもの、ドイツの土地で収穫したものを買え。

(d)手塩にかけて育てられた農作物を購入する人は、それを適価で購入することによって、質の高いドイツの農業生産に貢献するのだ。

(e)必要以上に作物が生産され、台所、地下貯蔵庫、食料倉庫において食べ物を傷みから守ることができる場合にかぎり、買いだめをせよ。

(f)汝が買いだめしたものを、宿敵たち、つまり汚れ、暑さ、霜、害虫から、日夜防御せよ。

(g)出現したすべての有害生物に即座に、精力的に、戦え。なぜなら、その有害生物から百万の破壊者が産まれるからだ。

(h)愛は食事によって表現できる。そのために、食事は丹誠《たんせい》込めて、十分な理解をもったうえで、調理せよ。

(i)良き主婦は、食材の残りを目的に応じて再利用する。それによって家事に費やされるお金を蓄えよ。

残飯回収運動

アイントプフ

(j)無駄なくせ闘争は、ドイツ民族が作った収穫物への感謝なのだ。

食べ物や食事に関してきわめて細かい指示をしています。とくに家事を担う女性たちへの指令が多いように思います。さらにナチスは、こうした食の運動を具体的に実践するために、「アイントプフ」運動と残飯回収運動を提示していきます。*23

⑤アイントプフ運動と残飯回収運動

「アイントプフ Eintopf」とはジャガイモや野菜の残り物の雑炊です。藤原辰史の研究によれば、ナチスは、一九三三年一〇月一日から毎月第一日曜日にこのアイントプフを国民に食べることを義務化します。それで「雑炊の日曜日」運動とも呼ばれたそうです。そしてそれを実際におこなうことで節約した費用、一晩五〇ペニヒを、冬季貧民救済のために寄付することを国民に課しました。この食の運動のプロパガンダは、「みんな一緒に、総統も」「同じ日、同じ民族、同じ料理」というメッセージだったそうです。

そしてアイントプフは肉なし料理でしたので、それを食べる日は

「肉なしデー」といわれたそうです。この運動はヒトラー自身が提唱者でした。この運動に、ベジタリアン・ヒトラーの影響が如実にあらわているといえるのではないでしょうか。なにしろアイントプフ運動は、肉食を具体的に制限するというベジタリアニズムに支えられたものだったからです。

残飯回収運動の方は、ナチ民衆福祉団の食糧生産援助事業としておこなわれたもので、残飯をブタの飼料としようという運動です。これは残飯の再利用システムで、主食飼料として残飯を利用し、人→食→残飯→ブタ→人の輪を形成しようというものでした。使用されずに生ごみとして残された食料を分別し、養豚場（ブタの餌）や農家（飼料）に戻し、再利用するというバイオダイナミック有機農法を介して、生態系システムの再構築を意図していました。これは今日的にみても大変注目されるものです。いわゆる3R運動[*24]や食品ゴミの再資源化の考え方の先駆的なものだからです。ナチスの怖さは現代社会の食の世界がもっている諸問題を先読みし、それをナショナリズム的に利用したことにあるといえます。しかも残飯の回収係はナチスの役人（ナチ民衆奉仕団）が率先しておこない、ナチスの評価を高めるという効果もうみだしたそうです。

⑥主婦たちの食運動

ところでナチスの食の公共化運動を実際に遂行したのは、「普通の」主婦たちでした。公的に開放された「台所」で料理するために、主婦の組織化がおこなわれました。「マイスター主婦」を中心とする「主婦集団」がドイツ産食材のレシピや保存法を伝授講習したり、伝統的なドイツ料理を賄ったりしました。ナチスは料理する女性たちを通して、ナショナリズム意識の醸成をはかっていったようです。

近年の女性史研究では、女性たちは必ずしも「戦争の被害者」ではなかったといわれていますが、ナチスの場合も、女性たちが戦争の加担者でもあったことがわかっています。食の公共化の実質的な担い手は主婦たちであり、地方役人やボランティアが補助者だったといわれています。またドイツの戦前の女性運動は「母性主義」的であるといわれていますが、ナチスはそれを最大限に利用しました。ナチス時代の「母親学級」は一九四一年では五一七学級もあり、一〇年間で五〇〇〇万人が参加したといわれています。

ナチスは、その創成期ではワイマール期の台所を中心とする「家事の合理化」思想[*25]をとり入れ、主婦たちを家庭経営のプロと位置づけて、その役割を評価するという近代主義をとりいれましたが、徐々に近代主義者たちを追放し、それに代わって、母性主義を重視し、主婦たちをナチズムの共食運動の担い手としたのです。

⑦家政学と栄養学の役割

主婦たちの共食運動のなかで注目されるのは、ドイツ家政学の役割です。

「家政学」は、家庭における諸活動、料理・食糧保存・育児・家計・住宅の清掃および管理などを分析研究する実学志向の強い学問ですが、これにはアメリカ由来の帰納法的なものと、ドイツ由来の演繹法的なものがあるといわれています。ドイツ家政学は大学外の公的研究所で発展しましたが、農村でも主婦対象に菜園・乳製品・家禽・亜麻の生産管理と家事などの専門知識を教えたりしました。この家政学を、ナチスは一九三〇年代後半から積極的に利用し、国家のための家政学に改造していきます。ナチスの女性指導者ゲルトルート・シュルツ＝クリンクが「全国婦人指導部」所属の「国家家政学研究調査所」の所長になったり、ナチ時代の家政学者シャルロッテ・フォン・ライヒェナウはドイツの食文化のなかに民族性をみいだし、反資本主義や家庭の精神環境の保護を主張したりしています。またドイツ家政学を背景として、全国に二万五〇〇〇か所に家事相談所がつくられ、一千万人が利用したといわれ、そこでは家事アドバイザーが家事の合理化の知識や技術を指導しました。家事のできない主婦対象の再教育施設もあり、戦時には一四歳の女子対象の「家政教育テスト」や一年間の家事修養制度もあったそうです。

またナチスの共食運動において、家政学とともに大きな役割をはたしたのは、「栄養学」でした。ドイツでは、一九世紀以降、リービッヒ、フォイトなどによりタンパク質をはじめとした食品に関する化学分析研究がすすめられてきましたが（これについては後章のフォイエルバッハや森鷗外の項を参照）、ナチスの栄養学者はその知識を軍隊の栄養補給や国民の健康管理に役立てようとしました。彼らは肉・糖分・脂肪よりは果物・野菜等の自然食を評価し、全粒粉パンとリンゴジュースなどのベジタリアン食をダイエット療法として推奨しました。しかしナチスにとって栄養学とは、究極的にはナチズムの人種対策、反ユダヤ主義実施のためのものだったようです。

医師エルンスト・ギュンター・シェンクは、ナチスの兵士・親衛隊の栄養食研究のために、強制収容所の囚人たちに対して人体実験をおこないました。一九四三年一二月から半年間にわたり、囚人たちの食事を栄養別に（肉・パン・野菜・でんぷんなどの有無）三グループに分け、死亡率を比較調査するという人体実験をおこないました。そのことで彼は戦後裁判で有罪になりました。

またナチス時代には、栄養学の観点から、ビタミンとミネラルの多い野菜料理や乳・卵製品・生食などの料理をメインとする健康管理のためのレシピ本が多く出されました。それらはフルトベングラー、ヘッセ、トーマス・マンなども食餌療法の教本として利用したといわれています。ナチス時代にあっては、レシピ本は主婦の毎日の料理のための実用書としてよりは、ドイツ国民の健康管理の教本という社会的役割をもったものでした。なおヒトラーユーゲントの手引書には「肉を食べ過ぎると病気になる」と書かれていたそうです。

⑧ナチズムの動物保護・自然保護の思想

ヒトラーのベジタリアニズムと反ユダヤ主義との関係を考えるために参考になるのが、ナチスの動物や自然についての保護政策です。「血と地」をナチズムの根本的な思想・理念と考えていたヒトラーにとって、動物や自然との人間の関係は、人間間の関係以上に重要なものでした。彼は動物および自然の保護に関する法律を制定します。それらは今日的にみても大変画期的なものであるといえます。

動物や自然の保護を重要視する考えは、今日、環境倫理思想で「非人間中心主義」の問題になっています。また動物虐待の問題はベジタリアニズムの本質にかかわる問題でもあります。その点で、ナチスの動物や自然に対する保護法は、大変注目されるものでした。

ベジタリアン・ヒトラーは、大の愛犬家でした。愛犬ブロンディは、ジャーマン・シェパードのメス犬ですが、彼の「動物の恋人」といわれており、彼が死ぬときまで一緒だったといわれています。彼の犬好きは動物虐待の場面に顔を背けたり目を伏せたりするほどでしたが、動物に由来する成分を含む化粧品にも反対し、愛人エヴァ・ブラウンには化粧をさせなかったそうです。ベジタリアンの多くは、肉食否定だけでなく、動物虐待や動物殺害はもちろんのこと、動物実験も否定しますが、ヒトラーもそうだったそうです。しかし彼の動物への目線はそういう個人的なものにとどまりませんでした。彼は、一九三三年に政権をとってすぐ、動物虐待・殺害を禁止し保護する法律を制定していきます。[*26]

最初の法律は四月二一日に「動物の屠殺に関する法律」、次は一一月二四日に「ライヒ動物保護法」を制定します。でもこれらの法律制定の目的は、単に動物保護のためではありませんでした。むしろこれは、ユダヤ人対策でもありました。最初の法律の第一条には「温血動物の屠殺の際には、血を抜き取る前に気絶させねばならない」と書かれています。これは、ユダヤ教での動物の屠殺方法、肉から血を完全に抜くために動物の頸動脈を一気に切断するという「コーシャ[27]」を禁止するものです。ナチス政権は、動物にこのように苦痛を与えるのは、動物虐待にあたるとして禁止したのです[28]。

愛犬ブロンディ

でもこの法律はコーシャという屠殺法を禁止することだけが、目的ではなかったようです。西村貴裕の研究[29]によれば、この法律はむしろユダヤ人の肉食自体を禁止、制限することおよびそれを犯罪とみなして処罰しようとすることが目的だったそうです。つまりこの法律は、食を通したユダヤ人の差別・排除のための法律であったということができるのです。

また一一月公布の「ライヒ動物保護法」では、動物虐待のみでなく、さらに動物実験の禁止が付け加えられます。そして違反したものは強制収容所におくることが書かれています。動物実験の禁止理由も動物に苦痛を与えるからとされていますが、必要不可欠な実験の例外規定もありました（その場合も苦痛のないように、気絶させることが条件でした）。

この法律が、当時も、そして今日的にも注目されるのは、動物保護の根拠づけが「動物自体のため」とされているからです。動物は人間のために保護されるのではなく「それ自体のために」保護されるとする考えは、「非人間中心主義」にたつ動物倫理を提唱するものだとみなす考えもあります[*30]（現代のベジタリアニズム思想を参照）。

ナチスは動物保護だけでなく、自然保護についても法制化しています。一九三五年の「帝国自然保護法」には国土の保護、種の保存、景観保護、野生動物保護を掲げ、また森林法によって樹木の保護規定も法的に整備しました。これらは今日的にはディープ・エコロジストたちが評価するものでもあります。

動物保護はナチズムの「血と地」の思想のなかの「血」の思想を、自然保護は「地」の思想を実現するための法律であったといえるでしょう。

まとめ

ヒトラーのベジタリアニズムをまとめると、次のようにいえるでしょう。

ヒトラーがベジタリアンであったことと反ユダヤ主義とは一見すると矛盾しているようにみ

えますが、そうではなく、両者は巧妙に結びついていました。ヒトラーは「食」というものを、個々人にとってのものではなく、民族共同体にとってのものに転化し、それを意味づけ、ナチズムの反ユダヤ主義政策に利用しました。ユダヤ人の食のあり方である「コーシャ」を「動物虐待」とすることで、それを禁止する法律をつくり、ユダヤ人を排斥していったのです。ナチスにおいては「食」もナチズムの「イデオロギー」の役目をしたのです。ナチスのベジタリアニズムは、こうした食についてのイデオロギーを通して、ドイツ民族共同体の秩序化をはかり、反ユダヤ主義を遂行するものであったのです。食の思想が、社会的な強制力をもつものであることを示してくれています。

ヒトラーを通して分かるのは、ベジタリアニズムは必ずしも平和主義思想でも自然融和思想でもないことです。なおこのヒトラーのベジタリアニズム思想は、日本にも影響を与えました。マクロビオティックの祖である桜澤如一の「正食」思想がそうです。このことについては、第1章ですでに述べました。

第4節　宮澤賢治のベジタリアニズム
――いのちの思想

ベジタリアンにはさまざまな人がおり、その考え方も多様です。ベジタリアンになることは自然的になるのではなく、食に対して選択をおこなうことを意味します。そこには食べることや食生活に関する意識的精神的な作用・実践、食に関する考え方、ライフスタイルについての価値観が加わっています。西洋にはみてきたように、ピタゴラス以来、特色あるベジタリアンがおりますが、日本ではどうでしょうか。近代以降の日本で、とくに注目されるのは、宮澤賢治です。彼は一時期だけベジタリアンでしたが、彼ほど、ベジタリアニズムの本質をとらえた思想家はほかにはいないといえます。それはどのようなものだったのでしょうか。

(1)　現代日本の食状況と宮澤賢治

二〇世紀後半以降、人類は原子力発電、ＩＴ技術、遺伝子操作技術、身体改造技術をはじめとした自然性を超脱する科学・産業技術をうみだし、それらに依拠した利便的な生活を追求するようになりましたが、人類はまだそれらを制御できる「知（恵）」を手にしていないといえます。原発事故が大規模な共時的かつ通時的な被害をもたらすことは、チェルノブイリで、すでにわたしたちはある程度認識していたにもかかわらず、事故の可能性を想定外として「安全神話」のもとで暮らしてきました。しかし「3・11」という未曽有の事故に遭遇して、これまでの技術至上主義がもっている闇・恐怖の面があらわになり、合理性・功利性を追い求めてきたわたしたちの考え方や生活の仕方について、問い直しが要請されるようになりました。

ところで「3・11」によって直接的に被害を蒙った地域である福島県を中心にした東日本太平洋側地域一帯は、日本のコメどころであり、畜産業や漁業などの食産業もさかんで、首都圏の台所を担ってきたところです。これらの地域の土地・自然・環境およびそこで採れる食べ物や食産業は、大津波と原発事故の放射能流出によって壊滅的な被害をうけました。その被害は期間限定的なものではなく、将来的にも回復不可能であるといわれています。なにしろ原子力の放射能は、自然や生態系の再生システム自体を破壊するからです。

近年のグローバル化の波を受けながらも、それまで懸命に日本の首都圏の食糧を支え続けてきた東日本の食産業（農林畜産漁業）は、3・11によって壊滅的な被害を受け、いまも危機的状況にあるといえます。それでもなお被災地域の人たちは、徐々に、細々と生活再建や地域復興のために食産業のあり方を再検討しているようです。そして食をめぐる人間と自然との新たな共生や共存の仕方も模索しています。

宮澤賢治は、今回大災害をこうむった岩手県出身の思想家・文学者です。彼は明治から昭和に生きた人です。彼がもしも生きていたら、今回の大災害についてどう語るでしょうか。彼の思想の問い直しがいろんなところでなされています。わたしは、食の思想家という観点から彼の思想を考えてみたいと思っています。

彼は一時ベジタリアンになったといっています。「動物を殺して食べる」とはどういうことか、真剣に考えたと述べています。この問いは、食における人間と動物・自然との関係についての問いでもあります。この問いは今日、動物倫理学や環境倫理学などで「人間中心主義」の再考という現代思想問題となっています。「動物を殺して食べるということは許されるのか」「どういう動物を（どこまで）食べていいのか、いけないのか、その意味とはなにか」。食の根源的な哲学的ともいえる問題を、彼は真正面から問おうとしたように思います。彼のベジタリアニズムについて、考えてみます。

(2) 宮澤賢治という人

【生涯】

一八九六　岩手県花巻市に生まれる。父親・熱心な浄土真宗門徒

一九一五　盛岡高等農林学校（現・岩手大学農学部）一九一八年卒業、研究生、童話制作開始

一九一九　妹トシ看病のため上京、肋膜炎
一九二〇　法華経「国柱会」入会
一九二一　花巻農業高校教師
一九二二　妹死去
一九二四　創作本格化
一九二六　教師を辞める。羅須地人協会設立
一九二八―　療養生活、回復、病気再発
一九三一　「雨ニモ負けズ」
一九三三年九月二一日　死去（三月三日「三陸沖地震」）

宮澤賢治は生けるものすべて、植物・昆虫・鳥類・爬虫類・家禽類・動物・人間たちは、ともに生きあう対等なもの同士であると考えています。賢治は「人間中心主義」にたって思考をしません。彼は多くの童話のなかで、生き物たちのいのちの平等性を主張しています。そしてそこから「食べること」についても考えています。

生き物は、生きるために、自分と同じ「いのち」をもつ生き物をお互いに「食べる食べられる」という関係のなかにあります。生きるということは、生き物同士が食べる食べられることであり、お互いのいのちを「殺す殺される」ということでもあり、「いのち」の問題なのだと、彼は考えています。それゆえに生き物たちは、食べることの連鎖からくる「哀しみ」や「つらさ」「苦しみ」をもっている、といいます。賢治は「食」という問題を、人間の食の世界にと

どめるのではなく、あらゆる生き物の「いのち」の問題、しかも「生と死」の関係＝共生（共殺）の問題だと考えました。そしてそこから童話を含めて、多くの作品を書いたのです。

「食の世界」を描いた作品

『蜘蛛となめくじと狸』（一九一八家族に聞かせる）
『よだかの星』一九二一（一九三四出版）
『フランドン農学校の豚』一九二二－二三……豚の主権
『ビヂテリアン大祭』一九二三－二四
『一九三一年度極東ビヂテリアン大会見聞録』（大祭の改稿）
『注文の多い料理店』一九二四
『なめとこ山の熊』一九三四刊
『銀河鉄道の夜』（サソリの話）一九二四（一九三四出版）

彼の「食＝いのち」の思想が述べられているこれら作品のなかで、とくに彼のベジタリアニズムの考えが出ている『ビヂテリアン大祭』を、ここではとりあげます。これは思想小説だといわれたりしています。

(3) 賢治はベジタリアンだったのか？

彼はベジタリアンだったのでしょうか。ベジタリアンに関心をもっていたのはたしかですが、現実にベジタリアンの食生活をおくったのは一時期だけです。友人の保阪嘉内宛手紙（一九一八年五月一九日付）には、次のように書かれています。

「私はしかしこの間、からだが無暗に軽くまたひっそりとした様に思ひます。私は春から生物のからだを食ふのを止めました。けれども先日『社会』と『連絡』を『とる』おまじなゑにまぐろのさしみを数切たべました。又茶碗むしをさじでかきまわしました」。「私は前にさかなだったことがあって食われたにちがひありません」[*31]。

彼がベジタリアンを選択するようになった契機や経緯は、以下のようでした。

一九一六・一二・一七　盛岡高等農林学校生の学友保阪嘉内とともに学校の隣の獣医科の解体実験で殺される動物たちの悲鳴を聞いて大変衝撃を受ける。

一九一八・二　食肉処理場で豚の屠殺解体の残酷な事実を目の当たりにする。⇓『フランドン農学校の豚』

一九一八・五・一九　「ベジタリアン宣言」をする。五年間のみ。

一九二〇　法華経の「国柱会」に入会。

一九二二　「国柱会」新聞『天業民報』：ポール・リシャール「私の菜食主義」を読む。

賢治が実際にベジタリアンであったのは一時期だったにもかかわらず、あたかもそうであったように見られているのは、「雨ニモマケズ」の「一日ニ玄米四合ト味噌ト少シノ野菜ヲ食べ」と、記述していることも関係しているようです。この文は、彼がベジタリアンをめざしていることを明記しているからです[*32]。では賢治にとって、ベジタリアンとはどういう意味を持っていたのでしょうか。

このことを理解するための最良の作品が、「ビヂテリアン大祭」という「奇妙な」作品です。この作品は一応「童話」ですが、端的な童話でも小説でもなく、エッセイでも批評でもありません。竹沢克夫は、これは「思想小説」だといっています[*33]。なにしろこの作品は、ベジタリアンについての彼の考えが登場人物たちによって「直接的に」語られているからです。内容についてはあとでみることにして、この作品は一九二三年頃に書き始められたのではないかといわれています。そのきっかけとなったのは、賢治が入会した法華経の「国柱会」新聞『天業民報』(一九二二年)のポール・リシャールの「私の菜食主義」を読んだからだといわれています[*34]。

賢治のベジタリアン生活は、一九一八年からの五年間だけでした。内容的には時々魚も卵も食べるという、いわばセミベジタリアンだったようです。にもかかわらず彼のベジタリアンがなぜ注目されるかというと、彼が考えるベジタリアンとは、単に個人的な身体上や健康上の理由から選択されたのものではなく、生き物のいのちへの共鳴というきわめて思想的なものだったからです。

一九一六年一二月一七日、賢治は盛岡高等農林学校の学友保阪嘉内とともに、隣の獣医科の解体実験で殺される動物たちの悲鳴を聞いて大変衝撃を受けます。一九一八年二月には食肉処理場で豚の屠殺解体の残酷な事実を目の当たりにして、幼少のころから自然豊かな岩手の土地のなかで生き物たちとともに過ごしてきた賢治は、食べられるために殺される動物たちのいのちの悲惨な現実に遭遇します。[*35] そしてこのときの経験が、彼に肉食忌避を確信させたようです。[*36] なおこの動物屠殺の経験は、後に『フランドン農学校の豚』という童話[*37]において、殺される豚の苦しみが豚自身の言葉で語られるという形式で書かれていますが、その内容は今日のベジタリアニズム論争で議論されている主題そのものです。また彼の童話においては、「語る主体」が動物や生き物である、という形式をとっているのも注目されるところです。彼のベジタリアニズムは「生来的な生き物のいのちを尊ぶ精神」にその要があるように思います。[*38]

食べられる動物たちの苦しみへの共感は、彼にベジタリアンへの関心を大きくしていき、一九一八年五月一九日には、〝ベジタリアン宣言〟をするようになります。「私は春から生物のからだを食ふのを止めました」と書くのです。だが留意しておきたいのは、その文に続けて「けれども……まぐろのさしみを数切たべました。又茶碗むしをさじでかきまわしました」とあります。彼は食べられる生き物のいのちへの同情をもちつつも、他方では人間が生き物を殺して食べなければ生きていけないという事実をも直視しています。生き物は他の生き物を食べて生きるが、その生き物を人間は食べて生きる。こうした「いのちの連鎖」に「食べることの連鎖」

はつながっていることを、彼は凝視しようとしたのです（「キャベジ一つこさえるには、百足からの青虫を除らなければならない」）。

だがいのちの連鎖を前提した食べることの連鎖を断つという彼の考え（ベジタリアニズム）は、今日的な環境倫理学の非人間中心主義でも生命中心主義でもないようです。それは、彼独自の仏教的な生命主義から考えられているように思います。鎌田東二は、この賢治のベジタリアニズムの核となっている「いのちの連鎖」観は、法華信仰からくる「輪廻転生」の考えからくるのであり、賢治は「菜食信者」であり、また心情的な「仏教的ベジタリアニズム」の提唱者であるとみなしています。[*39]

このことに関しては、国柱会とのかかわりを考慮しなければならないのもたしかです。賢治は一九二〇年に純正日蓮主義の国柱会に入会します。この入会をめぐって、父が信仰していた家の宗教であった浄土真宗と確執・葛藤があったことは、多くの賢治研究で論議されていることです。しかしここでは、賢治のベジタリアニズムが、国柱会の田中智学の国体主義思想で刻印された「食の霊化」としての「道下」の食という考えとも共鳴していた、と確認しておくだけにとどめておきたいと思います。というのも、賢治のベジタリアニズムは、「仏教的ベジタリアニズム」だけではわからないからです。

そうした見方に対して、自身ベジタリアンでありベジタリアニズム研究者でもある鶴田静は、賢治の菜食の根拠は、日蓮宗系法華経の死生観や万物同類の思想よりも、「宗教以前に既存する、普遍的な思想、すなわちベジタリアニズム」である、とみています。[*40] ベジタリアニズム自体を独自の思想として考えるみ方です。

(4) ベジタリアン論争

「ビヂテリアン大祭」という作品は生前には発表されず、遺稿（一九三四年）で公刊されました。この作品には数か所欠落しているところがあり、そのためか「一九三一年度極東ビヂテリアン大会見聞録」という改稿が一部分なされました。[*41] この作品で、賢治はベジタリアニズムについてどのような考えを述べようとしたのでしょうか。

最初に、ビヂテリアン（通例ベジタリアンといわれるが、賢治はビヂテリアンと表記しています）を「動物質のものを食べないものの団結」であり、「菜食主義者」よりも「菜食信者」といえると定義しています。この定義からわかるように、彼はベジタリアンを客観的にとらえようとしていることを、ます確認しておきたいと思います。

彼によれば、ベジタリアン賛成派は、その「精神」から分けると同情派と予防派に分けられ、同情派は、食べられる動物の方から考えてみて、「かわいそう」なので食べないとするもので、予防派は、病気予防のために動物食を避けるもので利己的なものといっています。ベジタリアンを「実行」（実際の食生活）の方から分けると、三つあるそうです。①すべての動物質食品の拒否、②乳製品や卵などはいいとするもの、③なるべく動物食を避けるものです。なおこの実

行の方は、改訂稿では、絶対派、折衷派、大乗派と言い換えられ、上のような図で示されています。[*42]

賢治自身（作品中の「私」）は、同情派の精神をもつ大乗派というベジタリアンがいい、と考えているようです。なおこの大乗派の立場については、食べられる動物の立場を考えて食べないのは、自分としてはさっぱりしていいが、食べ物を吟味するのは大変だし、ほかの人に迷惑をかけるので、「どうしても一つのいのちが入用なときには、仕方ないから泣きながら食べてもいい」という穏便なベジタリアンである、と説明しています。

この作品は、ベジタリアン賛成論者と反対論者の対話論争というかたちで書かれています。童話なので、賛成論も反対論もすべて大祭の参加者という登場人物の話で展開されています。ここでは童話自体の筋や構成や登場人物などを問題にしないで、賢治のベジタリアニズムの考えを知るために、この作品におけるベジタリアンについての論旨に注目して考えてみたいと思います。

さて賢治は、この作品でベジタリアン賛成派を弁護しているかというと、そうではないようです。この作品はあくまで、ベジタリアンとはどういうものなのかを、賛成・反対の論争を通して考えようとしているように思います。それゆえベジタリアンに対する批判の内容を細かくとりあげ、それらについて反論しています。

注目されるのは、この論争においてベジタリアン賛成の方より、批判派の見解がみごとで、今日的な観点からいって、ほとんどのベジタリアン批判の主張をとらえていることです。これは、賢治がベジタリアンに関する理論的知識を十分にもっているだけでなく、彼がベジタリアニズム思想家であることを端的に示すものであるといえます。

まず論争は、ベジタリアンを「偏狭非文明的」とか、「偏狭非学術的」であるとのベジタリアン批判から始め、その批判の内容をより詳しく論じていきます。そしてそれらのベジタリアン批判に対して、それぞれに反論が書かれています（私＝賢治による反論）。それらの論争は、今日のベジタリアニズム論議の観点から、以下のようにまとめることができるように思います。なお以下の分類と内容は、筆者によるものです。

⑴人口論からの批判をめぐって

マルサスの人口論を踏まえれば、動物性食品を食べないと、増加する人口（一〇億以上の人口）のための食糧が不足する。あるいは人口が減ることになる。またその結果食糧争奪の戦争も起きることになる。

反論＝動物も草食するので、そのための食糧がいる。牛一頭には八エーカーの牧草地が必要だが、これは一〇人の一年分の食糧にあたる。動物のための飼料の植物性食糧を人間にあてた方が良い。人口論の食糧確保からいえば菜食の方が適している。また「菜食はみんなの心を平和にし互に正しく愛し合うことができる」ものだ。

(2)動物心理学や動物器械論からの批判をめぐって

動物には死の観念などない。人間の考えを動物にあてはめただけである。動物器械論的批判によれば、動物は消化・吸収・呼吸・排泄・循環・生殖をおこなう器械である。動物の神経は本能と衝動のためにある。死ぬのが怖いとか病気の心配などしない器械である。それゆえに鶏も強制肥育可能であり、また犬実験や家畜の去勢も許される。

反論＝動物も生きたい存在だ。動物心理学の他の意見では動物も哀憐の感情をもつ。生命への愛が必要である。

(3)生物分類学からの批判をめぐって

動物と植物の境界は人類がつけたもので、連続しており、境界はない。菜食はいいが肉食はいけないというのは根拠がない。動物には意識があり、植物には意識がないように見えるだけだ。生物界は連続している。植物を食べるとき同時にバクテリアや細菌も食べている。その意味で菜食者も植物性以外の生き物を食べている。生き物を食べないならば、水と塩のみしか食べ物はない。また植物性食料のための農業は虫を殺す。ミカン一つ作るために青虫を殺している。

反論＝動物を殺すこととバクテリアを殺すこととは違う。どうもいけないと思うことをしないことが大事、議論より正しいと思うことをするのが大事である。

(4)比較解剖学からの批判をめぐって

人類は動物学上、混食に適している。歯の形状からいっても、草食用に臼歯があり、動物食用に犬歯がある。
反論＝菜食否定の根拠にはならない。
(5)栄養学や調理学からの批判をめぐって
植物性食品を料理するのに、魚油を利用しているので菜食者も肉食を排除していない。また植物性食品は消化率が動物性食品に比べ小さい、消化が悪い。これを病弱者や老衰者や嬰児に与えるのはおかしい。
反論＝菜食も慣れてくると消化が良くなる。
(6)感覚的快楽主義からの批判をめぐって
植物性食品は動物性食品より美味しくない。食べることには美味・享楽を求めることがあり、この点で肉食の方が優れている。
反論＝混食者には野菜食は美味しくないが、動物の苦痛を考える菜食者には肉食は美味しくなくなる。食物の味は「他の感覚と同じく対象よりはその感官自身の精粗によるもの……精粗というよりは善悪によるもの……よい感官はよいものを感じ悪い感官はい、ものも悪く感ずるのである」。感覚は荒くなったり悪くなったりするものだ。
(7)宗教的批判をめぐって
キリスト教神学：すべて被造物は神の摂理による。菜食も肉食も神が許した。混食がふさわしい。ベジタリアンはこの神の摂理に反する。
反論＝その論理を適用すると人を殴る行為も摂理になるので、妥当ではない。
仏教（本願寺派）：親鸞は肉食を許容した。また釈迦は多数の信者に肉食を禁じなかった。釈迦は晩年ベジタリアンではなかった。

反論＝五種浄肉は修行未熟の者には許されたが、仏弟子には禁止され、その禁止は緩くはなかった。仏教の精神では肉食しないのは当然。それはあらゆる生物への愛から、仏教なら慈悲から。仏教徒は一切の生物の苦しさや悲しさとともにそこから離れたいと願う。輪廻転生説もある。

これらの論争をみると、賢治がいかにベジタリアニズムの理論に通暁していたかがわかります。今日的なベジタリアニズム理論から見ても納得のいくものが多く、とくに動物における苦痛についての見解は、後述するように、現代の環境倫理思想としても知られているピーター・シンガーの動物解放論に近いように思います。また人間と動物とを境界なしの同等な生存価値をもつ存在としてとらえる見解は、トム・レーガンの動物権利論の先駆思想であるといえるでしょう。また食の味覚についての見解や栄養学的見解は、今日でも同様の論議が続けられています。さらにベジタリアンのなかのビーガンが、困難性を抱えること、セミベジタリアンが現実的であるとの認識も、大変説得力をもっているといえるでしょう。

(5) 賢治のベジタリアニズム

この作品は、最後に、登場人物たち全員（と私）が仏教的な輪廻転生説風の論理を踏まえて、人間と動物との「共生」という考えに同意するというかたちで、ベジタリアンの勝利で終わっているようです。ではこの結末をもって、宮澤賢治は仏教的ベジタリアニズムが正しいと結論したといえるのでしょうか。多くの宮澤賢治研究では、彼独自の仏教的背景をもつ生命愛主義がこの童話の核心であり、それが彼のベジタリアニズム観だといっていますが、はたしてそうでしょうか。わたしにはそう思えません。

賢治のベジタリアニズムについて、国柱会の田中智学のナショナリスティックなベジタリアニズムという背景から解釈しようとするものもあれば（鎌田東二）、命を貴ぶ＝非肉食という図式からの「宗教以前の普遍的な思想としてのベジタリアニズム」から解釈しようとするもの（鶴田静）もあります。さらには日本のエコロジーの先駆的作品だとの見解もあります（田中末男）[*43]。これらの解釈はいずれも彼のベジタリアニズムを、仏教的なベジタリアニズムと親和的なものと考えています。しかしそうした見解は、賢治のベジタリアニズムについて、この作品（彼のベジタリアニズム論）からではなく、彼の他の作品にも通底する思想全体から類推したもののように思います。しかしここでは、賢治のベジタリアニズムについて、あくまでこの作品に沿ってだけで考えてみたいと思います。

この作品は、ベジタリアン批判の方が一定の説得力をもっており、それに対するベジタリアン側の反論は、ある意味では抽象的で、完全な説得力をもっていないように書かれています。しかしまさにそこに、彼のベジタリアニズム論の本質があるように思います。

彼は、ベジタリアニズムは単に生命擁護、動物愛護、平和主義、超・反科学主義、人間主義批判の「理論」「思想」ではなく、人が他の生き物とともに、他の人間や動物や自然といかに共生できるか、という人間の倫理的な生き方の問題だと考えています。そしてベジタリアンの生き方は倫理的に正しいとしています。ではこの作品は、登場人物たちがみなそういうベジタリアンになったというかたちで終わっているかというと、そうではないのです。

この作品は最後に、喜劇役者（ヒルガード）が登場して、大祭でのベジタリアンの論争はお芝居だったとされています。そしてそれを受けて、最終の言葉は次のように書かれています。「私はあんまりのこのあっけなさにぼんやりしてしまいました。あんまりぼんやりしたので愉快なビヂテリアン大祭の幻想はもうこわれました。どうかあとの所はみなさんで……ご勝手にご完成をねがふしだいであります」。

ベジタリアン論議が幻想だったというこの最後の言葉はどのような意味をもつのでしょうか、またそれはどのように解釈されるのでしょうか。

このことについて最も説得力を持っている解釈は、田島正樹によるものだと、わたしは考えています。彼の解釈は、長くなりますが、次のようです。[*44]

賢治のベジタリアニズムは宗教的背景をもつものだが、彼のビヂテリアン「信仰は、ビヂテリアンの二律背反と一体の関係にあり、いわばそのどうしようもない二律背反の宗教的昇華に他ならない」。たしかに「一見反対派が論破された挙句、説得されてビヂテリアンになったかのように見えるが、実際には論理的には少しも説得は成功していないこと、むしろビヂテリアンの主張の根本的困難は解決しようもなく深まっているところ」に「この劇中劇の種明かしがされていることがわかる」。しかもそうして、ビヂテリアンであることの「内在的困難性」が自覚される瞬間に（ビヂテリアンであることが彼自身のユートピアであることがあらわになるときに）、喜劇役者を通して、すべては余興（「ヤラセ」）であるとされる。「あらかじめ仕組まれた筋書きの予定調和が示されているように見えるが、それは表面上のことであり、本質的には、亀裂は縫合される事なく放置されたままである」。ここには、「自らの論理的矛盾を深く自覚していることの中にこそ、ビヂテリアンの倫理的・精神的優位があることが示されている」。

まとめ

宮澤賢治がこの童話を通して語ろうとしたのは、単にベジタリアンの生き方の正しさではなく、反対派（多くの人々）との対話を通して、自然や生き物との共生の仕方を考えることではなかったでしょうか。

彼は述べています。

「小さな小さなことまで、——吟味して大へんな手数をしたり、ほかの人にまで迷惑をかけたり、そんなにまでしなくてもいゝ、もしたくさんのいのちの為に、どうしても一つのいのちが入用なときは、仕方ないから泣きながら食べていゝ、そのかはりもし、その一人が自分になった場合でも敢て避けないとかう云ふのです。……ふだんはもちろん、なるべく植物をとり、動物を殺さないやうにしなければならない、くれぐれも自分一人気持ちをさっぱりすることにばかりか、はって、大切の精神を忘れてはいけないと斯う云ふのであります」。

ここで語られている「大切の精神」とはなんでしょうか。食べることは動物を含めて他者のいのちを奪うことであるという認識のうえで人が生きるということ、ベジタリアンが正しい食のあり方だと絶対視することはないこと、肉食を習慣とする他者の生き方をも尊重することなどを意味するのではないでしょうか。こうした考えは、西洋文明批判や近代技術批判や仏教的見地から知的にだされたのではなく、人間も動植物もともにいのちをもつもの同士として感受しようとする「心情（心象）」の世界からでてきたもののように思います。

彼にとって「食べること」とは、「食」を支えている土地、森山海川、星・空、植物・虫・鳥・動物、そして人々が「ともに生きること」（死ぬことも含む）「共生」を意味していたように思います。それゆえ「食べること」は生き物相互の「悲しみ」「つらさ」をともに抱えて生きていくことであったと思います。

賢治のベジタリアニズムとは、人々が自然や他の生き物と共生する思想的生き方を自覚しつつ、それを他者（そうでない人）にも開き、自己においても対話していくという思想運動ではないでしょうか。その意味でベジタリアンであることにとりあえず希望をもちつつも、最終的にそれが正しいと結論を出さなかったことにこそ、この作品の意義があり、またそこに彼のベジタリアニズムの核心があるように、わたしには思われます。

こうした彼の思想を、3・11「フクシマ」以後のわたしたちは再度かみしめていくことが必要ではないでしょうか。

第5節　現代のベジタリアニズム思想

最後に、現代のベジタリアニズム思想について、少し考えてみたいと思います。

現代のベジタリアニズム思想は、科学技術や産業技術が高度に発達し、食のグローバル化によって、肉食文化が世界に広がったことを背景にしています。この思想運動は、一九六〇～七〇年代に生まれたエコロジー思想にはじまり、その後の動物解放運動や環境思想運動などへの拡がりとともに発展してきたといえます。思想内容として、欧米主導のグローバルな肉食文化の「覇権主義」「人間中心主義」に反対する食の倫理的思想運動であるとみなすことができます。

これはまた、肉食中心のファストフードやレンジ調理を中心とする都市型消費の食生活様式が、これまでローカルな自然・風土・環境に根ざしてきた多様な伝統的な食文化を徐々に駆逐し、食の世界を一元化しつつありますが、こうした食の世界の一元化・画一化に対しても、ベジタリアンたちは肉食忌避という意識的な食生活への自己選択を通して、ある種の抵抗を試みているといえるようです。

ベジタリアンたちは、今日ではかつてのように個人における食の選択が制限されていた時代と違って、現代の豊食文化が個々人の多様な食生活をも保障するようになったので、ある程度ベジタリアン的食生活も容易になりました（日本をはじめ世界の都市には、ベジタリアン食のレストランやベジタリアン食品をあつかう業者もいます）。しかしそれでも圧倒的な肉食文化のなかでは、ベジタリアンたちは自己の食選択について、ある種の苦痛を感じたり、その理由づけを要請されているというような心理的な圧迫を感じているようです。

そこから、少数のベジタリアンたちは、積極的にベジタリアンであることの時代的な必要性と正当性を主張しようと試みます。田上孝一によれば、ベジタリアンは「自分の食品の選択に意識的である人」として、「ある特定の傾向を有する食習慣をそれ以外の食習慣よりも望ましいという見解」について「合理的推論に基づいた理論的仮説として整え」ようとしている。それは「人間の肉体のみならず、心や精神の健康」を、「動植物の健康」「社会と地球の健康」とともに考える人である、と述べています。[*45] そうした人々の多くは、思想信条・倫理的観念・世界観などの理由から、ベジタリアンを自己決定していますが、それにとどまらず、現代の肉食文化に対する批判を明確に意思表示したり、社会運動化したりします。そして意志を共有する仲間とともに集団的な組織・協会をつくったり、連携しあったりして、ベジタリアンの今日的な意義を積極的に主張しています。

こうしたベジタリアニズム思想がなぜ今日注目されているのかといえば、ひとつには動物研究と関係があります。一九八〇年以降「認知動物行動学」によって、動物にも心があり、喜びや快感などの感情だけでなく、苦痛やストレスなどもあることが明らかになってきました。そして高度な知能をもつチンパンジーや、感情伝達をするイルカ・犬などの研究もなされるようになりました。そうした研究から、動物実験や動物利用の残酷性が語られるようになり、また食用動物に関する飼育法・殺害法・捕獲法・売買法・冷凍保存などについて「動物虐待」の疑念も発せられるようになりました。

たとえば、子牛が液体飼料餌の鉄分や繊維素不足から尿や藁を食べることがないように、顔の向きを変えられない狭い檻で飼育されたり、肉鶏がくちばしを切られてブロイラー飼育されたり、ガチョウやカモがフォアグラつくりのために強制給餌（脂肪肝）させられたり、ジャコウネコが一日一回排出されるジャコウの分泌液から香水をとるために華氏一一〇度（摂氏四三・三度）の暗闇に一生入れられるというふうに。こうした人間のための飼育は動物虐待にあたるといわれるようになりました。

そしてこうした食用動物をはじめとした動物への「虐待」に対して、動物倫理や環境倫理の思想家たちが反対の意思を表明するようになりました。ベジタリアニズム思想もそうした理論のなかの一つの潮流だといえます。それゆえ現代のベジタリアニズムは、単に肉食忌避という特定の食生活への個人的選択の自由の問題ではなく、動物を含めた自然や生物への人間の関係そのものを問うことなのです。とくに思想的ベジタリアンたちはそこから、肉食忌避という食生活のあり方がなぜ現代社会において必要なのか、その正当性と理論づけを求めたといえます。しかしその理論づけがいかに難しいか。ここでは二人のベジタリアンの思想家の理論、ピーター・シンガーの動物解放論とトム・レーガンの動物権利論をとりあげて、考えてみたいと思います。

(1) ピーター・シンガーの動物解放論

ピーター・シンガーのベジタリアニズム論は、功利主義と「種差別主義：スピーシシズム speciesism」という二つの視点から考えられています。それは次のような内容をもっています。[*46]

(a)動物を含め、すべての利害関心をもつ存在者は、平等な配慮を与えるべきである（功利主義）。そのための前提条件となる判断基準は「苦しむ能力」にある。

(b)動物は苦痛を感じることができる（感覚の重視）。苦しむ能力の指標は、生き物の行動＝身もだえ・叫び声にあらわれるが、動物は、これが人間と似ており差異はない。差異は人間が動物を「種」という点で差別することからやってくる。

(c)「よき人生を楽しむ権利」は人間のみの権利ではない。動物は人間の手段として存在していない。

(d)動物の尊厳およびその固有の価値は、種という境界を超えて考えなければならない。知能の遅れた人間と動物との違いも種で差別されてはならない。
(e)食用肉のための動物の飼料には人間の食材（トウモロコシ・大豆など）を使用しているが、その食材は飢餓の人々を助けることができる。

シンガーのベジタリアニズムは、動物が苦痛の能力をもっている存在であるという視点にたって、道徳的理論を組み立てるものです。宮澤賢治が動物解体や動物実験などをみたときに受け止めた「動物たちの痛み」を、シンガーは理論化して、ベジタリアニズムの道徳的正当性の根拠にしたということができます。つまり、シンガーは苦痛の感受能力の有無をもって、動物に対して道徳的配慮をするように主張しているわけです。それゆえすべての動物肉を禁食対象としているわけではなく、苦痛を感じる能力と苦痛の量とをはかり、具体的な道徳的配慮をするべきだと考えています。それゆえ苦痛を感じる能力をもつ動物に対しては、禁肉食だけでなく、飼育方法、動物実験、動物捕獲法、動物見世物、毛皮利用なども禁止することを提唱します。

彼は、動物への道徳的配慮については、基本的に動物への「善き」配慮からではなく、「悪しき」配慮をしないという消極的な立場でしたが、人間と動物との種の境界を超えて、生命について考える動物解放論を主張しています。彼の食思想は人間と動物とを「種」で区別する考え（＝スピーシシズム）を超えるところから、ベジタリアニズムの今日的な意義を考えるものでした。

(2) トム・レーガンの動物権利論

レーガンは、動物について「権利」という視点から、ベジタリアニズムを主張しました。彼によれば、動物はそれ自身「本来的な価値」、人間から独立した価値をもつものである。動物がもつその本来的な価値は、生命体としての「権利」であり、人間にとっての効用的な価値からはかられるものではない（功利主義を否定します）。しかもその動物の本来的な価値は、単に生きていること以上のことであり、意識があること以上のことを意味するといっています。ここから動物を人間の手段として扱うことは不当であり、目的として扱うべきである、とレーガンは考えます（この考えは、カントの人間についての考えを動物に適応したものだといえます）。

だがそのように動物を権利の保有者と考えると、人間の権利とぶつかってしまいます。しかしそれを解決するための功利主義的権利論や人間と動物との比較権利論や人間中心主義もレーガンは否定します。もちろん快苦の能力による見方もとりません。また動物への関わりを量数的な問題や環境への負荷から考えることも否定します。たとえば今日捕鯨やまぐろ漁業などの問題でよく論議される数量的制限論や絶滅危惧種の保護、さらに環生態系への影響というような観点で、動物へのかかわりをみることも拒否します。彼は、動物について個体そのものの権利という視点から、肉食自体の禁止はいうまでもなく、工場畜産や動物実験に対して、それがその動物に対して「不公正をおこなっている」から、「敬意をもって扱っていない」から許容しないと述べています。[*47]

それ自身の権利をもつ動物に対しては、あくまで道徳的にかかわるかどうかが重要なのである。動物は自律的な行動能力をもつ道徳的主体ではないので、人間の方が道徳的な関わり、すなわち動物を道徳的受動者として「尊敬の原理」をもって取り扱うべきであると、彼はいうのです。彼のベジタリアニズム思想は、以上の点で、動物との平等主義的な正義論からの理論化であるといわれています。

まとめ

シンガーとレーガンはベジタリアニズムの基礎づけについては違いがありますが、ともに、動物を食料にすることは道徳的な正当性をもちえないという「倫理的ベジタリアニズム」を提唱するものだといえます。彼らはベジタリアニズムの理論化だけでなく、PETA（動物の倫理的扱いを支持する団体）をつくり、動物実験や工場畜産、集約的畜産業の廃止運動を開始し抗議活動や不買運動などをともに展開しています。

こうした彼らのベジタリアニズム論については、さまざまな批判や論争がありますが、彼らが提示した動物についての倫理論は、ベジタリアニズム問題にとどまらず、（遺伝子組み換え操作やクローン技術へと進んできている）生命へのテクノロジー化時代のなかでの人間と動物との関係について、根底から考えてみなければならないことを問題提起しているように思います。

［注］

＊1　田上孝一『実践の環境倫理学』時潮社、二〇〇六、一〇七頁。

＊2　同右、一〇六、一〇九頁。

＊3　末次勲『菜食主義』丸の内出版、一九八三。

＊4　神はノアの洪水の際に、ノアとともに箱舟で救ったすべての生き物・動物を食べてよいと認めている。（創世記7〜9）。ただし第2章で述べたように、ユダヤ教では動物の肉と血を一緒に食べてはいけないなどの規律があります。

＊5　修道院ではベジタリアニズム食と節制が実践されており、肉を食べない基本食（レフェクティオ＝そら豆と野菜という二種の食）や二食主義、集団食、沈黙がおこなわれていました。なお修道院の食のあり方の最良の手引き書『ベネディクト会則』によると、鶏肉や魚が徐々に許容されているのがわかります。

＊6　「アッラーは汝らに禁じ給うた食物は、死肉・血・豚の肉、さらに、屠殺に際し、アッラーの名において屠殺せず、アッラー以外のものの名において屠殺された動物である」。（クルアーン：二章一七二節）。イスラム法上で食べられる物のなかで、「ハラーム」は禁止されている食べ物。このなかには豚肉だけでなく、犬や虎などの獲物を捕獲するための牙や爪がある動物、キツツキ、ロバ、ラバなども入ります。また殺し方も正規の手順に従わなかった肉も食べることが禁止されています。

＊7　鶴田静『ベジタリアンの世界』人文書院、一九九七。

＊8　トルストイのベジタリアニズムについての考え方は、以下の著作にみられます。『トルストイ全集14‥宗教論（上）』‥（最初の段階）中村白葉・中村融訳、河出書房新社、一九七三。『菜食論と禁酒論』‥石田三治訳、春秋社、一九二三。後著の菜食論は全集と同じものですが、禁酒論が追加されています。

＊9　西洋の中世社会の食の世界には、一方に王侯貴族たちによる「大食」と、他方に修道士たちの「断食」とが併存していたといえますが、これは近代以降も継承されてきたといえるようです。

＊10　この最期の日々のことは映画にもなっています。『終着駅　トルストイ最後の旅』二〇〇九年。

＊11　徳冨蘆花「トルストイ」『蘆花全集』第四巻、新潮社より。

＊12　「新しき村」は武者小路実篤によって、一九一八年に宮崎県児湯郡木城村に創設されたが、同村のダム建設により、一九三九年には埼玉県入間郡毛呂山町に転村した。しかし実篤自身は一九二四年から離村し、村外会員となっている。「新しき村」のホームページによれば以下のように説明されている。村は創立時から、村内生活者の日々の仕事として農業が中心でした。その理由は、実篤の言葉を借りて言えば「それは百姓の労働が一番もとだからだ。衣食住をただにするには百姓の労働が一番近か道だ。それ以上の生活はそれからだ」。村は現在一五ヘクタール、村内会員（一五名）と村外会員（一八〇名）によって生産事業と文化事業がおこなわれています。農業が主体で卵・椎茸・米・野菜・茶・竹炭などの生産・販売。ほかに、筍・梅・ゆず・ぎんなんなどを収穫・販売。土壌改良剤としての鶏糞も販売。新しき村の精神は全人類同胞の思想で人類平和共生の理想を掲げています。

＊13　藤原辰史『ナチスのキッチン――「食べること」の環境史』水声社、二〇一二。『カブラの冬』人文書院、二〇一一。本書の「ナチスの食政策」については、藤原氏の研究を参考にしています。

＊14　鶴田静『ベジタリアンの世界』、一六四～一六八頁。鶴田は、ワーグナーの動物への「同情」観にはショーペンハウアーの影響があると述べています。ワーグナー家の実際の食事について、長男の妻がベジタリアン食ではなかったと伝えています。

＊15　ワーグナー「宗教と芸術」「英雄主義とキリスト教」『著作集5』三光長治監修、第三文明社、一九九八。引用はこの著より。

＊16　彼は若い頃、自然主義者であったフォイエルバッハの宗教批判の哲学に共鳴し一八四八年革命に参加したり、晩年にはショーペンハウエルの「同情」の哲学に共鳴し動物愛護の精神主義を主張しました。

＊17　秘書トラウデル・ユンゲやコック、クリューメル、晩期のヒトラーの毒味役マルゴット・ウェルク等が近年そのことを証言しています。またヒムラーやヘスもベジタリアンだったともいわれていますが、確証はありません。

＊18　ベジタリアンからすると、ヒトラーは倫理的な意味でベジタリアンではない。ベジタリアン攻撃のために、彼を利用しているとの考えもあるほどです。

＊19　一九一五〜二二年まで主食・パンは配給制でしたが、その後は代用食が流行ります。なおベルリン郊外のクラインガルテンは一九二四年には一六万八〇〇〇箇所もあったそうです。

＊20　ロバート・N・プロクター『健康帝国ナチス』宮崎尊訳、草思社、二〇〇三。

＊21　藤原辰史は、こうした政策を「台所の公共化」と命名しています。

＊22　H・P・ブロイエル『ナチ・ドイツ清潔な帝国』大島かおり訳、人文書院、一九八三。

＊23　以下のことについては、主に藤原辰史『ナチスのキッチン』やドイツ女性史の研究書を参考にしました。田村雲供『近代ドイツ女性史――市民社会・女性・ナショナリズム』阿吽社、一九九八、他。

＊24　この運動については、第5章（注7）を参照。

＊25　戦後日本の団地などで導入された合理的な台所や「居間キッチン」のモデルは、ドイツのこうした「台所の合理化」精神から生まれたものだといわれています。

＊26　一九三三年一月末に成立したナチス政権は同年三月に「民族と国家の窮状を除去するための法律」（全権委任法）を経て、動物などに関する法律を制定していきました。ナチスの動物保護に関しては、ボリア・

サックス『ナチスと動物――ペット・スケープゴート・ホロコースト』関口篤訳、青土社、二〇〇二などを参照しました。

＊27　コーシャは第2章で説明したように、ユダヤ教の動物肉の屠殺の仕方です。ユダヤ教徒はこの方法で処理されていない肉を食べることを禁じられています。

＊28　コーシャをめぐっては、一九世紀から動物虐待にあたるかという点から論議されていましたが、信教の自由との関係で決着がつきませんでしたが、ナチスはこれを一挙に動物虐待と認定しました。

＊29　西村貴裕の研究によれば、帝国内務省は五月に、コーシャ肉（輸入などを含む）を食べること自体を禁止しようとしました。「ナチス・ドイツの動物保護法と自然保護法」参照。

＊30　動物解放論者や動物の権利論者等。

＊31　『【新】校本　宮澤賢治全集』第一五巻、（書簡、本文編）、筑摩書房、一九九五、六九頁。

＊32　竹下数馬は、賢治がベジタリアンであることは彼の文学・生涯を理解するための「大きな鍵」だと述べています。「ビヂテリアン」『宮澤賢治研究資料集成』第七巻、日本図書センター、一九九〇、二六二頁。

＊33　竹沢克夫『宮澤賢治解読』彩流社、一九九四、一一二頁。

＊34　上田哲『宮澤賢治――その理想世界への道程、改訂版』明治書院、一九八八、一七五頁。なおリシャールの「私の菜食主義」は『天業民報』五四七～五五〇号（一九二二年七月七・八・九・一一日）に載りました。鶴田静も、この著の執筆は一九二二年七月頃だといい、「一九三一年度極東ビヂテリアン大会見聞録」で改稿しようとしたといっています。『ベジタリアン宮澤賢治』晶文社、一九九九年、二〇四頁。

＊35　鶴田静、同上書（一九九九）、四四～五三頁。板谷栄城『素顔の宮澤賢治』平凡社、一九九二、五二～六二頁。

＊36　佐藤隆房『新版　宮沢賢治』冨山房、一九九四、五三～五四頁。

＊37　宮澤賢治「フランドン農学校の豚」（初期形）『宮澤賢治全集』第九巻、筑摩書房、一九九五、八九～一

〇二頁。

＊38　こうした生き物のいのちへの賢治の「まなざし」は、彼の童話すべてに書かれています。鶴田静（一九九九）、五四頁。

＊39　鎌田東二「宮澤賢治における食と生命」『「大正生命主義」とは何か』鈴木貞美編、河出書房新社、一九九五。仏教的生命観から賢治のベジタリアニズムを解釈する考えは、岡屋昭雄「宮澤賢治論――生命あるものを食べることの苦悩を超えて」『香川大学一般教育研究』四三号、一九九三、なども参照。

＊40　鶴田静（一九九九）一八頁。

＊41　宮澤賢治「ビジテリアン大祭」（一九三四）『宮澤賢治全集』第九巻（童話Ⅱ）、筑摩書房、一九九五、二〇八～二四四頁。引用はすべてこの書からですが、頁数は省略しました。「一九三一年度極東ビヂテリアン大会見聞録」『【新】校本宮澤賢治全集』第十巻（童話Ⅲ、本文編）、筑摩書房、一九九五、三三八～三四三頁。これは途中までしか書かれていません。

＊42　同右、三三九頁。今日のベジタリアンの形態でいえば、①はビーガン、②はラクトオボ・ベジタリアン、③はセミベジタリアンとなろう。

＊43　田中末男「宮澤賢治と菜食主義」『朝日大学一般紀要』No.33、二〇〇七。

＊44　田島正樹「ビジテリアンのイデオロギーとユトピア――宮澤賢治『ビジテリアン大祭』をめぐって」『宮澤賢治研究 Annual』第17号、二〇〇七、一四九～一五一頁。

＊45　田上孝一、前掲書。

＊46　ピーター・シンガー『動物の解放』、戸田清訳、技術と人間、一九八八。

＊47　トム・レーガン「動物の権利の擁護論」『環境思想の系譜 3環境思想の多様な展開』小原秀雄監修、東海大学出版、一九九五、二一～四四頁。

第4章　食の感性哲学

――食べることとはなにか？

わたしは長年、一九世紀のドイツの哲学者・社会思想家、フォイエルバッハ（Ludwig A. Feuerbach, 1804-1872）の哲学思想を研究してきました。彼の哲学は、ニーチェ以前にキリスト教を批判して無神論を唱え、（カントやヘーゲルに代表される）「理性」の哲学と違う「感性」の哲学を提唱して、マルクスにも影響を及ぼしたといわれています。

このフォイエルバッハが語ったこととして「人間とは食べるところのものである」という言葉があります。この言葉は食についての哲学・思想の言葉として、よく引用されるものですが、それについてきちんと説明されたものをみたことがありません。専門領域においてもその言葉がどういう意味をもっているのか、研究がなされていません。私もまた、この言葉を知っていましたが、注目していませんでした。しかし近年、食の思想や食の感性に関心をもつようになり、この言葉がどのような意味をもっているか、また彼の哲学のなかで「食」がどのように位置づけられているのか、考えるようになりました。

この言葉の内容について考えるために、その前提となる彼の哲学について基本線をお話しすることから始めたいと思います。[*1]

第1節　フォイエルバッハの食の哲学

(1) フォイエルバッハの哲学

フォイエルバッハの哲学は、宗教の本質について人間学的に解明しようとしたものです。彼によれば、人類は現実的に解決できない困難なこと（たとえば死にかかわることや人間関係や悪の問題など）に対して、実在するものではない「神」や「霊魂」などを頼りにして対応してきました。それらは、人間の自己の本質の理解のためや、究極的な願望や理想を実現するために「つくりあげられてきたもの」といえます。しかしそれらは長い歴史の中でさまざまな文化的社会的意識的装置をもって構築されてきましたので、人間はそれらから自由に考えたり生活したりすることができなくなりました（これを「宗教的自己疎外」といいました）。それゆえにフォイエルバッハは、そうした宗教文化的装置の仕組みを明らかにして、人間がそれらから自由に考え、現実のなかで実際に対応し生活できるようにしたいと追究しました。

けれどもそうした宗教的文化的装置は生活のなかにしっかり根をおろし、社会の制度的網や仕組みを支えていますので、それを理論的に解明することが困難です。それを解明するためには、その原初的あり方をさぐり、人間の自然的感覚的レベルからその仕組みを再考することが必要であると、彼は考えました。そこから彼はキリスト教だけでなく古代宗教や自然宗教などにさかのぼって、それらの神話や（聖）書や教えのなかで、神々や人間たちのあり様、自然や動植物の見方やかかわり方、生活の仕方などについて研究しました。そしてそれらが人間にとってどのような意味をもっているかを明らかにしようとしました（こうした彼の思想研究は「無神論」と弾劾され、同時代のキリスト教的な学問界や社会から弾圧・放逐され、晩年は葬式代もなかったくらい貧しい生活を続けることになりました）。

食の世界は個々人の味覚や感覚に依拠していますが、同時に、自然的な環境や家族・集団・民族・国家などの文化的歴史的影響を強く受けています。食についての宗教的装置もそうした感性的文化的歴史的世界と一体に発展してきました。多くの場合、人々は、食に関する宗教的装置の由来や根拠について、無自覚なままに生活してきたといえます。「神様になぜ供え物をするのか」「死んだ人になぜ食べ物を与えるのか」「断食とはなんのためなのか」「特定の食べ物がなぜ（宗教によって）タブー視されるのか」など。人々は、こうしたことの理由や根拠について疑問をもつことなく、伝統や慣習として、それを受け継ぎいとなんできました。

フォイエルバッハは、こうした食にかかわる宗教的伝承について哲学的に照明しようと試みました。その思索の結晶化が「人間とは食べるところのものである」という言葉（命題）だったのです。この言葉は、「食」についての彼の根本的な考えを指示しているものとして、また同時に彼の哲学の真髄を示唆するものとして重要なものだといえます。

それゆえ少し専門的になりますが、この言葉をめぐる彼の食に関する哲学的理論についてみてみましょう。[*2]

(2) 「人間とは食べるところのものである」

「人間とは食べるところのものである」という言葉（命題）は、ドイツ革命後の一八五〇年に『自然科学と革命』という著作に書かれたもので、最晩年（一八六二年）の『供犠の秘密』では副題として付けられました。今日のわたしたちからすれば、これはあまり抵抗のないものですが、一九世紀のドイツでは大変「衝撃的な」ものでした。なにしろこれは、当時の多くの人々の食生活を支えていた精神、「人はパンのみにて生きるに非ず」というキリスト教の教えに背反するものだったからです。それだけでなくこれは、哲学的命題としては低俗であり、彼がそれまでに獲得していた哲学者としての名誉[*3]を貶めるものだとみられました。こうした非難は、彼の思想に共鳴していた同時代の思想家たち、そして後世の研究者たちからも発せられ、この命題についてはもちろんのこと、彼の食に関する考え方も評価されてきませんでした。でも彼の食についての考えは、今日的には「食の哲学」といえる内容が含まれています。[*4]

「人間とは食べるところのものである」という言葉をドイツ語で示すと、Der Mensch ist, was er ißt. です。ist の意味は「である（存在・本質）」で、ißt は「食べる」です。ist と ißt

は語呂合わせになっていますが、これは読者受けのためのものではなく、それどころか、この二語の対応は、彼の哲学の根本にかかわることでした（一八六二年一一月五日のボーリン宛の手紙で彼自身がそう述べています）。つまり、この言葉は「人間の存在・本質＝食べること」を指示するものなのです。

それだけではありません。さらに留意してみると、ist と ißt を結びつける was は「コト」だけでなく、「モノ」の意味ももっています。人間の本質・存在である「食べるコト」には、「食べるモノ」が必要であることを、この命題は暗に含んでいます（これには「人間は対象的存在である」という彼の人間観が背後にあります）。人間の食べるという行為は、「食べ物」なしにはありえません。彼の哲学が人間学であると同時に唯物論といわれる由縁は、こうして食についての哲学において、もっともその特性を明示したといってもいいでしょう。なにしろ人間は食べるモノがなければ、生きられないからです。精神だけでは生きられないからです。

このような食についての彼の考えが最初に書かれたのは、『人間学の立場からの不死問題』（一八四七）です。そこには、次のような文があります。「人間がなんであるかということは、彼が食べるものに依存していないだろうか？」。これが、食の命題の最初のものだといわれています。ところでこの文は、第2章で述べたガストロノミーの思想家、ブリア・サヴァランの「君がどんなものを食べているか言ってみたまえ。君がどんな人であるかを言いあててみせよう」という言葉を思い起こさせます。

サヴァランの言葉は、『味覚の生理学』（一八二五）に書かれたものですが[*5]、これは、人の味覚や嗜好はその人の固有のものであり、個性を表示するということをいっています。ここには人間と食べるものとの相応性が指示されています。フォイエルバッハもまた食べ物はその人の「質」をあらわすと語っていますが、彼の場合はどこまでも宗教分析のなかで、ここではキリスト教の不死信仰についての批判的文脈のなかで語られています。

彼は次のようにいいます。キリスト教は死後の魂の実存・不死を主張しても、死後の肉体の実存を否認します。食べることは肉体の問題であって、魂の問題でない。この立場（死後の肉体の非実存）から、（異教徒が）死者に食べ物を与えることについて批判します。

しかしフォイエルバッハによれば、キリスト教による死者への食べ物の供物についての批判は、人間の生命・本質についての超自然主義的な空想・偽善・歪曲であるといいます。というのもキリスト教の供物批判は、人間の死後の魂と肉体を分離する考え（心身二元論的立場）にたっており、それは人間の実存についての（知的）欺瞞の考え方だといえるからです。それに対して異教徒は人間の肉体と魂を分離せず一体に考えます。異教徒が死者に食べ物を供与するのは、その死者が死後も生き続ける、あるいは生き続けて欲しいと考えるからです。つまり彼らは（人の）不死の願いを食べ物を供えることで表現しているのだと、フォイエルバッハは考えます。そして彼らにおけるそうした死者への食の供与という行為は、人間の実存の本質的条件が「飲食すること」にあるとの考えにたっていることを示していると、彼は解釈しています。人間が死ぬというのは、人間の一部だけ死ぬのではなく、全実存が死ぬのであり、それは食べ物の享受が終わることを意味しているのだというのです。

なおフォイエルバッハ自身は死者への食べ物の供物についてどう考えていたかというと、そうした行為は非合理だと、否定してはいません。彼は、どこまでも人間の宗教的な行為の意味を人間学的に解明しようという立場を堅持します。一般に彼は無神論者として宗教を否定したといわれていますが、彼の無神論は、実在としての神（主語）を否定しても、神の内容（述語）を否定していません。そのことが彼の宗教批判の両義的な性格といわれているところです。わかりやすくいえば、宗教の語る内容を無意味だと否定するのではなく、それを人間学的に解釈しなおそう、人間学の立場から再構成しようとめざしたといえるでしょう。

（3）栄養学の哲学

さて食の問題が重要な哲学的主題であると、彼がはっきりと認識するようになるのは、ドイツ革命頃です。革命が起きる前の一八四五～六年にドイツでは、主食であったジャガイモの疫病がはやり、大規模な食糧危機にみまわれました。これが革命勃発の契機となったともいわれています。

批判的思想の持ち主だったフォイエルバッハも当初は革命に加わろうとしましたが（多くの市民たちの要望によってフランクフルト国民議会の議員に推されたりします）、徐々に懐疑的になります。彼によれば、革命を指導している思想家や政治指導者たちが、革命の自己目的化・理想化・理念化に固執し、現実的な生命と生活を改新するために不可欠な、「イデオロギー」[*6]からの脱皮のための意識改革をしていないように思えたからです。それもあって彼はハイデルベルグの市庁舎で「宗教の本質に関する講義」をおこないますが、聴講者は少なかったようです。

この講演で彼がとくに主張したのは、自然と人間との関わりの重要性でした。当時のドイツは遅ればせの産業革命が訪れ、都市化と工業化が地方にまで広がってきていました。南ドイツのブルックベルクという小農村で（妻が共同経営者であった）陶磁器工場によって生計を維持していたフォイエルバッハ家にも、産業革命の波が押し寄せ、生活が苦しくなってきていました。そうしたなかで彼は、人間が生きていくことや生命・身体を維持することの土台である、農業をはじめとした人々の自然とのかかわりに、改めて注目するようになりました。そして革命のなかでも、人間にとっての自然のかかわりの重要性を講義したのです。

ところで一九世紀は、植物学・鉱物学・化学・生理学・医学などの新しい自然科学が発展しました。これらの学問は、人間にとっての外的な自然についての研究だけでなく、外的な自然と人間の「内なる自然」（身体）との関係についても研究しました。そこから食に関して、食べものの成分がどのように生命体のなかで利用され影響するかが、研究課題とされるようになりました。そして食物中に含まれる生命維持に必要な成分＝栄養素の分析理論として「栄養学」などが生まれてきました。今日の栄養学の基礎を築いたムルダー、リービッヒ、フォイト、べ彼の食の哲学もこうした自然科学への関心を背景として生まれてきたものです。

若い時から自然の問題を哲学的課題としてきたフォイエルバッハは、新しく発展してきたこの自然科学の知識を独学で学び、そこから彼の「自然」哲学を再構築しようと考えていました。

ルナールなどがあらわれました。[*7]

彼は一八五〇年に、彼の著作の愛読者であったモーレスコット（J. Moleschott）から、『市民のための食物学[*8]』という本を贈呈されます。そしてこの本の書評として『自然科学と革命』（一八五〇）を書きます。この書評のなかに、かの「人間とは食べるところのものである」という言葉が書かれます。そして「食」が哲学の主題であることを彼は明言し、食べることは人間の本質であると断言したのです。

フォイエルバッハはまず、「自然科学は直観的な事実がその根本命題であり、感性的道具がその証明手段である」と踏まえたうえで、モーレスコットの食物学は「栄養手段、その構成要素、その性質（状態）やわたしたちの身体のなかでの作用と変化（消化）についての近代科学の成果を伝えている」ととらえます。そのうえでこの本は、「ガストロノミーの目的と対象をもっているが、同時に頭脳と心情にとって刺激的であり、哲学的にも倫理的かつ政治的な関連性においても極めて重要で革命的な書である」と、哲学の方から解釈しなおして、評価しています。

彼によれば、哲学、とくに高級を自負する哲学は、このような食物学の本を低級だとみなしていますが、これは「最高の哲学的意義と重要さをもっている」ものだと批判します。というのも飲食は「肉体と霊魂を結合する」ものであり、「食物・栄養 Nahrung は、精神と自然との同一性」を明らかにするものだからです。彼は、脳髄は「合燐性の脂肪がなければ存在することはできない」「食物が血液になるのは、食物を成立させている成素 Bestandteilen が血液を成立させている成素と同じ成素だからである」などと引用しながら、この本は、飲食が「最高の哲学的意義および重要性を持っている」ことを明言しています。その意味で、まさにここには、彼自身がめざしている『将来哲学の真の根本的命題』および「現代の哲学の真の根本的命題」があると語ります。そして飲食は「精神の物質的基礎」であり、「新しい哲学は飲食から始める」のだと宣言しています。

「存在は食べることと一体である。存在することは食べることを意味する（sein heißt essen）。存在するものは食べかつ食べられる。食べることは存在の主観的な活動的な形態であり、食べられることは客観的受苦的形態であるが、両者は分離できない」と、食を、彼の感性哲学の内容として再定義します。

こうしてフォイエルバッハは、人間とは「食べるところのもの」「食べる存在」であることを踏まえて、人間の自然（身体）は外的な自然と構成的にも相関しているのであり、そのことを証明するものが「栄養」であると確信します。「人間とは食べるところのものである」という言葉は、こういう人間の自然性を語るものだったのです。もちろん彼の哲学においては、この人間の自然性は「感性」と同義ですので、「精神的なもの」を含むものです。彼は、人間における食べ物の感覚が、味覚のみでなく嗅覚・触覚・聴覚・視覚などと結合した総合的な感覚であることを踏まえて、栄養とは精神的な機能をもつものだと語っています。

食の思想という観点から見ると、彼のこうした考えは、食という問題を哲学の問題とした点で意義高いといえますが、当時の思想界はそれに対して酷い非難やバッシングを投げかけただけでした。しかしそうした非難に対して、彼は反論しようとはしませんでした。それらに反論する価値をみいださなかったからです。

(4) 食の宗教哲学—共食について

彼は『自然科学と革命』執筆の一二年後に、再び食を主題化します。それが『供犠の秘密あるいは人間とは食べるところのものである』(一八六二)でした。なぜ彼は再び食についてとりあげたのでしょうか。この二度目の著作は、前の著作とどのような違いがあるのでしょうか。

実はこの著作こそは、食についての彼の哲学的考えを明示するものだったのです。この『供犠の秘密』は、食についての考え方の基礎づけが、一二年前の著作と違っています。

以前の著は、食について栄養学という自然科学的知識にもとづいて書かれましたが、この著は、彼の宗教批判哲学から語られています。また前著は人間にとっての「食べ物」について、後著は人間にとっての「食べること」について書かれているともいえます。いずれにせよ、この著が彼の食の哲学の核心をあらわしたものであることはたしかです。宗教についての人間学的解明を追求してきたフォイエルバッハにとって、食の問題とは宗教と食との関係だったのです。彼の「食の哲学」の主題は、宗教のなかで食がどのように位置づけられているかであり、この問題について人間学的に解明することが彼の関心事だったからです。

さて彼がこの主題について語ることができるようになったのは、前著以後に取り組んだ宗教研究[*9]のおかげでした。彼は革命後の一八五〇年代に、神についての考えの原初形態から宗教の本質を考えるために、古代ギリシア宗教、古代ユダヤ教、異教などの古代宗教の神々の研究をします（なんと日本の神道なども研究しています）。そして『神統記』（一八五七）という著作を書いています。この宗教批判作業を通して、彼は改めて、人間の食べることの意味を考えるようになります。そうして一八六二年に、かの人間学的命題を副題とする『供犠の秘密』を書いて、自分の食の哲学を世に示したのです。

「人間とは食べるところのものである」の命題は、彼の食の哲学の核心を示したものです。これは、宗教的文脈をもつ言葉です。この命題は、なぜ人間は神様に生贄や供物を捧げるのか、人間はなぜ食べ物を通してつながり合ったり、排除したりするのか、人間社会において食文化とはどういう意味をもっているのか、宗教による食のタブーの理由とはなんなのか、こうした食に関する宗教と結びついた問題について、彼の立場を明示した言葉なのです。食と宗教との関係という、食に関する本質的な問題について、フォイエルバッハは思想史上、はじめて宗教の立場ではなく、人間学の地平で語ろうとしたのです。

ところで食と宗教との関係に関することは、二〇世紀において、多様な民族の文化的差異を研究する文化人類学という学問によって、実証的に研究されるようになりましたが、フォイエルバッハが生きた一九世紀ではまだそうした研究はほとんどなされていませんでした。それゆえ彼はこれらの問いについて、原初的な宗教である古代宗教の研究を通して考えようとしました。そこで彼はとくに供犠(神饌)の分析を通して、食の本質ともいえる「共食」の意味や宗教的構造について哲学的にあきらかにしようとしました。

「供犠」とは、一般には、神のために生贄や特定の食べ物(供物)を捧げることで、神と人とを結びつける宗教儀礼だといわれています。具体的には、その神にそなえた食べ物をその後人間同士で分け合います。この宗教的な供犠をフォイエルバッハは、人間学的に解釈しました。

神と人間たちは、この供犠の儀式のなかで、供物の食べ物を介して結び付くのですが、それは供物が神と人間たちとに共通する特質をもつ特別なものと考えられているからです。「民族(の神)は選抜された食べ物をもつ」が、それは「本質を同じくする者は同じ食べ物を食べ、逆に同じ食べ物を食べるものは本質を同じくする」からなのです。しかし神に捧げられるその生贄や供物（食べ物）は、実はその食べ物を共有する人間たちの同一性を表示するものだと、彼は考えます。供犠とは神と人との一体性よりも、むしろ供犠の対象の食べ物を食べる人間たちの同一性・一体性を証示するものなのです。いわばある民族の特定の食べ物が、供犠を通してその人間集団の特質をあらわに示すのだ、といいかえてもいいでしょう。

しかし民族や人間集団によって供犠されるその食べ物（供物）は、あくまでその民族の神のための食べ物とされています。神と人間たちとが食べ物を共有するといっても、その食べ物の供与者は神であり、享受者は人間であるという違いがあります。この違いは神には飢餓の苦しみはないが、人間には食べることに関する苦しみがあるといいかえられます。しかしそれでもなお神は人間たちの「特性と等しい」ものを食べる存在なのです。なにしろその神の本質が実はその人間たちの本質以外のなにものでもないからです。いわば人間たちが特定の食べ物を神に捧げるという形式をとって、自分たちの同一性・結合性を確証し強化するのだということができます。つまり供犠とは、〔人間集団の本質⇓神の本質〕＝〔特定の食べ物〕という構図をもつものだと、彼はいうのです（こうしたことは、日本人にとって「米」というものがはたしてきた役割や意味を考えれば、明瞭になるように思います。）

もちろん古代人たちは、人間と区別された神々という存在を信じていますので（宗教的であるので）、自分たちのいのちを支える食べ物を、多様な神々に供犠・供物として捧げ、自分たちの集団・民族を結束しようとします。こうして古代ギリシアの神話では、子山羊を食うヘラ女神、イノシシや熊を食うアルテミス神、魚を食うアポロン神、生肉を食うバッコス神など、多様な神々が食べ物で表示され、その神々同士や人間との関わりを通して、その民族共同体の結束がはかられます。

しかし神と人間との区別がより意識されるような宗教になると、神と人間の食べ物（性質や内容）も区別されてきます。古代ギリシア宗教でも、神の食べ物はアンブロシア、飲み物はネクタールという「天上の食べ物」（空想上の食べ物）となり、人間の食べ物は地上の食べ物になります。またキリスト教のような精神的な宗教になると、神と人とを結びつける特定の食べ物は、「聖なるパンとブドウ酒」という象徴的な食べ物となります。しかしその特定の食べ物を介して人間同士、人間集団が結束するということは変わりません。

こうしてフォイエルバッハは、供物とされる食べ物は民族の結合子であり、共同体を維持結束させるための宗教的な儀式に欠かせないものとなったと、明らかにしました。

なお彼は付け加えています。共通の食べ物の儀式化による民族の一体性の維持は、その食べ物が「心術の共同、本質の共同」という構造に支えられているからなのであり、「食べ物の共同は心情の共同、本質の共同を前提としているかあるいは帰結をしている」といいます。食べ物がなぜ結束のために選ばれるかというと、食べ物は実際に食べられることで、結合が単に想像や精神的な結合ではなく、人々を現実的に心身ともに結びつけるからです。彼の言葉でいえば、食べ物は感性的だから、人間同士を強く結び付けることができるからです。こうした食べ物がもつ人間への結束力こそは、「共食」の意味だと、彼は考えました。

しかしまたそのことが、自分たちと同じ食べ物を共食しない人間たちを憎悪し排除することをもたらすといいます。「この憎悪には、わたしたちが食べるものを食べない人は、わたしたちであるようなものではないという思想が根底にあるのではないだろうか」。「共食」という構造が、民族間の排除や抗争をもたらすものであることを、彼ははっきりと指摘しています。供犠の宗教への人間学的解釈を通して、共食のもつ「イデオロギー性」を彼は読みとっています。

この『供犠の秘密』という著作は、食べることの意味や機能について、個人的な生命の観点からではなく、人間の共同性の観点から解読しようとしたものです。これは「共食」についての宗教哲学的理論として、彼の食の哲学の内容を示すものでした。

フォイエルバッハの食の哲学については、近年ターナーなどが食の宗教文化史的な観点から注目したり、オンフレイなどの食の思想家も、養生学と快楽主義・幸福主義という観点からとりあげています。オンフレイは、『哲学者の食卓』のなかで、フォイエルバッハの食の哲学について、次のように述べています。[*10] 彼の「食あるいは食餌学は、神（如何なる神であれ）なくして生きる技術の唯物論的原理」を提示している。

まとめ

今日食の問題は思想的課題です。食べ物は自然物ではなく脱自然的な加工物としての食品（典型的な遺伝子操作の対象）となりつつあり、それが農や環境の破壊という問題を引き起こしています。また共食（事）を通して社会性を見につけていく食事の形態は孤食化へと向かうことで、食を通した人間のつながりの意味も見失われつつあります。飽食＝崩食のなかでは食べることの意味も多様化し趣味化したりして、人間にとって、共食とはどういうことなのか、その意味や役割もみえなくなっています。こうしたなかで食べ物の人間にとっての根源的な意味や共食とはなにかについて、その起源にまで遡って考えようとしたフォイエルバッハの食の思想は、示唆的なものであるように思います。[*11]

第2節　食の感性学

科学技術万能の社会においては「感性」が大事であるといわれています。二一世紀は感性の時代であり、感性をもって豊かな社会を実現することが課題であるともいわれたりします。感性が科学技術を「人間らしくするもの」、科学技術の人間化のための手段・方法であるとの考えがあるからです。このようにいわれる感性とはどういうものなのか。感性が要請される社会とはどういう社会なのでしょうか。

感性は、一般には絵画や映画などの芸術鑑賞や自然景観のなかで感じる美しさ、柔和さ、心地よさなどの心の動きをあらわすときに使われる言葉です。この言葉は「食の世界」においても近頃よく使われています（「和食は、日本人の感性をあらわすものだ」といわれています）。食の世界は「美味しさ」にかかわる感性の世界だからです。この「食の感性」に関する、その意味と内容について考えてみたいと思います。そのうえで今日食の新しい学である感性学と感性哲学から、現代の食の世界がもつ問題について、考えてみたいと思います。

（1）食の学

今日食に関しては、多様な学問・研究があります。次頁の図は日本の食文化研究の第一人者・石毛直道が分類した食の学問です。でも二〇世紀後半以降の食グローバル化や産業技術の発展によって変化してきた食の世界に関する学問としては、この図にあるような伝統的な食の学問だけでは不十分です。人間にとって食べモノや食べるコトがどのような意味や様相をもっているのかという社会文化的な側面について、社会学や人文学、とくに思想、倫理、宗教、芸術、哲学、文学などの知識が必要となってきています。そしてこれらの学問とは別に、まったく新しい食学が生まれてきています。「食文化学・食文化史」「感性学」「美味学」「食環境学」「食情報学」等です。

「食文化学・食文化史」は、食を文化という視角から解読していくものですが、ヨーロッパでは、一九七〇年代以降に起きてきたアナール学派などを代表とする「社会史」の思潮との関係が深いものです。[*12] 日本においては、阿部謹也、網野善彦、川田順造、二宮宏之、良知力などによる研究がありますが、必ずしもアナール学派に同調するものではないといわれています。社会史がこれまでの歴史学と異なる点は、阿部謹也が語っているように、人間と人間との関係を、モノ（食でいえば食べ物）を媒介として解明することに方法論があり、モノの関係を通して目に見えない絆で結ばれた人間の関係を実証的に解明しようとします。この方法は食学にも新たな風を吹きいれたといわれています。というのもここから「食べ物」というモノを通して、

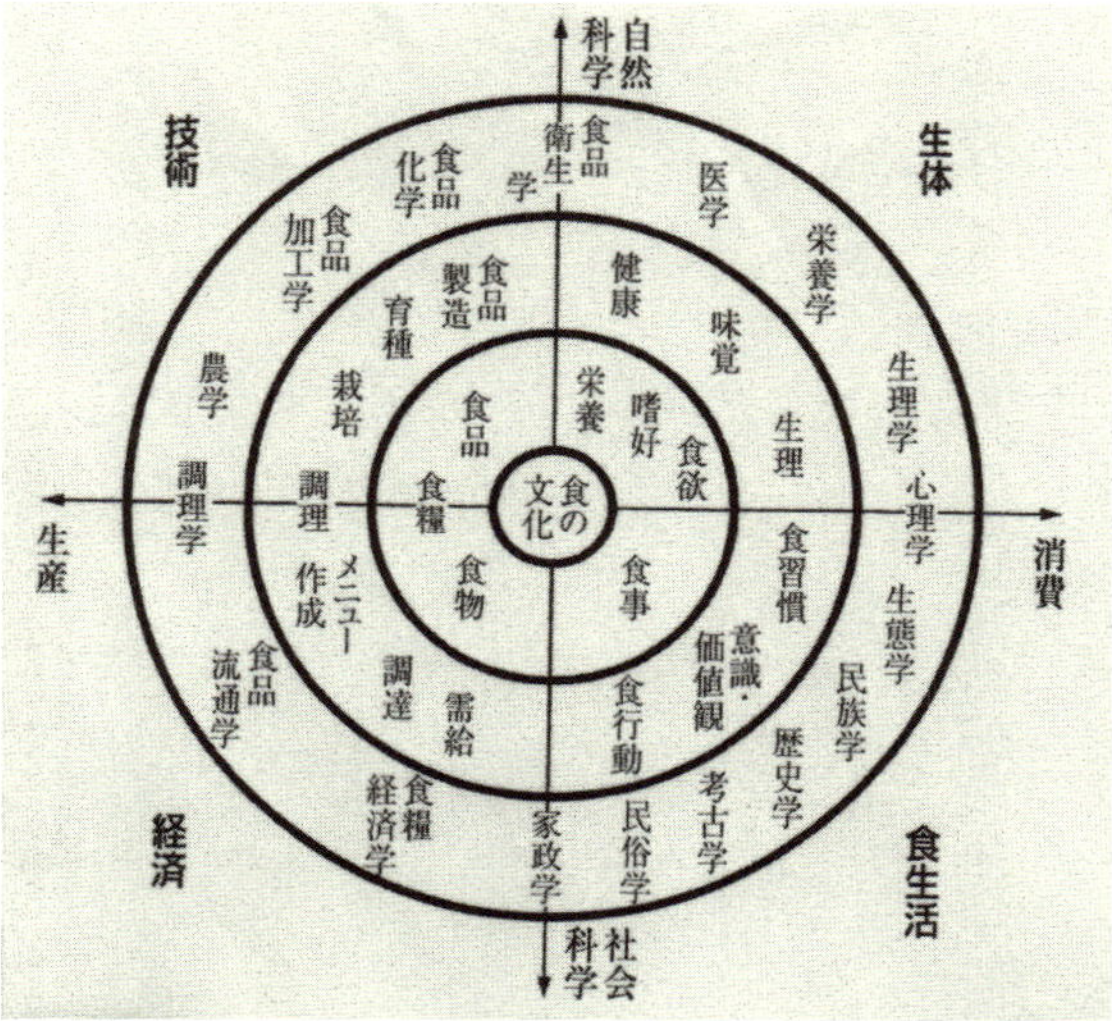

食の文化マップ

出所）石毛直道編『食の文化シンポジウム'80 人間たべもの文化』（平凡社、1980年）より

食の人間関係、食文化の構造や歴史を解明していく食文化学や食文化史が生まれてきたからです。J－L・フランドラン、M・モンタナーリによる「食の歴史」シリーズ、中世以降の美食史、各国の食文化論、日本では石毛直道の食文化や食卓論、原田信男による日本料理の社会史研究などが注目されます。[13]

「食環境学」は、食の領域のなかで環境問題を考えていく環境調理学[14]などを含めて、食と環境との関係を主題化する学として近年登場してきたものです。これは、農学や生態学とつながっている問題、地球温暖化と食糧生産との関係の問題や食糧廃棄物による環境汚染の問題など、環境学の一部といえるでしょう。

食の「感性学」は今日最先端の食学として、もっとも注目されるものです。しかしこの学の核をなしている「感性」については必ずしも明確にされていないように思われます。それゆえこの言葉の意味をあきらかにすることからはじめ、感性学が今日、何を追求しようとしているのか考えてみたいと思います。

(2) 新しい「感性」

感性は今日、「デジタル的」「左脳的」「理性的」「男性的」「積極的」などと対比される「アナログ的」「右脳的」「ファジィ的」「女性的」「優しさ」「感受性」というようなイメージで表示されることがあります。感性はこうしたイメージによって情緒的・曖昧なものであるという意味合いがつよいようですが、じつは感性はもともと多義的なのです。辞書を引くと、次のように書かれています。「外界からの刺激を受けとめる知覚・感覚を生ずる感覚器官の感受性、感覚によって呼びおこされ、それに支配される体験内容、理性や意志によって制御されるべき感覚的欲望、思惟の素材となる感覚的認識」。「物事を心に深く感じとる働き、美や善などの評価判断に関する印象の内包的な意味を知覚する能力、感受性や優しさ、人間の身体的感覚にもとづく自然な欲求」などです。

哲学的には、感性（sensitivity, sensibility, sensitiveness, Sinnlichkeit）は、まず知性・理性と

対立する感官・感覚・情念などの働きをさします。カント哲学によれば能動的な思惟能力である悟性と対立する対象への受動的な認識能力をさします。心理学的には、身体が受容する感覚の働きの鋭敏さの度合いをさすといわれ、これは感受性（receptivity）と同義に使用されているようです。つまり感性は総じて、理性や知性のような人間の能動的な精神作用と対立する感覚・感情・情感などの受動的な精神作用をさすとされてきました。

しかし一九世紀半ば以降の哲学では、フォイエルバッハの哲学にあるように、感性は、感覚や感情的な要素のみでなく、それらに伴う衝動や欲求のもつ能動的な精神作用もふくむようになり、実践的な語義が強くなってきました。感性はいまでは、身体的感覚に関与した諸衝動にもとづく自然的欲求が意志の力と関係しているものを指示し、その満足度が人間の幸福にかかわるといわれています。つまり感性は感覚・知覚に伴う感情・衝動・欲望にかかわる心的イメージや構想力や、対象に対する生理的・身体的な働きに精神的・心的な働きがくわわった「感受能力」として、人間の快や幸福などの「倫理的なもの」にもかかわる人間の根源的能力であるといわれるようになりました。そしてこの新たな感性を追求する学として、近年では「感性学」という学問も生まれてきました。

「感性学」とは、近代以降の科学技術の進展を前提にしつつ、人間の幸福や福祉に寄与するような社会・文化を構築するために、人間の根源的能力としての感性を基盤にした総合的な知性を創造する学であるといわれています。この感性学においては、わたしたちの文化的技術的な生活全般が対象とされますが、そのなかでもとりわけ「衣（食）住」「美容」「化粧」「ファッション」「インテリア」「デザイン」などの「美的なもの」「想像力にかかわるもの」が主題化されています。

たとえば、新しい感性を総合科学的に追究する感性工学の学会ホームページには、「生活者がまだ見ぬ製品に対して心のなかで抱いているイメージやフィーリング」である「感性」を、「平和で豊かな社会に資するために、人間の根源的な能力として」究明することを課題としています。そして人々が求める新たな感性を作り出すために、コンピューターや電子工学や情報学などを利用しつつも、同時に感性哲学や心理学・民俗学などの人文科学や歴史学や経済学などの社会科学などの学問的知見をとりいれます、と書かれています。

ここにみられるように、感性学は、「感性」をキーワードにして衣食住、医療、暮らし、ジェンダー、身体に関する領域においてテクノロジーの発展や歴史（時間軸）・地域（空間軸）をも視野にいれた新たな学の構築を目指しているものだといえるでしょう。

こうした感性学には、感性工学以外に感性哲学、感性文化学[*15]、感性史などがありますが、食に関してはとくに美味学、感性調理学などがあげられます。

都甲潔によれば[*16]、生活の「アメニティamenity（快適さ）」、とくに食についての「美味しさ」

「嗜好」などは、「感性」をもっとも表示しているそうです。そして「ものを見たり、聞いたり、食べたりしたとき、それに対して生まれる感情や抱くイメージ、またそれらに対する感受性」が感性の本来の意味であり、感性は「食」という人間の営みを考える際にもっとも重要な概念であると述べています。

(3) 食の感性哲学

人間にとって「食べること」は、生理的な活動であるだけでなく、文化的精神的な活動でもあることはいうまでもありません。とくに「美味しさ」「食べる楽しみ」はまさに知的動物である人間のみが感受できるものです。石毛直道は、「美味しさ」は「食の付加価値」だといっています。「美味しさ」は生理的なもの（感覚）と精神的なものとが合体して成立するものとして、感性の領域に属するものです。伏木亨によれば[*17]、現代の「美味《おい》しさ」には次のようなものがあるといいます。①生理的欲求が満たされる美味しさ、②食文化に合致した美味しさ、③情報がリードする美味しさ、④やみつきになる（特定の食材が脳の報酬系を刺激する）美味しさなど。「現代人にとっての美味しさ」という感性は、まさに文化的なものなのです。

このことを踏まえると、「美味しさ」を通してあらわとなる人間の感性は、人間の自然性と文化性・精神性との一体性のもとにあるものといえます。しかもこの「食に対する感性」は、個々人の感覚を基本とする個的身体領域に単に属するのではなく、食の場を構成する総合的な効果とそれを評価する人間の内容的基準のレベルとの対応であるといわれるように、社会的文化的なものということができます。したがって食の感性は、食べ物と人間の欲求（味覚など）の間における自然的な活動を超えて、調理・料理などに結晶化する人間の協同的な価値創造的なもの（「文化的感性」）と考えるべきでしょう。つまり「美味しさ」とは、各人の食生活を支えている食文化の歴史・地域共同体・家族・規範・記憶などとともに成立する、きわめて「共同的感性」なのです。

そこには慣れ親しんできた家庭や郷土の料理の「美味しさ」「食器や料理の色合いバランスなどの視覚からくる美味しさ」「音楽や場の雰囲気からくる美味しさ」「情報がリードする美味しさ」「気持ちで食べる美味しさ」「一緒に食べる美味しさ」など、さまざまな「文化的な美味しさ」があります。こうした文化的共同的感性を追求しようというのが、食の感性学であるといえるでしょう。

この食における新しい感性を踏まえて、近年、日本に「美味学」という学が提唱されています。その提唱者・川端晶子は、「美味学とは人間の食の営みの本質を考察し、おいしさを創造し、演出する技術の裏付けになる理論体系である」と説明しています。また増成隆士は、美味を感受する主体と対象との双方からの哲学的考察を通して、次のように述べます。[*18]

美味の感受（感性）は音楽などの視覚や聴覚と異なって、味覚を通して直接わたしたちの身体性に影響し、諸感覚の連合として機能している。わたしたちの食の感受能力は、対象である食の世界の複合性と連動性とに相応しているものであり、食材の合成の仕方・料理方法・食器・食卓・部屋・雰囲気・環境などの複合性が美味の感覚の度合いをたかめていく。ここから美味に関する感性は、「複合性・連動性」という性格をもっていることがわかりますが、しかしまたそうした美味の感性も慣れや反復の「日常性」との関係がふかい。そのうえそこには記憶や家族、共同体の歴史・変遷ともかかわりがある。食の感性は生理学的なものではなく「文化的歴史的なもの」だからである、と彼は述べています。

食の知的・文化的感性が、家族を始めとする他者や民族文化のもとに形成されることは、食がもともと「共食」だからです。それゆえに食の感性は、知的・文化的であると同時に社会的・歴史的であるということができるのです。こうした食の感性の社会的文化的なあり方を追求するためには、現存する食の感性的世界を追求するだけでなく、それがもつさまざまな齟齬や矛盾をみるという批判的作業が必要となってきます。そして美味学という感性学において批判的な作業を担うものとして、哲学、すなわち「感性哲学」が方法論として必要だとされています。ここから増成隆士は、美味学は感性哲学に根拠づけられねばならないと語っています。

ところでわたしは事象について考えるとき、つねに両面的な視点が必要であると考えています。ある時代を主導するような食事象には、それを必要としている、つまりその食の事象を支える食文化のポジティブな面があります。しかし同時にその背面にはネガティブな問題もあります。ポジとネガの両面性を見なければ事象の全貌や本質はみえてこないと考えています。たとえば、現代社会における「美味への欲望」に支えられた豊食がポジなら、飽食や崩食はネガといえるでしょう。

美味学は、新たな美味のテクノロジー的創造をめざそうという感性工学とかかわりつつ、人間の食の普遍的な基軸をなしている「美味しさ」という文化的感性についての哲学的な考察を試みようとしています。しかし美味学においては、美味の欲望のもつ肯定的な側面を重視し、そのもつ否定的な問題に対する考察、たとえば拒食症のような欲望する主体の食のあり様への考察などが不十分であるように思います。フーコーをかりれば、美味への「欲望主体」をつくりあげる近代の知的・権力的・技術の装置の分析などが欠如しているといえるでしょう。現代の食文化のポジとネガの両面性をとらえるための「感性哲学」はまだ未熟なような気がします。

美味学の系譜の源と思われる一九世紀の「美食学」について、その提唱者であったブリア・サヴァランは、次のように述べています。フランス革命以後の「食の民主化」によって生みだされた「美食術＝ガストロノミー」は「食生活をおこなう存在としての人間にかかわりのあるすべてのものについての理論的知識である」。食のグローバル化や食品加工技術の発達のもとにある今日の美味しさの追究においては、美味にかかわる人間の生き方やあり方自体への文化批判的な考察が必要だと思います。

デボラ・ラプトンによれば、現代社会における食文化への理論的アプローチには、今日、栄養（科）学、機能的構造主義、批判的構造主義、ポスト構造主義という四種があるといいます[*19]。

①栄養（科）学のアプローチは、食べることを生きることの手段と考え、生理学的・遺伝的に解明するもので、そのために身体的機能と健康状態の視点を基本にして、社会学的視点もとり入れます。たとえば、幼児の甘いもの好きは食べ物と一体化した人間関係と接触経験がもととなっていることや、〈情動・感覚・官能的反応〉と食との関係なども分析対象とします。

②機能的構造主義者のアプローチは、食事を文化の言語と考え、食は生の素材（自然）を文化的に変形させ、食べ物・料理・食べ方・食習慣などを文化的・社会的システムのもとにあって道徳の維持を支えるものと考えます。

③批判的構造主義者のアプローチは、食べ物と食行動について社会階級や経済システムなどから説明します。これは食をめぐる先進国と発展途上国との権力関係（生産・分配・消費の不平等など）やジェンダー構造も分析対象とします。フェミニストの食の理論の多くはこの方法をとっているといえます。たとえば食べ物についてのジェンダー差や家族という社会の構造的・組織的問題、調理・料理をめぐる性別役割分業や家父長制との関係、肉食と暴力との結合関係などについて批判分析します。

④ポスト構造主義者のアプローチは、社会構成主義の立場にたって食の言語・言説の役割を

重視し、食と「主観性」との関係について考えます。フーコーなどの権力論や自己のコントロールの理論を手がかりに、食は身体をコントロールし食べ物をコントロールしながら主観性を構成するという理論であることをめざしています。

このラプトンの説明にあるように、現代の食の文化的世界を解明するには、食学という領域を超えて、多様な学的アプローチをしていくことが求められています。[*20] ただわたしは、食について思想・哲学研究からアプローチしたいと考えています。現代の豊食時代の食に関する主導的な考え方、たとえば栄養や健康、美味への欲望を第一とする考え方、食べるモノや食べるコトに関する国や民族や宗教文化の違いなどについて、哲学・思想的アプローチが必要だと思っています。また食べ物や料理・食卓などの見えるモノと人間の関わりを支えている「食べるコト」の意味について考えることが大事だと考えています。

(4) 現代の食の哲学の課題

哲学において、食の世界はどのように位置づけられてきたのでしょうか。このことについては、これまでにも触れてきましたので、ここでは概略的に述べます。

近代まで、「食」が哲学の主題とされることは余りなかったといえます。理由としては、食は人間の生物学的なレベルや身体や生活に関することであり、精神や理性や「意味」などを主題としている（形而上学を出自としている）哲学にとっては、副次的で日常的なものとみなされてきたからです。また食は味覚を中心とする感覚作用に依拠するので、哲学の方法基盤である思考の主体性を確保できないと考えられたからです。さらに食は性行為や排泄行為と結合している問題にすぎないと考えられたこともあります。これらの考えの背後には、「人はパンのみにて生きるにあらず」に象徴されるようなユダヤ・キリスト教的精神文化の影響もあったといえるでしょう。哲学者のなかで食について論じたのは少数です。

アリストテレスは『霊魂論』で、生命の霊魂のあり方は能力の階層（栄養的、感覚的、運動的、思考・理性的）に相応しているとし、食は人間性の低位に位置する栄養的能力（栄養摂取、成長、衰弱など）をつかさどる人間の霊魂であると説明しています。『ニコマコス倫理学』では、人格に関わることについては習慣づけが大事だといい、行為については「過剰と不足の中間」（中庸）を守る道徳を主張し、食に関しても、この習慣と中庸の観点から、「ふしだら」と対極にある「節制」という見解を主張しています。そして「肉体的な快楽から遠ざかること」を「喜ぶこと」が大事だと述べています。

食に関して、人間の精神性のレベルから考え、「節制」を尊ぶこのアリストテレスの考えが、宗教界の「節食」「断食」の思想と同調して一七世紀まで継承されてきましたが、近代科学革命や啓蒙主義の発展によって大きな変化を受けるようになります。たとえば、一八〜一九世紀のフランスでは宮廷料理や貴族料理の美食文化が流行し、それと同時に食の味覚や感覚や生理学についての研究がすすむ一方、食の心身への影響、食事療法やダイエット、美味や美食の快楽主義が現れ、それらの志向は現代まで継承されています。他方ではドイツやイギリスを中心に一九世紀半ばから生理学や医学の観点からの栄養学もあらわれ、それらは自然主義や経験主義の哲学と結びついてベジタリアニズムの流れとも結びついてきました。

しかし二〇世紀後半以降の食の科学技術主義と人間中心主義の進行は、食の世界の人工化・産業化を推し進め、食の自然性の剥奪と環境の破壊をもたらすようになってきました。このことは、食の意味や役割をも大きく変化させるようになり、現代人はもはや「生きるために食べる」のではなく、「食べるために生きる」といわれるような快楽主義にはまり込んでしまったように思います。

哲学は事象の「本質」や「意味」について思考する学です。食という事象についても、その意味や本質について考察をします。食に関する哲学的考察は究極的には人間にとっての「食べモノ」、人間の「食べるコト」などの意味や本質を問うものだといえますが、今日のような豊食＝飽食時代のなかでは、従来前提されてきた人間にとっての「食」の意味や本質＝「生きるために食べる」という意味づけがみえなくなってきています。こうした食の現象について考えることが、現代の食の哲学に課せられているのではないでしょうか。

鷲田清一がいうように、[*21] 人間が「生きるということは食べつづけること」ですが、今日この「食べつづける」ために必要な「食べようという衝迫」すらも消えうせているような、「食の病み」に落ち込んだ人が多くいます。こうした人々は、アウシュヴィッツの強制収容所のなかの囚人たちの「食べようという衝迫の喪失」とはまったく違う状況、食べられる状況のなかで、食べることの衝迫・意欲をなくしている。都会の狭い団地や特別養護老人ホームで家族からみはなされてひっそりと生きている孤独な老人たちや、立っていることもできないほどに痩せていてもなお痩せるために食を拒否する摂食障害の若い女性たちのような、食べることの意欲を喪失した人々が都市にあらわれています。このような「食の病み」は現代人にとってのＱＯＬの問題だけでなく、食の意味自体の喪失を示すものではないでしょうか。

人間の生命・生存を支える「食」の意味や役割の喪失こそ、今日の食の危機ではないでしょうか。豊食が、飽食、崩食という事態でもあるという、現代の食のあり様について、わたしたちは根本的に考えることが要請されているように思います。このことについては、最終章で考えてみたいと思います。

第3節　現代社会の食の感性

今日の食の世界は、市場化・人工化・情報化、快楽志向、健康志向、自己管理主義、個人主義化（共食の変容）、「ジェンダー化」というような特色をもっているように思います。これらはそれぞれ特有の問題をもっていますが、ここではそのなかで食の快楽志向と健康志向の問題について少し考えたいと思います（食に関する自己管理主義やジェンダーの問題などについては、別の機会に改めて考えてみたいと思います）。

食の市場化・人工化・情報化は科学技術時代の食の土俵です。そしてそれが今日の食問題の出処であることをここで確認しておきたいと思います。食の対象である食べ物は人間にとって外的自然であり、人間の食活動は内的自然であるといえますが、科学技術はこの食にかかわる内的・外的自然を改造して人工化し、技術化し、社会化してきました。こうした自然の「収奪」による食の世界の改造が、自然制約性をもって生きる人間の身体的食活動にどれだけ影響を及ぼしているか、改めて問われているように思います。それは今日、自然との共生関係が改めて問われるようになっている由縁です。でも悲しいかな、戻るに戻る〈自然〉そのものがすでに壊れているのが、現代社会ではないでしょうか。〈自然〉に戻ろうとして、方向喪失におちいり、逆に〈自然〉からもっとも逸脱した行動へと走ってしまいもする、といわれたりしています。

それでも感性の視角から食の問題を考えると、食における自然性と身体性との関わりは重要であり、その点から主題化されてくる問題として、現代人の快楽志向と健康志向があるように思います。

(1) 食の快楽主義

今日の豊食文化が多くの人々の食の快楽志向によって支えられていることは、周知のことでしょう。しかしこの食の快楽志向は今日にはじまったことではなく、近代化とともに消費社会とセットになって、進行してきたものです。それは、人間にとって食べることの「快・快楽」が、空腹解消とは別にあり、食べることには「美味しい」という「食べることによって得られる満足」がつねに求められるからです。これは人間の食の特質ともいえるものです。それゆえ食べることの快は、食が身体や感情に解放的な影響を及ぼすものとして、古来、人間が食に求めてきたことだといえるものです。

もちろんキリスト教や仏教やイスラムなども含めて、宗教文化思想のもとでは、食快楽を追求することが「罪・悪」とみなされてきました。しかし、近代以降、宗教文化の禁欲主義的抑圧性から自由になると、食の快楽は性の解放とともに人々が自由に求めるものとなります。そして現代では豊食を背景にして、多くの人が食の快楽のなかでもとくに「美味しさの快」を求めています。食に関するアンケート（「なにを食で重視するか」）でも、「美味しさ」が第一位、「楽しさ」が第二位という状況があるようです。

もともと人間の食は「食う」のではなく「食べる」のであり、人間の食行動は身体的かつ精神的なものです。人間にとって食べることは「美味しく食べること」と結びついているものだからです。しかもその食の「美味しさ」には、食べ物の美味、食べていることの満足・歓び、食行動の快、食行動の結果のからだの状態、欲求充足の快、質の質としての美味しさなどの心的な要素が含まれています。この点から「美味しさ」は人間の単なる生理的欲求ではなく、生理的欲求と心理的文化的な欲求との複合的な欲求であるといわれてきました。

人間におけるこうした「美味しさ」の感受の構造については、食にかかわる脳作用や味覚を中心とする食の五感・知覚などの身体活動などの観点から、今日では多くの専門的研究がなされていますが、「美味」の感性学を提唱している川端晶子は、美味しさは味覚の問題ではなく、「嗜好」の問題としてとらえる必要があり、それは生得的に決まる要素、学習によって獲得する要素、観念的要素（他人からの意見・教育・宣伝など）などの影響を受けるといっています（環境の要素もはいるでしょう）。

他方、和仁皓明は[*22]、美味しさとは「食に関する感性を満足させるもの」であり、これは人間的欲求に相応するものであるといっています。彼は、マズローの欲求論を援用して、食の欲求について次のように説明します。食に関する人間の欲求として、①生存のための食という「生理的欲求」、②食についての「安全の欲求」、③家族や他の人々とともに食するという「所属と愛の欲求」、④食による精神的な満足をうるという「満足の欲求」、⑤「自己実現の欲求」が考えられるが、食の美味しさへの欲求は③～④の欲求であるといいます（最高位の自己実現という実存的欲求に相応するのは、「政治的な目的や宗教上の修行のために断食する人々」だとしています）。

この欲求論からわかるのは、現代人を美味しさの快楽へと促すものは、社会性からではなく、自己満足という人間の欲求と関係しているということです。たしかに今日の快楽志向が市場や情報と関係しているにせよ、だからといって人々の食の意識が直接的にグルメ市場や情報から外的に操作支配されているのではなく、人間の内界における美味しさへの欲求が、今日の快楽志向を支えているのです。

以上のことを踏まえたうえで考えたいのは、今日の食の美味しさ・美味への「過剰な欲求」です。これはいわば美味しさへの「欲望」といえるもので、この欲望が今日増大しているようです。これは決して個人レベルの生理的な欲求ではなく、文化や環境や情報によって醸成され増進される欲求です。これはいわば食の快楽欲求がもたらす二次的な欲求で、食の快楽志向が、美味しさへの基底的な欲求を超えて、グルメ欲求（欲望）へと社会的に変貌したものといったほうが適切でしょう。グルメとは「快をむさぼるための食」なのですから。

しかし美味しさへの欲求は人間の「幸福感」「快楽」ということにも関わっているので、人間にとっていわば「必然的なもの」といえる要素もあり、それゆえ「美味しさ」を求めること自体は倫理的に「悪」とはいえません。その過剰が問題なのです。こうしたことはとくに甘味嗜好が示しているといわれています。過剰な甘味嗜好は個々人にとっては「有害」であるにもかかわらず、購買と消費の市場は拡大しています（人間には甘味を好む生理的な要素があるが、甘味嗜好は文化のなかで醸成されてきたといわれています）。今日の食の問題の根は、この嗜好の快楽欲求の過剰志向＝個人主義化にあるともいえます。その志向は、食を徹底的に個人のものとし、食を介して人間関係をみえなくさせるという問題をもたらしているように思います。

しかしそうした食に関する過剰な快楽主義と個人主義化は、富の大幅な余剰の産物であり、限られた人々（先進国の多数）における食の世界です。それは背面に、そうした飽食の世界から排除されている人々が存在しています。それゆえに飽食の世界とは「エゴイズム」が支配しているといわれます。そのエゴイズムは個人の感覚的な快楽のレベルにおいて力を発揮しているので、他者が見えなくなってしまうのです。それどころか自分自身も破壊する可能性をもっています。飽食とは「自己」だけが味わう「快楽の世界」だからです。かつての宮廷のグルメ文化の美味の世界が、当時の庶民や労働者たちの苦しみとセットであったように、現代のグルメの快楽の世界には、食べられない貧困家庭の子どもたちや収益の上がらない農家の人たちの

「労苦」がセットになっているようです。

自分にとっての食の世界が、見知らぬ他者と関係しているという、そうした「共食」の本質を忘れて美味の嗜好の快楽を追求しつづけることは、現代の食の倫理の問題であるように思います。また地球規模の飢餓の現実に背を向けて、グルメに走ることは「知的怠慢と倫理意識の貧しさ」であり、これは「知的文化的な意味での貧しさ」であると、増成隆士はいっています。

(2) 食の健康志向

グルメ志向と並んで今日の食文化を象徴するのは「健康」志向です。健康は個々人にとって食の第一の課題だと考えられていますが、健康が食について主張されるようになったのは新しいようです。

まず一八世紀の英米で食事療法のなかで健康ということが語られるようになり、一九世紀半ばの栄養科学の成立とともに、食による健康の維持が自己の身体への「コントロール」として、国民への国家統制問題として主張されるようになったそうです。

今日、健康という概念については、世界保健機構の定義では「健康とは、完全な肉体的、精神的および社会的福祉の状態であり、単に疾病または病弱の存在しないことではない」といわれています。この健康の定義を踏まえると、健康とは肉体的な健康だけではなく、精神的健康および社会的な健康をも含んでいます。そしてこの健康観は、今日の社会が目標としたい人間性のあり方とされ、ある程度客観的な（医学的な）基準が考えられていますが（疾病がないこと）、「（精神的）こころの健康・不健康」に客観的な基準があるのでしょうか。それは個々人の生き方や考え方にかかわるきわめて主体的なことです。それゆえ健康とは病気ではないことだけを必ずしも意味しないと、消極的な規定づけしかなされていないようです。むしろ健康とは個々人の生き方、自己実現の仕方の問題であるとしたほうがいいと思われます。

では健康と食との関係はどうなのでしょうか。健康と食を結びつける役割をはたしているのが、現代では「栄養（学）」であるようです。「食べて健康になろう」「健康をつくるために食べよう、あるいは栄養をとろう」。これは今日の食育のスローガンでしょう？　でもここで食がつくる健康とは身体だけではなく、（健康な）心および（健康な）人間性であることを確認しておかねばなりません。しかし食（＝栄養）が健康な身体をつくることは（医学的にも）説得力をもつとしても、食が（広義の）健康な心や社会的福祉をつくることは明晰とはいえないのではないでしょうか。「健康（健康な心をもっている）だから、食べる」や「悩みがある（心が健康でない）ので、食べられない」という逆もあります。食べることが必ずしも「健康なこころ」をつくるとはいえないのではないでしょうか。

繰り返すことになりますが、健康とは個々人の生き方の問題です。そして先述したように、食のあり方もまた個々人の生き方にかかわる問題です。両者を一体化していく社会的志向が気になります。むしろ食と健康との関係については、食ということにおける「身体と心」との関係問題と考えた方がいいように思っています。つまり個々人の食のあり方自体が個々人の心身のあり方や心身関係の問題を含む生き方の問題であり、実存の問題であることを確認したうえで、自己にとって「良い」食のあり方が健康といえるのではないでしょうか。

食は、快という感性の世界（自然性と個人性）を基本にしているので、均一的に社会的に方向づけることは困難ですし、そうした方向づけは問題です。個人の食のあり方に対して、健康という観念をもって社会が操作しようとすることに対しては、かつてナチスが健康という観念で国民生活を国家統制したことを思いおこす必要があるでしょう。

食は社会的なイデオロギーの役目を果たすことがあります。今日流行りの「健康」が社会的なイデオロギーの役目、現実を無視して社会で推奨される観念をもつようになる可能性もあります（「幸福」なども同じことがいえます）。「健康」とは近代人にとっての「人間管理のイデオロギー」である、とフーコーは語っています。しかもこの「健康イデオロギー」は、外的な強制力をもって、個々人を社会にとって望ましい人間へとさしむけていくのではなく、個人自身がそれを自己に取りこんで、自己を管理するという「自己のコントロール」の装置をもっている、といわれています。繰り返すと、「健康」という観念も、食の「イデオロギー」となることもあるのです（食育もまたそうです）。

今日多くの人は健康食品、サプリメント、コレステロール対策、脱甘味、食事量やカロリー計算などをして、自己の食生活を管理し、また健康のための運動、禁煙やダイエットなどに努力して、健康人になろうとしています。こうしたわたしたち一人ひとりの心身のあり方や生活の仕方に通じている食のあり方を、健康という観念はみずから社会的に望まれる健康人間になるように方向づけていきます。そして「健康」という社会的基準から、各人の食を含めた生き方や生活の仕方が診断され方向づけられていきます。「健康」とは、食の主体である個人に対する「自己のコントロール」の内なる指導者といえるかもしれません。

それは他方では、食べ物を「良い食べ物」「悪い食べ物」に分類します。善玉コレステロールと悪玉コレステロールの名称は決して比喩ではありません。良い食べ物とは「健康によい」牛乳、悪い食べ物とは「建康に悪い」脂肪・砂糖・肉というわけです。しかもこうした良い悪い食べ物に関する健康基準の情報は、クルクル変わり、「フードファディズム」[*23]が発生します。健康・不健康が今日、食べ物のバロメーターなのです。

こうして「健康」が、食の世界における道徳・倫理を決めていくことになります。食の世界における健康は道徳・倫理とセットなのです。食生活を管理して健康なからだを維持している人と管理できない不健康な肥満症の人という見方が成立し、健康・不健康が、食の主体と対象との双方に対する基準となり、人間も健康という価値で社会的に評価されるようになります。この健康の価値基準はまた社会的評価に結びつき、「自立人」と「ケアを必要とする人」を判別します。「健康」が人間についての社会的な価値づけになってきているのです。

まとめ

科学技術時代に要請される感性の思考とは、科学技術に依拠しているわたしたちの生活や文化のなかで、自然性や身体性や個人性を尊重する知のあり方や生き方を模索することではないでしょうか。食の世界はそうした感性のあり方をもっとも示している世界です。しかし現代、食の世界には「快楽」や「健康」を通して、エゴイズムやイデオロギーが侵入してきています。

現代の食の哲学はこうした今日の食の世界の本質を解明し、食の未来を考えていくことを課せられているように思います。

［注］

＊1　フォイエルバッハ哲学については、拙著『フォイエルバッハと現代』『宗教批判と身体論』などを参照ください。なお彼の著作についてはすべて『〇〇〇』で表記しています。

＊2　彼の食の哲学については『宗教批判と身体論』のなかの第三章第一節「食する人間」に詳しい説明があります。

＊3　フォイエルバッハは、主著『キリスト教の本質』（一八四一）によって、「神学の人間学への還元」を宣言して、一九世紀のヨーロッパ思想界に革命的なインパクトを与えました。

＊4　フォイエルバッハの著作については、『フォイエルバッハ全集』全一八巻、船山信一訳、福村出版、一

九七三〜七六。L.Feuerbach, Gesammelte Werke, 10-11, hg. v. Schuffenhauer, Berlin 1982. を参照してください。

＊5　ブリア・サヴァランの『味覚の生理学』は日本語訳では以下のようになっています。『美味礼讃』上下、岩波文庫、一九九三（一九六七）。

＊6　イデオロギーとは、社会の支配的な集団によって提示される理念・観念形態、思想・意識の体系をさします。

＊7　森鷗外が学んだのも、こうしたドイツの栄養学的知識でした。

＊8　J・モレスホット『市民のための食物学』井上剛輔訳、創英社／三省堂、二〇一一、モーレスコット（J. Moleschott, 1822-1893）は、モレショット、モレスホット（オランダ読み）とも訳されてきました。

＊9　彼の宗教研究は、キリスト教、自然宗教、古代宗教の研究へとすすめられています。

＊10　ミシェル・オンフレイ『哲学者の食卓』幸田礼雅訳、新評論、一九九八。

＊11　このフォイエルバッハの食の哲学については、日本ヘーゲル学会第一九回研究大会シンポジウムの発表を参考にしてください。川本隆による大会報告（『フォイエルバッハの会・通信』第九一号――『フォイエルバッハの会』のホームページ）。

＊12　アナール学派は一九七〇年代以降に起きてきた歴史学の一潮流で、政治史や経済史、特定の人物や国家の歴史、経済政策などを主題とするこれまでの歴史学の方法を批判し、社会構造の変遷を明らかにするために、具体的な家族、性、出産、育児、衣食住、貧困、犯罪、心性などの領域を研究対象としました。リュシアン・フェーヴル、フィリップ・アリエス、アラン・コルバン、ミシェル・フーコーなどの著作が有名です。

＊13　なお日本の食の社会史的研究では、七〇年代に高木和男の『食と栄養学の社会史』科学資料研究センター、一九七八があります。

＊14　木村修一ほか編著『環境調理学』建帛社、一九九七。
＊15　石塚正英『感性文化学入門』東京電機大学出版局、二〇一〇。日本感性工学会『感性哲学』第一・四巻、東信堂、二〇〇一・二〇〇四。
＊16　都甲潔『感性の起源』中公新書、二〇〇四。
＊17　伏木亨『人間は脳で食べている』ちくま新書、二〇〇五。
＊18　増成隆士・川端晶子編著『美味学』（21世紀の調理学3）、建帛社、一九九七。
＊19　デボラ・ラプトン『食べることの社会学』無藤隆・佐藤恵理子訳、新曜社、一九九九。
＊20　ラプトンと同様に、食について独自のアプローチをしている人には、ミシェル・フーコー、ピエール・ブルデュー、エリアス、レオン・R・カス、ピーター・シンガーなどがいます。
＊21　鷲田清一編著『〈食〉は病んでいるか』ＫＫウェッジ、二〇〇三、一七五頁。
＊22　和仁皓明「感性調理学」増成・川端編著『美味学』二一三頁。
＊23　高橋久仁子によれば、「フードファディズム Food faddism」とは、「食べものが健康や病気に与える影響を誇大に評価したり信奉すること」をいいます。『「食べもの神話」の落とし穴』講談社、二〇〇三。

第5章　食の「終焉」をめぐって

ポール・ロバーツは、現代社会の食は「終焉」に向かっているといいます。[*1] 現代のグローバル化した食システムが抱えるさまざまな問題は相互に連鎖をなしているので、それぞれを解決することができなくなっており、食全体が破滅的な状況に陥りつつあるというのです。これはどういうことを意味しているのでしょうか。

1　食の終焉とは——マクドナルド化する食の世界をめぐって

(1) 現代社会の食の危機

現代社会における食の危機的状況を示すものとして、食の安全性や遺伝子組み換え食品の問題などがあります。これらは、食への科学技術化がもたらした問題であるということができます。

まず、日本でも次々と起きてくる食の事件、BSE（狂牛病）、O-157、口蹄疫、鶏や豚のインフルエンザ、ポストハーベスト農薬汚染、食品有害添加物……があります。これらは、自然に対する人間のいとなみである農業や畜産業に、農薬・化学肥料・化学物質などの自然支配的な科学技術の力（「緑の革命」や「青の革命」）で改造することによってうみだされてきた問題だといえます。食の自然領域が人工的な化学的物質に侵犯されつづけると、自然は徐々に自己再生能力を奪われ、発生する病害に対する抵抗力も治癒力も失っていきます。しかしその自然を再生回復するために、現代の食の世界はさらに強力な自然支配的な操作を加えていくことで解決しようとします。

たとえば食の安全性を脅かす病原菌が抗生物質に耐性をもつようになると、より大きな被害や事件が起きてきます。そうするとそれに対応するためにはさらなる別の強力な抗生物質を投与するというような状態です。しかしこれでは循環的対応になり、ますます自然の力を奪っていくことになります。これらの「事件」を予防したり、根本的になくすような方策はないようです。人間は科学技術によって食の世界を豊かにするよりは、脅威的なものに変えつつあるようにも思えます。

そうした食の科学技術の「魔力」を象徴するのが、遺伝子組み換え作物（ＧＭＯ）でしょう。ＧＭＯは、一部の食料・食品の改造問題ではないのです。遺伝子組み換え食品は、近代以降の食の世界の特色、つまり食の近代化の象徴である科学技術化と産業化がもたらした「食革命」の産物といえるのです。

食べ物の遺伝子組み換えは周知のように、人の生命科学技術と連動した技術です。食がわたしたちの生命を支えるのは、食べ物とわたしたちの生命とが「連続」しているからです。その食べ物の遺伝子を組み替えて、それをわたしたちが食べれば、影響がわたしたちに及ばないはずはありません。それゆえにＧＭＯに対して、健康被害の恐れが叫ばれているのです。組み換え技術側は遺伝子の化学的基礎成分の変異性がないことを根拠に問題にしようとしていませんが、発熱・呼吸器疾患・皮膚障害、免疫システムや生殖機能・胎児への影響、発がん性、アレルゲンなどの健康被害の恐れがあると指摘されています。食べ物の遺伝子改造が人間の生命誌的な問題であることを考える必要があります。

この遺伝子組み換え作物に関しては、もう一つの重要な問題があります。それはこの技術を少数の大企業、しかも多国籍企業が保有していることです。現在ＧＭＯは、アメリカ・アルゼンチン・ブラジル・カナダ・インド・中国・南アメリカ等で、大企業（モンサント、デュポン、ダウ、シンジェンタなど）によってつくられていますが、これは単なる大企業による食品技術の専有問題ではなく、食料の生産領域（土地・畑）と流通領域全般の独占・支配の問題でもあるのです。

天笠啓祐によれば、[*2] 遺伝子組み換え作物の作付面積は近年中には世界の十分の一強になるそうです。[*3] ある意味で非合理な面をもつ農業生産者たちを、最先端の高度な科学技術をもつ大企業が、除草剤耐性、病害虫耐性、殺虫性、収量と収益の増大などの「利便性」をもつとして、GMO生産へと駆りたてています。しかもそのGMO大企業は、国家経済と結びつき、安価なGMOを世界中の食市場へと、勢力圏を拡大しているようです。アメリカなどの遺伝子組み換え技術保有の大企業は、多国籍企業として、一方でGM作物の生産を途上国の農民たちに押し付け、他方でGMOを、NAFTA、そしてTPP（交渉中）などの自由貿易協定を通して、各国に流通販売を拡大しています。[*4]

なかでも日本はGM作物を多く利用しているそうです。食糧自給率の低下と結びついてトウモロコシの九六・五％がアメリカ輸入、味噌醤油豆腐などの原料となる大豆はアメリカ七一・四％、ブラジル一六・四％、油のナタネは九一・五％がカナダからの輸入に頼っているそうですが、それにはGMOが多く含まれています。しかしGMOには食の安全性の侵犯、除草剤残留の危険性、生物多様性の破壊、種子の独占化というような問題が含まれていることも認識しておかなければなりません。なかでもとくに生物多様性の保全や生態系への影響の観点から、種子の独占支配が問題です。五万種以上もある食用の「種子」が、遺伝子組み換え企業の種子ビジネスによって独占されようとしているといわれています。[*5] すでにモンサント社は世界の種子の二七％を、デュポン、シンジェンタと一緒にすれば、世界の種子の半分以上を支配しているそうです。しかしこうした生物界・生態系全体にまで影響を及ぼす危険性をもつ食品の遺伝子組み換えに対する規制は、まったく十分とはいえません。ＥＵヨーロッパでは技術規制のみでなく、表示の義務化、流通販売の規制もなされてきていますが、多くの国ではまだ規制が十分ではないようです。*6

遺伝子組み換え技術は自然の生態系、生命系へのテクノロジーによる根本的な改造です。これは食料への遺伝子改作にとどまるものではなく、人間に対する生命技術、遺伝子改造技術と結びついているものです。食のテクノロジー改造問題がまさに人間の生命改造問題や生命倫理問題にも通底していることを、改めて考えなければならないように思います。

(2) 食の世界の格差

近代以降の食の世界の科学技術化と産業化の歩みは畢竟、先進国主導型になってきました。この先進国支配の食の世界は、現在では食に関する人間間の格差をうみだしています。たとえば世界人口の五％にすぎないアメリカが世界の食肉の六分の一を消費し、大豆とトウモロコシの生産量は世界の半分をしめています。その一方、先進国のコーヒー・茶・砂糖・バナナなど嗜好品の過剰な需要を、多国籍企業を通して、発展途上国のプランテーション化によって供給するという世界の食構造ができあがってきています。いわゆる「北」と「南」の食の格差です。

ここから食の世界地図は「肥満と飢餓」「栄養過多と栄養不足」との二極で描かれるようになりましたが、それを是正するような方策や展望はまったく見いだせないといえます。この食の世界の二極化構造は、食の「貧富差」といいかえることができますが、これは先進国と発展途上国とのあいだの格差だけではなく、先進国、途上国それぞれの国のなかの格差としてもあります。とくに先進国では一〜二割位の少数の富裕層とそれ以外の多数の庶民たちとの総収入・所得量は同じ位だといわれるほど、経済格差が大きくなっています。発展途上国も一部は中流化してきていますが、そこでも格差が広がってきています。かつて「人民の平等を理念とする共産主義」をかかげたはずの中国も、いまでは世界のGDP第二位をしめ、資本主義国に劣らない貧富格差国になりつつあるといわれています。

この格差を料理の世界でいえば、一方で高級レストランや有名ホテルの一流シェフ料理やミシュランの格付料理があり、他方はファストフードやコンビニなどの価格競争による安価商品がある、との対比でいいかえることができるでしょう。前者は主として富裕層が国境を越えて堪能したり、時には政府の高官による接待場となる世界です。後者は世界中の庶民がマクドナルドやファミレスのような手ごろな店で、日々の栄養の糧をえたり、余暇時間を楽しむ場といえるでしょうか。しかし庶民の馴染みのその安価な食品は、実は多国籍企業によって安価な労賃を課せられた貧しい途上国の農民や労働者の犠牲によって届けられたものなのです。その結果として先進国では肥満、途上国では飢餓という構図が食の世界の格差図となってきました。

しかもこうした食の格差に寄与しているのが、インターネットやテレビやレシピ本などの食情報の氾濫です。一方で美食・グルメをあつかった雑誌情報で人々の食の欲望をかぎりなくあおりつつも、しかし他方で食費を切りつめなければならない庶民向けの安価食品の情報を流すというような、情報によるグローバル食文化の普及という、みえない格差づくりもあるのです。しかし食をめぐるこうした人間間の格差は、自由主義競争に依拠する資本主義体制全体の改革なしには、解消することはできないようです。

先進国主導型の食の問題としては、近年、食料廃棄物や「食品ロス」の問題が世界で論議されるようになりました。「食品ロス」とは、食べられる状態であるにもかかわらず廃棄される食品のことです。このことに関しては、『もったいない』という注目すべき映画があります。これは二〇一〇年に環境国ドイツでつくられたドキュメンタリー映画で、食料廃棄物や食品ロスの問題を真正面からとりあげたものです。

この映画は、世界の食料・食品の生産量の最大約半分にあたる二〇億トンもの食品が、食卓に届く前に廃棄されているという現実を紹介しています。フランスのヨーグルトが五〇〇～六〇〇トン、日本のコンビニやスーパーのお寿司も（新鮮のものでないと売れないので）、消費期限ではなく賞味期限前に廃棄されています。一番ひどいのはパンで、売れ残りの二割が廃棄物となり、ドイツで廃棄されるパンの総量を燃料として使用すれば、原発一個分にあたるそうです。こうした廃棄される食品は、見た目の美しさが優先され、熟れすぎやコンピュータで決められた基準以下のもの、色・形などの規格や等級に合わないものなどです（スーパーが引き受けないとの理由です）。こうしてドイツでは小さいサイズのジャガイモやまがったキュウリは畑に放置されたままというありさまです。アメリカでは全食品の一〇〜一五％が廃棄対象となっているそうです。またアメリカの多国籍企業によってケニアから運ばれたバナナは、ドイツのスーパーで、その八％が規格外品として箱ごと廃棄されることもあるそうです。

この映画はヨーロッパや日本をはじめとする世界各地の生産現場や流通・小売過程などの食に携わるさまざまな人々へのインタビューを通して食料廃棄物や食品ロスの現実を調査し、その原因および問題点をあぶり出し、いまや先進国の豊食が飽食に留まらず、崩食の事態にまでおちいっていることを暴露しています。この映画の題「もったいない」という言葉は、「物の本来あるべき姿がなくなるのを惜しみ、嘆く気持ち」を意味しますが、現在では、それから転じて、物の価値を十分に生かすことなく無駄にする行為や状態を戒める意味で使用されていいます。現代の食の世界が抱える問題を、この言葉は見事に映しだしているといえるのではないでしょうか。[*7]

なお日本の場合の年間食料廃棄量は、約一七〇〇万トン（食糧生産量八四〇〇万トンの二割に該当）で、「食品ロス」は年間約五〇〇万〜八〇〇万トン、そのうち約二〇〇万〜四〇〇万トンは家庭から発生しています。[*8] 世界では食糧生産量の三分の一が廃棄物となり、一方世界人口の約八分一が栄養不足だといわれています。

多量の食品ロスが出るのは不必要な多量な食品の供給があるからです。その原因は生産・供給者側と需要・消費者側の双方にあります。供給者側を突き動かしているものは、経済です。消費者側を突き動かしているのはなんでしょうか、食への限りない欲望でしょうか。

(3) マクドナルド化する食の世界

食品の安全性の問題、遺伝子組み換えというテクノロジー化の問題、北と南の食の格差、食品廃棄物などの問題は、現代のグローバルな社会経済システムがもたらしたものなので、それを根本的に解決する手だては社会構造全体の変革なくしてはないといわれています。いいかえれば、現代の食の世界が抱える問題は、グローバル資本主義の競争原理や利潤追求の激化（新自由主義経済も）によって生じた問題、つまり食の世界の領野を超えている問題でもあるので、食の世界のなかでは解決できないのではないか。今日の食の世界は出口のない危機的状況に陥っており、その意味で、「終焉」に向かっているのではないか、とロバーツはいっています。

こうした現代の出口のない食の世界を最も象徴するのが、「マクドナルド」であるように思います。

今日の食の世界は経済の世界そのものなのです。経済の世界になった食の世界を動かすものは、資本主義の原理です。そしてこの原理を最も体現しているのが「マクドナルド」であり、現代の食の経済的価値を象徴するのが「ファストフード」だといわれています。食の世界はマクドナルド化するともいわれます。これはどういうことなのでしょうか。

ハンバーガーを中心とするファストフード・チェーンのマクドナルドは、一九四八年にリチャードとモーリスのマクドナルド兄弟がハンバーガー店をひらき、レイ・クロックが兄弟のスピーディーサービスをファストフード化したことに始まったものです。二〇一〇年時点において、世界一一七か国に計三万二七三七店舗あり、日本には三六八六店舗、アメリカに続き第二位です。材料の牛肉・豚肉・ジャガイモの購入は一位、鶏肉二位、世界一の店舗不動産をもっています。所有グループ全体の年間売上高は二四〇億ドル、純利益は四九億ドルという世界一の外食産業です。このマクドナルドが世界を「制覇した」秘密は、現代グローバル資本主義の経済原理をもっとも具現していることにあるようです。

ジョージ・リッツア[*9]は、マクドナルドの本質は①効率性（目的達成のための最適の手段を追求していくこと）、②商品の量と費用に関する計算可能性、③商品とサービスの画一性と均一性によるマニュアル化した行動という予測可能性、④脱人間化したテクノロジーによる制御法にある、といっています。こうした原理はまさに資本主義の原理です。マクドナルドは、これまで各家庭でおこなわれてきたきわめて非合理で非効率的な食の過程（材料の調達・調理・料理・分配・配膳・片付け・廃棄までの一切）を、合理的に一挙に、即座になしとげます。そこで中心となるのは機械です。自動フライヤーや食器洗浄機をはじめとした機械が料理長で、人間の方はその機械の従業員といえるようです。

この方式は、わたしたちの食べ物の「個別性」を取り払うものです。それは、生産者に大量の安価な同一規格の食材を提供させその食材を万人に「共通」の味付けをしたうえで、つまり無名的な食べ物へと変造することを目標にしています。そしてマニュアル化したサービスで、消費者を選ぶことなく（子どもから老人まで、客の階層に関係なく）、即座に商品を提供するのです。「マクドナルド」は、可能なかぎり脱人間的な食の世界を実現しようとしているようにみえます。これは人間的な食べ物を、食べる「モノ」として独立化した商品にしたのです。

人間とは料理する存在だといわれてきました。料理は動物と人間の食の差異を示すもので、料理こそは人間的な食のあり方を示すものでした。しかし「マクドナルド」によって、料理の質は変わります。料理はいまや機械がおこなうものとなります（すでに料理するロボットもでてきています）。マクドナルドでは電動式のジャガイモ選別機、乾燥タマネギや乾燥ジャガイモ製造機、冷凍輸送技術（冷凍フライドポテトを世界の店舗に輸送）などほとんどが機械化されています。こうして食の世界は徐々に人間の手や知恵や術も不要になり、まさに脱人間化へと向かっているようにみえます。なにしろ機械は家庭でおこなう手間のかかる料理を一挙に効率よくおこなってくれますから。そしてその機械を動かしていく本当の主人は経済効率です。

このような「マクドナルド」に示されている食の世界の合理化・脱人間化には、限界があるのでしょうか。人間は感性的・文化的存在でもあります。どんなに高度なテクノロジーによって「万人」が満足するような即座に美味しい食品を効率よくつくりだしても、食感や美味は普遍的ではなく、個人的な質をなくさないのではないでしょうか。地域や伝統に育まれてきた味覚は容易には変化しないのではないでしょうか。

もちろんそうした食の世界の現実をも、マクドナルドは認識しており、日本ではテリヤキバーガーを、インドではカレー味のバーガーというように各地域向けのハンバーガーを、手間がけすること（非合理性）を付け加えるのです。でもそれは収益という経済原理の目標からそうするのです。「マクドナルド」とは単なるファストフード企業ではなく、現代のグローバル資本主義の経済原理を、食の世界で遂行しているモデルだということができます。そして今日の食の世界は、マクドナルド化の道を歩み続け、その結果わたしたちは「肥満」という「成果」をうけとることになるのだと、パテルはいっています。[*10]

2　食の未来をもとめて――「スローフード」をてがかりに

(1) 糸口をさぐる

食の世界の「終焉」という警告を発したロバーツは、さらに次のようなことも指摘しています。

今日、食の世界が終焉というような事態におちいりつつあるのは、食が「経済原理」に支配されているからだ。しかし食そのものは基本的には経済現象ではない。また食の「経済学的価値」と「生物学的価値」とのあいだにはズレがあり、今日の食の世界は前者が支配していることが問題なのだ、というのです。

彼によれば、たしかに食料はわたしたちの生命・生活を維持するための経済活動の基盤であり、富の形成を促し、資本主義の原的蓄積をなしてきました。そして原材料は食品となり、だれでも購入できる商品にまでなったが、いまやその商品は「消費財」となって、その質を変えてきた。しかし本来、食料・食品は他の商品と違い、消費財ではなく、無限の生産量を必要としない「限界がある」ものです。つまり人間が食べる量は限界ある。そのことと大量生産とは矛盾するのです。要は人間の「食料」であるということを無視して、消費財としての食品を大量につくりだすことを許してきたことに、今日の食の問題の根本的な原因がある、と彼はみています。

彼によれば、近代以降、家電製品や他の製品と同様に、食料は、食品から消費財へと変質したことによって大量生産と安価（消費者の意向）の対象物として位置づけられ、工業システムを基本にした食システム（サプライチェーンをもつ）のもとでの過剰生産による販売促進を追求しなければならないものとなりました。そしてそこから、土地に依拠した農業中心の食生産の破壊、調理の場の家庭から工場・レストランへの移行、肉食増加のために飼料生産の農耕地利用、工場用地下水の化学物質汚染による水不足、「北」のグローバル企業による「南」の収奪、食の外部化・世界化を通しての家族関係や文化的アイデンティティの喪失、食の多様性の減少などの問題もうみだされてきたというのです。

ではこうした食の世界の危機的変貌に対して、わたしたちはなにができるのでしょうか。ロバーツがいうのはきわめて原初的なことです。「今、私たちに本当に必要なことは、自分たちが食べるものをどう考え、それをどう作るのかを、もう一度根本から問い直してみること」だ。というのも私たちは「なにを食べているのかわからなくなり、食べ物を選択することもできなくなってきた」からだ。それゆえ「疑問を自分自身に一つ問い直してみることは、間違いなく有意義なことだ」といいます。

わたしもこのロバーツの考えに基本的には賛成です。しかしいま少し、今日の出口のない食の危機を問い直すための糸口について考えてみたいと思います。

ロバーツは、今日の食の危機の原因は、食の世界が「経済活動」の世界に変貌し、食に関して「経済的価値」が支配的となったことにあると考え、食の「生物学的価値」を復権させることを提案しています。彼のいう食の「生物学的価値」とはなんでしょうか。

食の「生物学的価値」とは、食べ物自体の（自然的）存在価値と、人間にとっての食の（自然的）存在価値という、いわば食べ物自体と人間にとっての双方の存在価値を意味しているようです。なにしろ人間も自然界の生きものであり、食べ物を食べることによって存在できる（それが食活動）からです。つまり食の生物学的価値には、食の自然的生産環境の保存と、人間の生存基盤としての食料の安全性保持が含まれています。それゆえ食の「生物学的価値」の提唱は、食と人間との生物学的、いいかえれば自然的つながりを解体し、食べ物を食品のみならず商品として、効用・効率・競争という資本主義的な原理のもとに組み入れている今日の食のシステムやあり方への問い直しや異議だといえるでしょう。

こうした主張は、日本をはじめ、世界の多くの食運動や食の改革運動にもみいだすことができます。食の安全を守る運動、ＧＭＯ反対運動、食品添加物反対運動、食の生産のあり方に関する運動、農の再生運動、有機農法、無農薬運動、オーガニック運動、産直運動、「食料主権」運動[*11]などです。これらの運動のほとんどが、食と人間とのいわば自然を土台にした共に生きあう関係、「共生」的関係を取り戻そうとするものだといえます。食の「生物学的価値」の復権という考え方は、現代社会の経済的価値優位の食の世界に対して明確な異議を唱えるための「共生」という視角の提唱だといえます。

ところで食の生物学的価値と「栄養的価値」(「健康価値」ともいえるでしょうか)とは、どういう関係にあるのでしょうか。古来、人間が食べ物にもとめてきた価値のなかで、人間の生命・生存にとって摂取すべき食べ物とのよき関係を「栄養」「滋養」というような言葉であらわしてきたように思います。そして人間の食べ物を通した自然とのよき関係の仕方を、日々の食生活や養生法や治療術のなかで実践してきました。ヒポクラテスの食養生法も、自然のなかの食べ物と人間の身体のもち方、生き方の調和的な関係のあり方を説くものでした。こうした考え方は、近代以降の栄養学・医療などにも継承されてきました。

ところが生物を個々の要素に還元していく近代の自然科学的思考の発達とともに、食の栄養的価値を保有する食べ物も、食べる人間の食活動も、生物的な連鎖から分離され、個別的・要素的関係物としてとらえられるようになりました。それでもそこでは食べ物の栄養的価値は、経済的価値とは別物でした。

しかし二〇世紀後半以降になると、この栄養的価値は経済的価値のもとにあるものとなり、経済的効果を期待されるようになりました。そうしてより高い経済的価値を生み出すための栄養的食品として、食の栄養学的テクノロジー化がすすめられてきました。ここでは栄養とは、生物学的連関から独立した栄養素という単体なので、テクノロジーによる改造が容易にできるのです（倫理問題も問われません）。そして特定保健用食品のような特定の栄養素をもつ単体の商品が市場をかけめぐることになります。現代の栄養的価値は、もはや生物学的価値と無縁になってきているようです。

食の価値は多様です。栄養的価値以外に、歴史文化的な価値、宗教的価値、精神的・心理的価値など、さまざまあります。歴史文化的価値は第1章でも述べた地域や国の食文化にあり、宗教的価値は宗教的意味をもつ食べ物（たとえば精進料理やユダヤ教のコーシャなど）にあり、精神的心理的価値は個人において記憶に残される食べ物などにあります。これらの食べ物の価値は人間特有の食の価値であり、本来、経済的価値と異なるものです。しかしこうした多様な食の価値も、現代では、経済原理に支配され、その枠内でしか存立しえないようになっています。日本の「和食文化」も、第1章でみたように、文化遺産として意義が認められたのは、実は経済的価値をもっているからです。食の文化的価値も、もはや経済的価値と無縁では存立できないのです。

（2）「スローフード」の示唆するもの

①スローフード運動

「マクドナルド」のような資本主義的経済戦線をひた走りしている大企業に対して挑もうとしているのが、スローフード運動をはじめとした食の社会運動です。本来の農業のあり方を取り戻そうという生産者運動や農の運動、消費生活のあり方を考え直す消費者運動、食育運動、生活クラブや生協運動、アソシエーション運動、そして自己の食生活への変革を選択するベジタリアニズム、オーガニック、マクロビオティック、エコライフ、ローフーディズム[*12]、ロハス[*13]など、多様なものがあります。これらの社会運動のなかで、「反マクドナルド」運動として生まれてきたものが、スローフード運動です。

スローフード運動は、一九八六年、カルロ・ペトリーニによってはじめられた食の社会運動です。マクドナルドを代表とする今日のグローバル企業によるファストフードの大量生産と大量消費に反対し、地元の食材や地域経済をまもり、伝統的な食文化や食生活を保護しようという社会運動だといわれています。一九八九年イタリアのピエモンテ州のブラでスローフード宣言し、協会を設立しています。現在では世界一五〇か国に一三〇〇以上の支部（コンヴィヴィウム）をもち、一〇万人以上の会員がいるといわれており、日本でも二〇〇四年にスローフードジャパン協会が設立されています。

このスローフード運動は、古沢広祐によれば、「ファストフードに象徴される効率至上主義の社会に対する批判と対抗思想」として、「食と農、地域と環境」を中軸において、「文化や文明発展のあり方に対する本質的な問い直し」をめざし、そこから「アクションを生み出す文化運動」であるといわれています。[*14]その点で、現代の大企業による大量生産と大量消費という食システムに反対し、地域で食の安全性を守ろうとする生産者や消費者と連結し、わたしたちの食生活や食文化をエコロジー的に見直そうという「地産地消」運動とも通底しています。しかしこの運動はそれ以上の特色をもっているようです。

というのもこの運動は、生産者や流通販売者だけではなく、直接的利益を得る立場にないが、運動の理念を「共有」し、その活動目標に「共感」をもって、自己自身のアイデンティティを追求する価値志向的な個人と集団である「良心的支持者」によって支えられているといわれているからです。[*15]従来の当事者中心の社会運動にはみられなかったこの特色は、どういうものなのでしょうか。日本では近年、スローフード運動だけでなく、他の食の社会運動にもこうした特色をみることができるように思いますが、[*16]ここではスローフード運動の独自性について考えてみたいと思います。

スローフード運動は「おいしい、きれい、ただしい」という三つの標語を掲げ、これはその運動の理念をあらわしているといっています。これは、どういうことを指示しているのでしょうか。

これらの言葉について、スローフードジャパンのホームページでは、次のように説明しています。「おいしいgood」は「地域のなかで守られてきた味」、「きれいclean」は「環境にいい」、「ただしいfair」は「生産者に対しての公正な評価」だ、と。しかしこうした説明では、これらの言葉に託されている思想の独自性がみえてこないように思います(これは、ある意味ではいまだ当事者中心主義を脱しきれていないようにみえる日本の食運動の限界からくるのかもしれません)。それゆえにここでは、ペトリーニの原的思想にそって考えてみたいと思います。

わたしが注目したいのは、この三つの言葉のうちの「おいしい」と「ただしい」です。「きれい」は食の自然性や環境のあり方を指示したもので、持続可能性や「エコ」をめざす環境倫理問題に共通する思想内容です。それに対して他の二つの言葉は、今日の食の危機について考える際に重要な視角と思われる「食の感性」と「食の倫理」を指示しているように思います。

②食の感性(「美味しさ」)

スローフード運動の創始者ペトリーニは、スローフードは「ひとつのまとまった思想」であり、その根本にあるのは、「食べ物は欠かすことのできない生活の一部であり、生活の質は、健康的で美味しくバラエティに富む『食の快楽』と密接に結びついている、という信念」だといっています。[*17]

これは大変逆説的な説明ではないでしょうか。現代の豊食文化を主導しているのは、現代人の食の快楽への飽くなき欲望であることは前章で説明したとおりです。「北」の人々の食の過剰な快楽欲求が「北の肥満」と「南の飢餓」を引き起こしている元凶だといわれています。それにもかかわらず現代のそうした食文化を批判する運動において、「食の快楽」が重要だというのです。でもこのことが、ペトリーニの思想のユニークな点であり、食の既存の批判運動を超える視点を示唆しているように思います。

彼はこの「食の快楽」についてどのように考えているのでしょうか。彼は、食の快楽について、かのサヴァランのガストロノミー思想を念頭においています。そして「食を研究するための学問、あらゆる意味で食文化を研究する学問」であるガストロノミーを継承することが重要であると述べるのです。[*18]

本書第2章で述べたように、サヴァランは人間の味覚とはどういうものか、人間にとっての美味しさとはどういうものか、考えました。ガストロノミーとはグルメ追求ではありません。また豪華な高級レストランの高級料理を追い求めることでもありません。彼にとって、人間の真の美味とは、それに関する知性と術をもつことを意味していました。そして本当の美味を知るための「実践的な知」が必要であり、そのために学問が必要だと考えていました。その意味でガストロノミーとは、むしろ本物の美食とはなにかを追究していく思想なのです。

真の「おいしさ」とは贅沢なものではなく、人間が食において求めるきわめて人間的で、本質的なものではないでしょうか。わたしは、美味しさへの希求は人間にとっての食の本質であると考えています。人間はただ生命維持のために無味の食べ物を摂取するのではなく、美味しい食べ物を食べることで生きるのではないでしょうか。人間が感受する食べ物のもつ原的な美味しさは、高価な食べ物がもつ美味しさとは別のものです。それは人間特有の「食の感性」であると思います。それゆえそこには美味しさを感受する快楽もともなっています。

どんなに貧しい食事にあっても、そこにはそれなりの「美味しさ」があります。三日間飲むことができずに渇いた人にとっては、一杯の水は「ごちそう」に負けないくらいの「おいしさ」をもっています。人間にとって「おいしさ」の感受は、生きる糧でもあり、また生きることの希望を与えてくれるものでもあります。こうした美味しさの感受にともなう快楽は、人間が「脳でも食べる」からです。人間の味覚が嗅覚、視覚、聴覚や触覚と結びついた総合的な感覚であり、脳とむすびついているからです。食事が楽しいのは、脳に「快楽物質」（β-エンドルフィン、ドーパミン、アドレナリンなどの神経伝達物質）が生まれるからだとの最近の研究もあります。しかしそれゆえに、美味しさの快楽欲求はそれ自体で活動し始め、それが人間を美食へと駆りたてていく、つまり快楽欲求が人間を突き動かしていくというような文明的特質ももっています。快楽欲求は脱本能的な人間の感性であるとの見解も多いようです。

サヴァランは人間にとっての真の美味しさ、真の快楽とはなにかを知るための学問と実践（美食芸術の創造）が必要であると考え、それをガストロノミーとしました。ペトリーニはこれを受けて、現代人にとっての美味しさとはなにかを改めて追求するためのガストロノミーの再考が、スローフード運動に必要であると考えたのです。ファストフードのような画一的で定番の美味しさ、どこでも同じ同質商品が支配するような現代の食の世界に対して、食の「おいしさ」の多様性とはなにかを求めようとしたのです。

ペトリーニが美味（good）の追求のために必要だと考えている学問は、以下のようです。農業、エコロジー、人類学、社会学（アイデンティティ、交流）、技術（食品製造技術、職業的な料理人の伝承的な技術など）、食の保存や調理・料理技術（家庭やレストランなどを含む）、言語（これには文法：レシピ、構文：メニュー、修辞法：テーブルマナーや振る舞いなどの規則、食品・食材にかんする語彙も含まれる）など、まさに食の歴史文化そのものの研究だといってもいいでしょう。さらに味覚の生理学または知覚の研究や、医学または認識論をあげ、総称して「科学的ガストロノミー」が必要だといっています。

でもこうしたスローフード運動のいう「おいしさ」の追求に対しては、ファストフードの批判となっても高級料理の擁護となるのではないか、それは貧富の差を無視している、つまり庶民の食より富裕層の食の擁護となるのではないかとの疑念もあるようです。また先述したような嗜好による過剰な快楽欲求の追求と一体になるのではないかとの批判も出てくるように思います。しかしそれは美味しさについての誤解からくるようです。スローフード運動における「おいしさ」は英語では delicious, tasty, nice ではなく、good です。

これには、美味しさについての価値づけが込められているようです。good は「期待どおりの好ましい特性を備えていること」「健康によい」「ある人や状況にとって好ましく、有益な」というような意味合いをもつ語のようです。goodが意味するおいしさは、素材のもつ「自然さ」に比例するものであり、人工的なものをあまり使わないようにすることだとペトリーニはいっています。家畜にも自然な生活状態の保証がいるともいいます。生産や消費における自然さ、食卓にあがるまで「自然さという規範」が大事だといいます。そしてそうした「おいしさの自然性」がわたしたちに「喜び」という快楽を与えてくれるのだともいっています。

(3) 食の「倫理」をもとめて

スローフード運動の「ただしい」の英語はfairです。語の意味は、「人間に対して、社会に対してのただしさ」として、法的語彙の正義justice, rightとも通底するようですが、詳しい説明はあまりないようです。食品に関する公正であること、食品が安全でよいものであることをめざすものと理解されます。

食のfair（公正）は、「分配」にかかわることがらです。食はもともと共同的な営み（共食）であり、食の分配法は共同体維持の基盤でもあります。かつては食の分配も、封建的身分制度の主従関係やジェンダー秩序のもとにありましたが、近代化とともに資本主義的自由のもとに組み込まれるようになりました。しかし資本主義的自由は食の不平等をうみだしたので、分配におけるfair（公正）という民主主義的理念が要請されるようになりました。とくに二〇世紀以降のグローバル資本主義社会では、二極化した食の不平等がうまれ、分配の公正という理念は世界的な関心事となってきたといえます。それゆえ、今日の食の世界に必要なのは「倫理なのだ」とレオン・カスはいうのです。[*19]

ところでこの分配の公正という点では、マクドナルドはきわめて民主主義的であるようにみえます。なにしろ富裕者であれ貧しい人であれ、どんな客にも同一の商品を同じように提供するからです。では反マクドナルドを掲げるスローフード運動は、なぜ公正ということを目標にするのでしょうか。

ペトリーニによれば、「ただしい」とは「世界と他者を理解する責任」であり、「他者を尊重すること」、「誰もが公正さを求めるよう働くことが、我々の文化的使命である」と。それ以上の詳しい説明は分かりませんが、わたしは、この fair という考えは、食の未来のためにもっとも重要なものだと考えています。

今日、わたしたちにとって多くの食料・食品は、誰によってどこでどのようにつくられたものか、わからなくなってきています（表示されているとしてもその内容がわからない）。わたしたちが食する食べ物には多くの人間がかかわっているにもかかわらず、その食べ物や食品から「人間」や「他者」がみえません。食品生産の全行程が国内のものであれば少しは想像できますが、一部の生野菜以外食品のほとんどがどういう場所でどういう人間がかかわっているのかがわかりません。またその食品がどのような方法で生産され、どういう加工がなされ、どういう流通・販売ルートを通ってきたものかもわかりません。

日本では食品に関する情報は、食品衛生法、トレーサビリティ法や食品表示法などで決められています。そうした法のもとの情報が、日本の食品の「公正さ」を示すものとされているのです。でもこれは食品に誰も責任をもたないシステムです。ひとつの食品には、生産者、流通者、販売者など（世界に広がった）多数の人間がかかわっているゆえに、その食品の公正さに関する責任が誰もとれなくなっています。ある意味では、公正さの基準を決める国や法制度のほうに責任があるともいえます。でも食の「公正さ」に関することを法や社会制度の問題として考えていくだけでは、表面的で形式的な公正概念を超えることはできません。これは「倫理」の問題ではないでしょうか。

倫理[*20]は法の前提といわれていますが、資本主義社会では個人の「自由」と「生命の安全」とを保障することのみが食の倫理の基本となっています。しかしこうした近代的個人に立脚する食の倫理は、もともと個人的な事象ではない食の本質に整合できない問題があるように思います。生産も消費もともに共同的に営まれる食は、近代化とともに、資本主義社会の自由のもとで、生産と消費とが分離し、それぞれの内部でも個人主義化してきました。それまで共同に食事を営む場であった家庭においても、家族の多様化とともに個人主義化がすすみ、孤食や個食が珍しくなくなりました。そして生産と消費の両者を結ぶ流通・販売という第三の「個人」（集団的個人組織）が加わり、食の世界は三種の「個的なもの」の関係態によって構成されるようになりました。

こうした食の世界の個人主義的分化のなかでは、これまで食が担ってきた倫理的役割のなかで最も重要である「人間性の育成」「共生・共助」ということが重要ではなくなってきます。だが食事は、「他者を認識する装置」であるともいわれ、育児・養護・介護の基盤です。人間がともに生きていることを知るのは、他者とのあいだでの「食べる食べさせる」という能動・受動の食活動を通してです。こうした食の役割は、西洋でも近代以前のキリスト教的倫理観の節制や自制という個人主義的倫理においても維持されていました。

しかしアメリカを中心にしたグローバル資本主義の発達とともに食の宗教的倫理観が薄れてくると、食を通した「人間性の育成」や「他者との共生・共助」という倫理は限界をもつようになってきました。食は単独の個人的営みに変化し、肥満や生活習慣病も孤食も「自己責任」「自己管理」の問題になったのです。個人は、食品の公正さの確認が欠如している状況におかれているにもかかわらず、その食品摂取の結果責任を負わなければならないのです。今日重要なのは、食についてのこうした個人主義的倫理を超えることであるように思います。

おわりに

「マクドナルド」は、先述したように、食の世界から人間性や他者を可能なかぎり消そうとしている装置だということができます。機械とマニュアルで支えられたこの人工的な食の世界では、食品の個人的選択の問題が重視されても、共生と共助の倫理は重要ではありません。自分の選択したチキンナゲットが「ただしい」食品なのかは大事であっても、それがどこで誰がどのようにつくったのかは関心事ではありません。そうしたことが問題になるのは事件や事故が起きたときだけです。たとえば最近起きたチキンナゲットの期限切れ肉使用事件があってはじめて、それが中国産のチキンであったことが人々に知られるようになりました。そこではじめて、自分が食べるチキンナゲットが、アメリカの豊かな消費者だけでなく、中国の貧しい人々とのかかわりもあることを知るのです。

パテルは、「個人の選択」にもとづく経済システムや、「選択の自由」こそが不幸を生みだしている、といっています。[*21]「私たちは、今の暮らしや仕事、遊びを通じて食べ物を選んでいるのではなく、食べ物に選ばれている状態に陥っている」ということの事実を受け止めるためには「個人の自由に対する私たちの本能的な欲求そのものを問いただす必要がある」ともいっています。個人の選択とはなにか。現代人において、選択は強制の反意語ではありません。「ある特定の食べ方や選択の仕方だけが私たちの習性となって」います。フードシステムの終点である消費の段階で「わたしたちに与えられている選択肢」は、すでに「狭められ、方向づけられてしまっている」のです。今日の食生活のあり方が、私たちには見えない力によって決定づけられている事実、しかしそれが「当たり前になってしまい」「気にも留めていない」。こうした私たちの選択が貧困・人種差別・性差別にもかかわっていると、パテルはいいます。

個人の選択の自由という現代の個人主義的倫理を再考することが、食の未来の倫理には必要のように思います。もちろん個人主義的倫理と反対の共同体倫理は他の共同体と対立する競争の倫理です。もともと食品の流通と加工の技術（缶詰と冷凍保存の発明）は、軍隊で開発され戦争に利用されたものであるという歴史をもっており、ファストフードも軍隊食に起源をもっています。科学技術の進行は、はたして人間性を豊かにするものなのか。食の世界の科学技術の進行について倫理的にどのように考えるべきかは、いまなお方向性がみいだせない課題のようです。

重要なのは、個人主義的倫理ではみえなくなる人々、ケアを必要とする人々を食の世界の主体にすることではないでしょうか。「共生」と「共助」を、食の未来の倫理として考えることが必要であると、わたしは考えています。

［注］

＊1　ポール・ロバーツ『食の終焉』神保哲生訳、ダイヤモンド社、二〇一二。

＊2　天笠啓祐『世界食料戦争』緑風出版、二〇〇四。

＊3　遺伝子組み換え作物の作付面積は、はじめ一九九六年一七〇万haだったのが、二〇一二年では一億七〇三〇万ha（世界の農地一五億ha）になったそうです。

＊4　NAFTA：北米自由貿易協定（アメリカ・カナダ・メキシコ間）、TPP：環太平洋戦略的経済連携協定。

＊5　ヴァンダナ・シヴァ『食糧テロリズム』明石書店、二〇〇六。

＊6　日本におけるGMOへの規制は、国連のカルタヘナ議定書を踏まえて「遺伝子組換え生物等の使用等の規制による生物の多様性の確保に関する法律」が二〇〇四（平成一六）年二月一九日より施行されています。しかし表示も食品添加物表示と同様に不十分で、TPPなどの協定でさらに緩やかになるのではないかと心配されています。

＊7　なおこの言葉は、ケニア出身の環境保護活動家のワンガリ・マータイが、環境保護の精神理念から世界共通語として広めました。このことが契機となって、この言葉は環境についての3R運動の理念となり、日本の『循環型社会形成推進基本法』にも取り入れられています。「もったいないMOTTAINAI」はまさしく豊食＝飽食＝崩食という現代社会の食の状況を象徴する言葉です。3R運動とは、①Reduceリデュース（減らす―ごみの発生抑制）②Reuseリユース（繰り返し使う―再使用）③Recycleリサイクル（再資源化―ごみの再生利用）によって、廃棄物の削減に努める運動をさしています。

＊8　日本の食品廃棄物や食品ロスについては、農林水産省「食品ロス削減に向けて」（平成二五年九月）を参照ください。

＊9　ジョージ・リッツア『マクドナルド化する社会』正岡寛治監訳、早稲田大学出版部、一九九九。

＊10　ラジ・パテル『肥満と飢餓』佐久間智子訳、作品社、二〇一〇。

＊11　食料主権とは、人々、国、連邦国家が、他の国々から食料を不当に廉売・輸出されることなく、自らの農業・食糧政策を決定する権利をさし、農民の食料を生産する権利、消費者の食べ物を選択する権利を含んでいます。また食にかかわる女性の権利も含んでいます。

＊12　ローフーディズムは、二〇世紀のはじめよりアメリカで始まった、加工されていない生の食材を摂取する食生活運動。

＊13　ロハスは、「環境と人間の健康を最優先し、持続可能な社会のあり方を志向するライフスタイル」Lifestyle of Health And Sustainability の略語。

＊14　古沢広祐「スローフード論の原点と現代的意義」『農業と経済』六九-一、二〇〇三、他より。

＊15　星敦・本郷正武「スローフード運動における良心的支持者」『甲南大学紀要』文学編一五一、二〇〇八より。

＊16　大阪の「地域・アソシエーション研究所」は、食について、社会批判思想という観点からスローフード運動とは別のユニークな視角で考え直そうと試みています。

＊17　カルロ・ペトリーニ『スローフード・バイブル』中村浩子訳、NHK出版、二〇〇二、一四頁。

＊18　カルロ・ペトリーニ『スローフードの奇跡』石田雅芳訳、三修社、二〇〇九、五八頁。

＊19　レオン・R・カス『飢えたる魂』工藤政司訳、法政大学出版局、二〇〇二。

＊20　倫理は個人的なモラルの問題ではなく、社会的な規範にかかわる問題です。

＊21　ラジ・パテル『肥満と飢餓』、三〇二〜三〇四頁。

［補論（1）］

食文化からみる近代日本の西洋化

――福澤諭吉と森鷗外の西洋食論

はじめに

日本の近代化は、文明開化の標語のもとで、西洋文明の受容（西洋化）をもってなされてきたといわれるが、この近代化について、ナチスのヨーロッパを脱出して一九三六年から四一年まで東北大学で教鞭をとっていたドイツの哲学者、カール・レーヴィット（K. Löwith）は、次のように述べている。[*1]

日本の近代化は「ヨーロッパの物質文明（Zivilization）――近代的産業、資本主義、民法、軍隊の機構及び科学的研究方法」を受容しても、その文明を生み出した「精神（Geist）」及びその「歴史（Geschichte）」を真に体得（Aneigung）するものではなかった。近代ヨーロッパはたしかに産業と技術の発展によって国力を増強し、人々の生活を改造するという「進歩」（外面性）を生み出してきたが、これは「およそ現存するもの、国家及び自然、神及び人間、教義及び偏見に対する批判――すべてのものをとって抑えて質問し懐疑し探求する判別力」を伴う近代的「精神」（内面性）と一体であった。しかし日本はそうしたギリシア由来の近代精神の内面性を欠如して西洋文明を受容してきたゆえに、人々の社会生活の基盤の真の改造も起こらず、古来の伝統的文化の「相反を含まない統一と単一性」を堅持し続けた。ヨーロッパ文明がもたらした進歩を目標にしつつも、「批判精神」を受け取らなかったので、自文化との間に距離をおいてそれを対象化しつつ未知の他なる文化に向き合うことのない、「自己批判」なき「日本的自愛」をもって「戦争」へと歩むようになっていった、と。

レーヴィットは、日本の近代化が産業技術や科学技術の合理化という西洋的（非日本的）外面性と、伝統的文化に支えられた自己批判なき自愛精神という日本的内面性との二重性・矛盾性をもつものであり、そのことは日本のナショナリズム戦争とかかわりが深いとみている。西洋的技術文明と日本的精神文化との二重・矛盾構造という指摘は、従来から日本の近代化の本質的欠陥を剔抉したものとみなされてきたが、その二重構造の中身は実際はどのようなものだったのだろうか。レーヴィットは日本の精神文化のあり方が明治以降も自愛の単一性のままであったというが、彼は精神文化をどのように考えていたのだろうか。精神文化のあり方は人々の日常的な生活様式や衣食住のあり方、人間関係のあり方、身体様式などの生活文化や社会文化と分離することはできないだろう。明治の開国以後、日本人の生活文化や心身文化のあり様は徐々に西洋的な装いをとるようになり、それに伴って日本の精神文化も変化したといえないだろうか。精神文化の実質的内容の変容過程についての分析なしには、彼が指摘する日本の近代化の二重構造の真相はあらわにはならず、畢竟、西洋対日本という対立構図やイデオロギー的ナショナリズム論を抜け出せないように思う。

近年、人々の生活や衣食住、身体や医療のあり方、人間関係などに照明をあて、それらを精査することを通して社会文化や精神文化のあり様を考えるという学的動向がある。この動向は社会史、感性文化学、身体文化論、ジェンダー史など[*2]に見られるが、これらは、従来の精神主義的アプローチや普遍主義では見えなかった近代化の多様な実態をあらわにしている。それゆえここではこれらの学的動向を踏まえ、近代日本の「食」の西洋化問題に照明をあてて、日本の近代化とナショナリズム戦争との関係を考えてみたい。なにしろ「人間の食事行為は単なる栄養摂取行動ではなく、人間同士のコミュニケーションをはかったり、集団や個人のアイデンティティ、あるいは他者との社会的差異を確認したりする手段である」[*3]。「食」[*4]は個人の生理構造や行動にまで影響を及ぼす社会文化的なものであり、それは近代国家・近代市民社会の形成と大きく関わっている。近代日本の食の世界は、国家サイドによる上からの西洋化の意向を受けて、葛藤を孕みつつ徐々に変容していったように思われる。

1　西欧社会における食の近代化

近代以降、食の問題は個々人の生命・身体・健康にかかわる国民生活の土台をなすものとして、また生産と消費という政治経済領野に属するものとして、さらに国家の存立を支える軍事(兵士たちの身体健康)にもかかわるものとして、近代国家の構築と深い関わりをもってきた。近代日本がモデルとした西欧社会においては、食の近代化(文明化)は産業化(工業化)、商品化、都市化、民主化(平等化)、食の科学の成立及び食の管理、個人化(家族形態の変容)という特色をもっている。一八世紀以降の産業革命、交通革命は生活空間および生活様式をゆっくりと変化させ、それに伴って食の世界をも徐々に変化させた。まずキリスト教的な食の節制主義が衰退し、「生きるため」「身体活動維持のため」の食（最低限の食）の充足という形態が変化し、食の目的も多様化していった。諸国家の軍事力に支えられて新食材（ジャガイモ・トウモロコシなどの主食品や、コーヒー・茶・チョコレートなどの嗜好品）が植民地からヨーロッパに流入するようになったことで、人々の食の欲求は欲望のレベルへと拡大していった。この食の欲求の変化は富裕層から市民へと徐々に広がっていき、やがて新食材が国食となり（ナショナリズム化）、その食材・食糧の確保のためにさらなる植民地獲得競争や戦争が引き起こっていった。[*5] 食の近代化はまさに資本主義の発達と一体であった。他方で工業社会化に伴う人口移動によって、食の世界も都市生活に見合うような工業化・産業化が追求されるようになる（食の商品化）。それと同時に輸送技術の発展による食糧流通の拡大や、食の保存技術や冷凍技術の発達（缶詰や瓶詰めの発明）がなされていった。[*6] それらが軍事と連結して発達したことはいうまでもない。[*7]

食の近代化はまた食の諸科学の発達とも一体であった。食の近代科学としての栄養学、食品学、衛生学などが生まれ、一九世紀前半にリービッヒ（J. Liebig：栄養摂取量と消費・代謝の生理学的分析）、フォイト（C. Voit：栄養素の代謝分析）、ルプナー（M. Rubner：カロリー概念）、プラウト（W. Prout：三大栄養素＝炭水化物・脂肪・タンパク質）、コッホ（R. Koch：細菌学）などが貢献する。こうした食の科学は単なる学問的理論ではなく、きわめて実践的な役割をもっていた。食の科学的知識は、労働に見合う必要栄養量などの数値化をもって労働者の管理に役立てられ、また国民全体の健康管理教育や栄養政策を支え、食の統制管理と規律化という国家的な機能を担うようになり、食の不正防止や食品監視のため政府機関の設置による規制や法制化にも役立てられた。[*8] なお近代日本における栄養学を中心とする食の科学の積極的導入と発展も、このような国家政策的な機能からであった。

だが近代ヨーロッパの食の世界には、日本が移入したものとは別(民間)の発達がみられる。レストランやカフェに象徴される〈外食文化〉と〈美食文化〉である。レストランの誕生はフランス革命によって、料理人たちが失職し、市中に自分の店を開業するようになったことが契機となったといわれるが、これは、貴族たちの宮廷の美食の世界を、身分に関係なく誰でも金をだせば接近できるようにしたのである。そしてレストランは都市化にともなう食の個人化と平等化(市民化)をもたらした。またレストランは、食の世界を、家内から外部へと、料理人たちの料理を介して市民たちが社交する場へと開放し、外食の世界へと転換させた。そしてその外食の世界は食自体も変化させていった。食はもはや人間の生命維持のための自然贈与ではなく、また単に労働力維持のための食事・食糧でもなく、都市市民の土日の癒しや近代家族の愛情交換の手段となり、その結果、食が精神的な価値や美的価値を伴うもの、したがって評価(格付け)や評論(美食文学やジャーナリズムなどのガストロノミー)の対象物となっていった。[*9] こうして食の世界が市民たちのコミュニケーションの場、社交場となり、そこではビール、ワインやコーヒーやチョコレートなどの嗜好品が重要な役割をもつようになる(火酒は近代国家にとって労働との関係から管理対象となった)。嗜好品は食の近代的文化性を表示するものであり、嗜好品文化が西欧近代の食文化の特徴を示すものとなったのである。

2　近代日本における西洋食の導入　――福澤諭吉の肉食論

近代日本は西欧文明の模倣と追跡（西洋化）を特徴とするが、食の世界にあっても同様に西洋化が志向された。しかし食の世界は土地に依拠した食糧生産と歴史的な食文化に支えられているので、西洋化は容易ではなく、段階的になされていった。近代日本の食の西洋化には三つの段階が認められる。明治二〇年前後を境に、明治前期の「導入期」、明治後期の「葛藤期」、大正期の「日本型西洋化（和洋折衷型）の成立期」である。[*10] それら各段階の問題について、明治前期は福澤諭吉の肉食論、明治後期は森鷗外の兵食論、大正期はレーヴィットの鷗外批判（彼は食について直接論及していないが、鷗外批判を通して日本型西洋化の問題について言及している）を取り上げて考えてみたい。

明治政府は国力増強のための近代化政策の一環として、パン・肉・乳製品を中心とする「西洋食」[*11]を推奨していった。西洋食は文明開化の象徴として位置づけられたが（明治五年に明治天皇の西洋食、肉食が採用された）、それは欧米諸国と同等な国力を獲得するためという目的をもっていた。当初は欧米諸国との社交用（晩餐会）や居留外国人用であった西洋食は、徐々に国策の一環として導入されていく。とくに西洋食が推奨されたのは軍事的な観点からであった。なかでもパンは保存性が高く、軍事用に適していた。日清・日露戦争では軍用パンが脚気対策として重宝され、大正期には軍では週一回朝パン食となった。[*12] 西洋食の代表である肉食については、以下のようであった。幕末まで日本人は獣肉を食べなかったといわれているが、そうではない。肉食の忌避は仏教の殺生の禁断に由来し、とくに六七五年の天武天皇の「殺生禁断令」以来だといわれている。[*13] しかし明治以降、牛肉食は廃仏毀釈などの天皇制を中心とする国のイデオロギー政策とも連動して、近代化政策(「脱亜入欧」)の一環として推奨された。この牛肉食については、明治の知識人たちも近代化問題として関心をもっている。福澤諭吉もその一人であり、彼は肉食奨励を日本の近代化問題であるとみなしている。

福澤諭吉は三度の渡米・渡欧の経験から欧米の文明力を知り、帰国後『西洋事情』(一八六六)や『学問のすすめ』(一八七二)、『文明論之概略』(一八七五)などを著し、「学問と教育の西洋化」を提唱した。「西洋化」についての彼の考えは、加藤周一によれば、「和魂洋才」「折衷主義」にはなく、自由なる国民個人がものごとを究明する「独立心」を学ぶことに目標があった。[*14] そしてこの考えのもとに、日本の生活改善や心身力強化のための肉食を、彼は奨励した。彼の肉食論は「肉食之説」「肉食せざるべからず」などで、次のように主張されている。[*15]

日本人と欧米人は生命の長短には差異はないが、心身の働きには違いがある。欧米人の心は活発で、筋骨が太く逞しく、膂力(筋力・腕力)があり、歳をとっても心身の衰えが日本人より少ない。こうした差異は食物摂取の差異からきている。「欧米人は人間滋養の第一たる禽獣の肉を食ひ、日本人は……草實菜根を食らひ肉類を好まず」。日本人の精神は草實菜根の身体と精神から成り立っているから欧米人に劣るのである。同じく米穀を食べるが同時に牛羊鶏豚の肉を食べる支那・朝鮮人民よりも日本人の身体骨格は下劣である。それゆえ速かに「菜食の陋習」を改めて「肉食の美風」に移る必要がある。また日本人が肉食をするのを忌避してきた由来や理由は、殺生を禁ずる仏教の影響からであるゆえに、仏教などの宗教から自由に生活改善をする必要がある、と。

福澤は肉食の料理法（カレーの作り方）までも言及しているが、彼が肉食論をあえて主張した背景には、当時西洋化は米飯魚菜食の日本の伝統的文化を脅かすものだとの不安や抵抗があったからである（一八七二年二月に天皇の肉食に反対して御岳行者一〇人が皇居に乱入し、内四人が殺されるという事件も起きている）。肉食問題は日本の近代化をめぐる「イデオロギー」問題と一体だったのである。民間による近代化を重視した福澤の肉食論も、日本が「萬国競争」に打ち勝つための長期にわたる方策として、強健な身体作りこそ報国につながるという明治政府の近代化政策と同調していたことも確認しておきたい。

さて肉食を中心に西洋食は徐々に日本社会に受け容れられていくが、注目しておきたいのは、実際に普及していった肉食料理は「牛鍋」（関西ではスキヤキ）というまさに日本独自の形態であった。牛鍋は味付けが醤油で、豆腐やシラタキと一緒に入れて煮る「和洋折衷」の肉料理である。[*16] これは純の西洋食ではない。一般に欧米食は「洋食」といわれるが、「洋食」とは西洋料理ではない。「洋食」とは「日本化した西洋料理あるいは西洋料理を日本風にアレンジした和洋折衷の料理」である。[*17] 和洋折衷は「実用的で日常的」という点から生まれたともいえるが、この和洋折衷こそは日本の欧米文化の受容の仕方であり、近代日本の西洋化のかたちなのである。

ところで日本型牛肉食は別の要素をもっていた。牛肉食は、脂肪分が多い牛の脂身が口腔全体に広がっていくという独特の食感をもっている。とくに「牛鍋」の牛肉食の食感は、米飯魚菜食の淡白な味覚に慣れ親しんできた日本人にとって、まったく新鮮な味覚であったという。それまで慣れ親しんできた味噌醤油という伝統的な調味に味付けされた牛肉は独特の匂いも少なく、日本人に抵抗なく受け容れられた。そして牛肉食は日本人に新しい味覚を生み出し、食の「感性」の変容をもたらしたのである。牛肉の「洋食」の味を知った近代日本人は、米飯魚菜食だけの淡白な味覚の世界への逆戻りはもはやできなくなる。こうした味覚の変容は、人間の身体の内部的変容であるゆえに、意識的に操作することは難しい。和洋折衷食という「洋食」は、味覚という生理的かつ文化的な次元から、日本人の食の世界を徐々に変容させていったのである。だがそれゆえに、この和洋折衷形式は、やがて西洋という出自を忘却させ、西洋由来のものを日本的ナショナリズムでイデオロギー化していく。近代日本の西洋化とは日本型西洋化の推進であり、西洋文明の日本的着色（「和魂洋才」）であり、あくまで日本的なものの改造なのである。それゆえ西洋化も大略的には日本の伝統文化と大きな「摩擦」や「矛盾」なく進行できたといえる。こうした日本型西洋化による近代化こそは、レーヴィットのいう「日本の近代化の二重構造」についての「自覚の欠如」を生み出したのではなかったろうか。「洋食」はその典型的なものだったようである。

3　食の西洋化への葛藤——森鷗外の兵食論

食の変化は時代の変化を反映するが、食の変化が時代の変化を引き起こすこともある。時代を変化させるような力を持つ食の典型が軍隊食、「兵食」である。すでに述べたように、明治政府が西洋食を推奨したのは軍事的な観点からであったが、明治政府は同時に軍の組織体制を近代化するために、兵士たちの健康管理や食生活の改善のための方策や仕組みを欧米諸国から学習しようとした。そのために欧米の学者や医師たちを招聘し、大学で医学・生理学・栄養学・衛生学などの知識を伝授させる一方で、日本の優秀な学者や（軍）医師たちを渡欧させ、医学的知識や栄養学や生理学を修得させた。こうして森鷗外をはじめ、高木兼寛、小池正直などの軍医たちがヨーロッパに留学し、帰国後要職につき、食の科学的知識をもって軍人たちの健康管理や兵食に関する改善をおこなった。[*18]

こうした軍の近代化過程のなかでとくに食の問題がクローズアップされたのは、明治一〇年代（西南戦争頃）から軍隊に脚気病が蔓延し、多くの死者がでたからである。[*19] 当時ビタミンがまだ発見されていないこともあり、脚気の病因（伝染病説と栄養欠陥説など）をめぐり様々な論争が起き、[*20] 対策として西洋食の導入が論争点となった。海軍医・高木兼寛は、イギリス留学で得た経験主義的知見（パン食と肉食の欧米には脚気患者が少ない）から栄養欠陥説をとり、タンパク質の不足と炭水化物の過剰摂取が脚気原因であるとし、西洋食の導入による改善策を主張した（パンの代用の麦食の兵食により、海軍では明治一八年には脚気による死者はほとんどでなくなった）。他方、陸軍の方は石黒忠悳を中心に伝染病説をとり、その根拠付けをドイツ留学中（一八八四年八月～一八八八年九月）の森鷗外（軍医林太郎）に委託した。当時ペッテンコーファー（M. J.Pettenkofer）（衛生学）、コッホ（細菌学）、フォイト（生理学・栄養必要量論）などに学んでいた鷗外は、厳密に西洋の自然科学や栄養学の実証的な知見にそって脚気対策をおこなうべきだと主張し、米飯魚菜食という日本食が脚気対策に適合していると提言した。

森鷗外の日本食による兵食論は、「日本兵食論大意」（一八八五）、「非日本食論ハ将ニ其根拠ヲ失ハントス」（一八八八）、「讀々非日本食論将失其根拠論」（一八八九）などにあらわされた。[*21] 彼はベルツ（E. Bälz）の実験[*22]やショイベ（B. Scheube）によって評価されていた米飯中心の日本食について、栄養必要量やカロリー量を計測して、その長所を主張し、麦飯は脚気対策として科学的根拠が乏しいと論じた。この米食擁護論には、海軍と陸軍との人数差や食糧自給率（米は自給率が高かったが、パンや麦の供給は海外に依存せざるをえない）という現実的な認識、米中心の食が国家の基盤をなすとの歴史文化的意識も考慮されていた。しかしこの彼の理論を受けて、陸軍が麦飯禁止・白米食を兵食とし続けた結果、その後多数の脚気死者がでたのである（とくに日露戦争）[*23]。こうした脚気論争については多様な研究があるので省略し、ここでは彼の兵食論における近代日本の西洋化論の特色について確認しておきたい。

森鷗外は「非日本食論ハ将ニ其根拠ヲ失ハントス」（『森鷗外全集・第二八巻』七八〜八七頁）のなかで、食が人間の根本的な活動であり、一個人の生活及び一社会や一国の運命にもかかわることであると確認したうえで、西洋食と日本食との優劣論や個々の食品の比較論を退け、調和ある日本食の食事法を薦めている。しかし他方で彼は、日本食を「素食」とし、肉食と対比させる高木兼寛などの海軍医たちの考えを激しく非難する。そうした彼の強い反論には、科学者としての食に関する知見を超えて、軍人として「日本的なもの」にこだわる姿勢が強く感じとれる。彼の日本食推奨には伝統的な日本文化の継承というメンタリティーが窺える。加藤周一によれば鷗外は学問において「徹底的な西洋化論者」であったようだが[*24]、彼の兵食論には学問的な知見以上に、西洋文化に対する無意識的な抵抗心、非西洋的文化観念が感じとられる。日本食へのこだわりも生涯軍人であり続けた森鷗外の「パトリオティズム」[*25]からきているように思う。そのうえでなお最後に確認しておきたい。白米兵食論は、そうした森鷗外たち陸軍上層部のイデオロギー的意図よりは、実質的には、多くの貧しい一般兵士たち（明治二二年国民皆兵制）が日頃食することの少ない「麦の素食とは違う白米のおいしさ」という味覚にねざした食への要望に支えられていたようである。

さて明治の晩年になると日本型西洋料理（洋食）は経済的・栄養学的観点から兵食に取り入れられ、兵士たち自身が洋食料理をつくるまでになる（大正期になると陸軍の料理書として「軍隊料理法」「軍隊調理（参考）法」なども出され、近代日本の食文化をリードしたのは軍隊だとの考えもあるほどになる）。そして軍隊の洋食料理は軍隊のプロパガンタにも利用され、その広報は、逆に国民の保護者としての軍隊という宣伝活動にも寄与したといわれている。[*26]

ところで洋食の普及に貢献したのは知識人や医者たちや栄養学者、そして軍隊ばかりではなかった。女性たちである。女子高等学校では衣食住全般の生活様式の近代化教育の一環として、栄養学の授業（「家政学」）を通して、日本型西洋料理が伝授された（福澤諭吉の「新女大学」も新しい女子教育論を展開した）。他方で『料理の友』『婦女新聞』などの婦人雑誌・新聞や上流婦人たちを対象にした西洋料理教室において、洋食の新調理法が広報された。こうした女性たちの経路を通って、洋食は明治後半から大正期にかけて各家庭へ普及していくが、それは「一家団欒イデオロギー」と「良妻賢母主義」のもとで推奨されたのである。そして家庭の主婦や娘達に対する食教育は、やがて国民統合の手段としての食教育、戦争遂行のための栄養政策と連動していったのである。[*27]

4　日本型西洋化をめぐって　――「ナウマン」論争

森鷗外はドイツ留学中の一八八六（明治一九）年三月六日から翌年の二月一日にかけて、「日本の西洋化のあり方」をめぐって、ナウマン（H. E. Naumann）[*28]と論争している。これは「ナウマン論争」といわれ、ナウマンの帰朝講演を発端に、鷗外とナウマンの間で、ドイツで展開された論争である。この論争は三段階に分けられる。

（一）ナウマン帰朝講演（一八八六年三月六日）「日本に題する演説」（ドレスデン地学協会年祭および晩餐会での挨拶）、これに対する鷗外の口頭反論、（二）ナウマン「日本列島の地と民」（Land und Leute der japanischen Inselkette, in *Allgemeine Zeitung*, Nr. 175-178B.（一八八六年六月二六日・二九日）、（小堀訳一九九～二一五頁）[*29]、同新聞（Nr. 179B.）にはミュンヘン人類学協会演説要旨も掲載された（小堀訳二二六～二二九頁）、これへの鷗外の反論（同年一二月二九日）「日本の実状」（Die Wahrheit ueber Japan, in *Allgemeine Zeitung*, No.360. 原文『鷗外全集二六巻』六二〇～六一一頁、小堀訳二二九～二四二頁）、（三）ナウマンの反論（一八八七年一月一〇日・一一日）「森林太郎の『日本の実状』」（*Allgemeine Zeitung*, No.10-11 小堀訳二四二～二五六頁）。鷗外の再反論（同年二月一日）「日本の実状・再論」（Noch einmal ”Die Wahrheit ueber Japan“ in *Allgemeine Zeitung*. No.32. 原文『全集二六巻』六一〇～六〇三頁、小堀訳二五七～二六三頁）。これらのうち、（一）は口頭論争、（二）は新聞などでの公開論争、（三）は（二）の補足なので、ここでは（二）を取り上げて考える。

ナウマンの「日本列島の知と民」における日本論は、明治政府の行政組織や法制度の西洋化問題よりは、地学者らしい実地見聞に裏打ちされた論評であり、日本の風土・自然・地理の特徴、日本人の衣食住のあり方（衛生状態のわるさ、男性の「裸」の日常性）、健康状態（脚気やコレラの蔓延）、夫婦や家族関係における女性への差別（妻妾同居、多妻、仏教の「女性には魂がない」との考え方、既婚女性の眉落としやお歯黒などの悪習）、アイヌ民族や盲人たちへの差別などが語られている。こうした論評は当時の西欧人の見識として、また今日的な視点からいえば、納得のいくものも多い。ナウマンのこの論評について、森鷗外は詳細に反論しているが、彼の反論には「保守主義」が強烈に感じられる。例えばアイヌ人に対して日本政府は温情をもって遇しているとか、衛生状態や伝染病の蔓延に関しては内務省の衛生局が監視しているとか、妻と側女の言葉があるように日本は一夫一妻主義であるとか反論している。また日本人は粗末な食事であるとのナウマンの指摘には、「最近の実験的成果の証明するところによれば栄養の価値はただ生理学的・衛生学的根拠からのみ判断されるべきもので……もっぱら人体が消化し吸収する栄養素の量と質にのみかかっている」（小堀訳二三二頁）と、きわめて上から目線のエリート学者の官僚的反論をしている。両者は日本の芸術の高さや日本人の知力や学問の習得などについては一致しているようだが、論争点は、近代日本の西洋化のあり方についてである。

ナウマンは、明治の開国は外発性であり内発性がないので、近代化のあり方も「ヨーロッパ文化をそのままに受容するだけで」、それゆえ「蒸気船の航海術を知って外洋に出たが、止める技術を知らないので、自然に止まるまで待っている」ようだと述べる（小堀訳二二四～五頁）。それゆえ日本の将来は「暗澹」としており、「日本民族は強化されずにかえって弱体化し、遂には民族の没落を招来するであろう」(同二二九頁)。これに対して鷗外は、たしかにナウマンのいうように日本の開国は外圧によるが、それは、日本には開国の内的必要性がなかったからであり、開国を要求した西洋諸国と同等の位置に立つには西洋の諸制度を模倣せざるを得ないのであり、それを「無批判の受容である」と非難するのは故なきことだと、反駁している(小堀訳二三八頁)。だが鷗外は日本の西洋化のあり方についての自身の見解をナウマンに提示してはいない。しかも鷗外は最後の論稿では、自分の反論の意義を「愛する祖国のために熱く鼓動し」た「日本人の心」からである(小堀訳二五八頁)と、ナショナリズム精神で締め括っている。

おわりに ——レーヴィットの鷗外批判

ナウマン論争は半世紀後、澤柳大五郎を介して、レーヴィットの論評をひき起こすことになった。レーヴィットの論評は「鷗外著『日本に関する真相』の餘白書入」(一九三八)の訳文で公表されている。[*30] レーヴィットはこの論評においてナウマンの見解の方に全面的に同意しているが、ここでは、そうした鷗外批判を通した、彼の近代日本の西洋化の本質に関する見解について、再度考えたい。

レーヴィットによれば、ナウマンのいうように「ヨーロッパの文化は、日本においては内的に実質的に体得されず、外的表面的に会得せられたにすぎない」(46)。「異文化の外的な成果を、この成果の内的歴史を自ら体験せずして自己に同化せしめること」(47)ができないにもかかわらず、「日本人鷗外がヨーロッパ文明の尺度を根拠にして日本の弁明をしていること」(40)や「文明の進歩を以て文化の最高の尺度とする」(51) ことは根本的な誤りである。鷗外は他方で「真のヨーロッパ文化」を「美と自由」に認めているが、ヨーロッパの自由や「リベラリズム」の意味については何も語っていない。ヨーロッパの「精神の真の自由」とは「ひとが自己固有の本質に関して確固たるものを有し、それ故に全く異質の本質の認識においても自由であるべきである」(49) という意味であり、それが西欧文化の基本である。鷗外はこの西欧文化の本質を見ようとしていない。近代日本がヨーロッパから受け取った「技術的な『文明』と本当の『文化』」は異なるのである。文化には良所を取って悪所を捨てるなどは不可能であり、また文化に優劣はない。日本にあっては西欧の学問と芸術においても技術だけが重視され、その精神と歴史が問題とならないようならば、「西欧文化という異質の文化を容易に自己のものとなし得る」ことなどできない。近代日本は「合理的な技術産業経済」を、いまや反ヨーロッパ的、純日本的な目的に向かう手段として利用し、「曾ての東方に於ける西欧人の優勢に代る亜細亜に於ける日本人の優勢の為に、現在戦争が行なわれている」(48)。したがって近代日本にあっては、西欧文明の受容はナショナリズム戦争とも連関するという「分裂した正反両用の価値」をもつものだ、と指摘している。

近代日本においてこうしたナショナリズム戦争と両義的関係をもつような西洋文明の受容のあり方こそは、和洋折衷・和魂洋才の「日本型西洋化」という形態であり、それは「洋食」という食の文化事象に具現されているのは、ここでみてきたとおりである。レーヴィットもまた述べている。近代化のあり方は「何よりも先づ家常の生活の相に現れ示され……例えば住居や衣服の中に、手工品や風俗の中に、自然に対する又当代社会に対する人間の関係の中に、趣味や感受性の強化の裡に現れているのである」(52)。日本型西洋化という近代化のあり方は、身体的無意識的レベルにまで浸潤し、二一世紀の私たちの日常的な生活文化意識にも根付いているように思われる。

[注]

＊1 K. Löwith, Die europäische Nihilismus, Nachwort an den japanischen Leser, 一九三八 : in *Sämtliche Schriften* Bd. 2, Stuttgart 1983, S.532-540.「日本の読者に与える跋」「ヨーロッパのニヒリズム――欧州大戦の精神史的序論」の付記文『思想』一九四〇年一一月、二八〜三九頁。

＊2 食などの生活文化への研究は以下を参照。B・S・ターナー『身体と文化』小口信吉他訳、文化書房博文社、一九九九年。アラン・コルバン他『感性の歴史』小倉孝誠編、大久保孝明他訳、藤原書店、一九九七年。W・シヴェルブシュ『楽園・味覚・理性』福本義憲訳、法政大学出版局、二〇〇七年。河上睦子「『感性』と『食』の哲学」『人間社会研究』第八号、相模女子大学人間社会学部紀要、二〇一〇年。

＊3 南直人「食事作法の変遷」『Vesta』No.41. 味の素文化研究所、二〇〇一年、四八頁。

＊4 食の世界は、食物・食品・食糧・料理(調理器具)・食事法、加工と保存・食のマナー・供給と消費・販売・食の職業などの個人的かつ社会的な活動や領域を含んでいるが、ここでは食物・料理などの「食事」を中心に考えていきたい。

＊5 ジャガイモは一六世紀にヨーロッパに伝来し、品種改良や肥料研究を経て、一九世紀にはドイツなどでは国食となる。ジャック・バロー『食の文化史』山内昶訳 筑摩書房、一九九七年。アヘン戦争は中国の茶と絹をめぐる英中戦争であった。日本の植民地戦争は、食に関しては米穀などの食糧確保が中心であったが、台湾侵略は砂糖獲得が背景にあったといわれる。

＊6　食の世界の変貌は食の脱地域化、画一性を意味しており、結果として都市と農村の格差や「南」の貧困をもたらした。J・L・フランドラン、M・モンタナーリ編『食の歴史Ⅲ』宮原信・北原美和子訳、藤原書店、二〇〇六年。

＊7　ナポレオンが戦争時に食の保存技術の開発に懸賞金をかけたことは知られているが、一九世紀初めには肉エキス・スープストックや瓶詰・缶詰などが保存食用として開発される。保存や冷凍技術（缶詰や瓶詰めの発明）は、とくに戦争のために開発され、それが軍隊用から徐々に市民へと広がっていった。日本では缶詰使用は日清戦争頃からである。

＊8　食の国家政策については、「食品と薬品の販売に関する法」（英・一八七五年）や「食品・嗜好品・日用品の流通に関する法」（独・一八七九年）等がつくられる。南直人『ヨーロッパの舌はどう変わったか――一九世紀食卓革命』講談社、二〇〇〇年。

＊9　有名シェフ（グフェ、デュボア、ソワイエ、オーギュスト・エスコフィエ）などのレストランやブリア・サヴァランの『味覚の生理学』（一八二六）（『美味礼讃』関根秀雄他訳、岩波書店、一九六七年）やレニエールの『食通年鑑』（一八〇三）も現われた。北山晴一『美食の社会史』朝日選書、一九九一年。福田育弘『飲食というレッスン』三修社、二〇〇七年。

＊10　この三段階については、「和魂洋才・欧米追従・近隣蔑視」の考えもある。高木和夫『食からみた日本史』芽ばえ社、一九九七年、三九七頁。

＊11　西洋食の導入は食材・料理（調理技術）、食事法（ナイフ・フォーク式）、食システムへと段階的に進められたようである。カタジーナ・チフィエルトカ「近代日本の食文化における『西洋』の受容」『日本の食文化 8』芳賀登・石川寛子監修、雄山閣出版、一九九七年。石毛直道監修、熊倉功夫編集『日本の食事文化』味の素食の文化センター、一九九九年。

＊12　パンは一六世紀にポルトガル人によって伝来したが定着しなかった。官軍の乾パンが最初であるとい

われ、明治になると外国商人(英人クラークの横浜ベーカリー)や日本の商人(文英堂、文明軒)たちがパン屋を開いたが、軍用パン以外にはあまり広がらず、受け容れられたのは日本型パンの「アンパン」であった。大塚滋『パンと麺と日本人』集英社、一九九七年。芳賀登・石川寛子監修『全集　日本の食文化 8』雄山閣出版、一九九七年。

＊13　肉食の禁止令では牛・馬・猿・鶏・犬は禁止されたが、鹿・猪は除外された。富田仁『渡来食はじまり紀行』農文協、一九九一年。この禁止令は米を確保するための農耕作業に支障をきたさないことを目的にしていたとの考えもある。原田信男『食べるって何?』筑摩書房、二〇〇八年、一一八頁。

＊14　加藤周一『日本文学史序説』下、ちくま学芸文庫、一九九九年、二五一頁。

＊15　「肉食之説」(一八七〇)『福澤諭吉全集』二〇巻、岩波書店、一九七一年。(これは彼が腸チフスに罹ったときに牛乳で治癒できたお礼に書いた宣伝文である)。「肉食せざるべからず」(一八八二年一二月一五・一六日)『福澤諭吉全集』八巻。岩波書店、一九六九年。福澤は日本に最初にカレーを紹介したといわれている。宮崎正勝『知っておきたい食の日本史』角川文庫、二〇〇九年、二〇八頁。

＊16　牛鍋については、仮名垣魯文(戯作者、新聞記者)の『安愚楽鍋』(一八七一)がある。『日本近代文学体系　第一巻』角川書店、一九七〇年。彼は牛鍋が伝統的な日本食の紅葉鍋鹿・牡丹鍋猪・桜鍋馬の延長上にあるとみている。

＊17　川村邦光「洋食とは何か?」『vesta72』、味の素文化センター、二〇〇八年。日本の三大洋食といわれるコロッケ・カツレツ・ライスカレーを始め、フライ・ビーフステーキ・オムレツ・ハッシビーフ・ロールキャベツ・サラダ・ソースなどは、まさに日本的にアレンジされた西洋料理＝洋食なのである。「洋食」普及には、上流婦人対象の料理教室や高等女学校の家政教育が貢献した。石毛直道監修『講座　食の文化』第六巻、豊川裕之責任編集、財団法人味の素食の文化センター発行、一九九八年。

＊18　今井佐恵子「森鷗外の日本兵食論とドイツ人医師のみた明治時代の日本人の食生活」『同志社女子大学

生活科学』Vol.35, 四六〜四七頁。
＊19 明治一二年には軍の脚気患者は一六万人だったという。高木和男『食と栄養学の社会史』科学資料研究センター、一九七八年、三四四頁。
＊20 この論争は明治の海軍と陸軍との抗争、漢方医対洋医、イギリス医学対ドイツ医学、医大間の抗争として、「脚気論争」とも言われてきた。またこの論争は日本食か西洋食かの兵食論争もひき起こした。松田誠「脚気論争にみる高木兼寛と森鷗外（林太郎）の医学思想」『慈恵医大誌』一〇六号、一九九一年。
＊21 森鷗外「日本兵食論大意」他『森鷗外全集』第二八巻、岩波書店、一九七四年。
＊22 ベルツは人力車夫の実験から、肉体力は肉食中心の西洋食より米飯中心の日本食の方が高いと実証した。伊達一男『医師としての森鷗外』績文堂出版、一九八九年、九七〜一〇〇頁。
＊23 日露戦争では陸軍の脚気患者二五万以上、脚気死者二万七千人であった。山下政三『鷗外森林太郎と脚気紛争』日本評論社、二〇〇八年、三〇二頁。鷗外の小倉左遷はこれと関係しているといわれている。坂内正『鷗外最大の悲劇』新潮選書、二〇〇一年。浅井貞夫『軍医鷗外森林太郎の生涯』教育出版センター、一九八六年。山崎正和『鷗外　闘う家長』河出書房新社、一九七三年。
＊24 加藤周一、前掲書、三三四頁。
＊25 生松敬三『森鷗外』東京大学出版会、一九六四年、五七頁。
＊26 軍隊食は『主婦の友』などの婦人雑誌（「兵隊さんの喜ぶ兵営料理」）を介して、洋食を家庭に広めたともいわれている。カタジーナ・チフィエルトカ「食の近代化と軍隊食」『Vesta 27』一九九七年。
＊27 江原絢子「一般家庭への洋食普及に尽力した人々」『Vesta 72』二〇〇八年、カタジーナ・チフィエルトカ、同右論文。
＊28 ナウマン（一八五四〜一九二七）は東京帝国大学の初代地質学教授として、一八七五〜八五年まで日本に滞在し、ドレスデンの地学協会で帰朝講演をおこなった。この講演内容は森鷗外の「独逸日記」に

説明されている。『鷗外全集』三〇巻、一三二～四頁。
＊29 ナウマンと森鷗外の論争論文の引用は、小堀桂一郎『若き日の森鷗外』東京大学出版会、一九六九年を使用した。他の訳には澤柳大五郎『新輯　鷗外箚記』小澤書店、一九八九年もある。なお小堀訳の「日本の実状」は、澤柳訳では「日本に関する真相」となっている。森鷗外自身の独文については『鷗外全集』の該当箇所を記載した。
＊30 K. Löwith, Randbemerkungen zu R. Mori, "Die Wahrheit über Japan" 1886) 澤柳大五郎、前掲書（「鷗外問答」)、四〇～五三頁。(なお本文の引用後の数字は、この書の頁数である)。同書には澤柳大五郎自身の鷗外論文への補足、「上掲の批評に対するL先生への答書」(訳文) 5Ⅲ、一九三八 (五三～六五頁) と、レーヴィット「鷗外文に就いてもう一言」4Ⅳ、一九三八 (澤柳訳、六六～七〇頁) も掲載されている。

［補論（2）］

「食」をめぐる「母たちの苦しみ」

――フクシマとミナマタ

はじめに――フクシマに面して

二〇一一年三月一一日に起きた東日本大震災と福島第一原発事故以後、日本の人々の暮らしや人間関係、文化のあり方について、なにを語ることができるだろうか。地震と津波によって多くのいのちや家々が失われるということは、これまで何度も経験してきた。しかし、三・一一の原発事故（以下「フクシマ」と称す）はそうした災害と全く違っている。その原発事故による放射能放出・拡散は、単に私たちの生命・生活・環境への喪失・破壊・被害ということだけでなく、いわばそれらの回復不可能という「不安」を引き起こした災害だからである。原発事故のそうした性格は、すでに一九八六年のチェルノブイリ事故で知っていたはずである。また（原発を含め）原子力がどれほど人間の生命・生活を破壊するものであるかは、被爆国民として十分すぎるほど知り、それを踏まえて核廃絶を世界に訴えてきたはずである。にもかかわらず、日本は原発事故による放射能災害を引き起こしたのである。

梅原猛は、福島原発事故について、これは天災であり、人災であり、近代文明の悪という「文明災」であるという。この文明災は一部の日本人（企業家・政治家・官僚・学者など）の道徳心の欠如と、それを支えた西洋由来の経済合理主義に由来するものであるが、多数の人々は天災を忍従しつつ相互に支え合い互助しあう日本人の高い道徳心をもっている。こうした道徳心は、大乗仏教の忍辱、つまり精神的な屈辱や苦難に耐え、自分の道を貫くという考えや、自然とともに生きていくための知恵をともなう一種のあきらめの精神をもった「日本の優れた文化」からきている。それゆえこれからは近代文明（科学文明・西洋近代合理主義思想）の是非を問い直し、古来の日本人の精神性＝日本的道徳心・大乗仏教の思想にたちもどる必要がある。日本古来の「仏教精神」の文明思想をもって、世界に範を垂れる国になるように提唱している[*1]。

彼の発言は、まだ原発事故の実態およびその現況すら十分に把握されておらず、場当たり的な対応と事故処理、避難した人々の身の安全や生活補償の道筋すらできていないなかでの「日本人の心」を提唱するものであった。だがこれは「加害責任」の問題をあいまいにし、お互いに助けあおうという、戦後日本の「一億総懺悔」と同じであり、原発問題を道徳心や精神の問題へとすり替えていくものではないだろうか。にもかかわらず梅原のこの考えは、マスメディアや政府の広報を通して、徐々に、フクシマ以後の日本人の心と生活のあり方（フクシマを支えよう運動）として推奨されてきたように思う。

それに対して、私がフクシマについて考えるとき思い起こすのは、かつて六〇〇万人以上のユダヤ人や障害者たちを殺戮したナチズムについて、社会思想家アドルノが語った言葉である。「アウシュヴィッツ以後、詩を語ることは野蛮である」。彼はナチス支配下のヨーロッパからアメリカに亡命せざるをえなかったユダヤ系ドイツ人であるが、戦後に、アウシュヴィッツの惨劇の実態を知って、この言葉を語っている。

この文にある「詩」とは学問・思想・文学・芸術などの人間の精神的文化的営みであり、「野蛮」とはナチズムに代表される殺戮・恐怖・暴力を引き起こすような人間の営みをさしている。この文は、「アウシュヴィッツ」を踏まえて、人間的文化の無力や絶望を述べているのではない。人間の文化的営みが「野蛮」と密接に関係しており、近代的な文化がナチズムと無関係ではないことを示唆し、そのことを自ら踏まえたうえで、ナチズム以後の論評や思想がなされねばならないというものである。

合理性や利便性・有用性を推進してきた近代の理性主義に依拠する科学技術、学問、思想、産業という「文化」はアウシュヴィッツという「野蛮」を生み出したが、それについての批判的な論評や思想も、或いはそうした近代的なものと対抗するようにみえる精神主義や伝統的な道徳主義（ドイツ的精神）や芸術至上主義（ナチスのプロパガンダなど）も、ナチスの「野蛮」に関与してきた。こうした歴史的事実を踏まえなければならない。そうした文化的営みもつねに野蛮との関係性をもつ可能性を自覚しておかねばならない、と彼は警告している。[*2]

彼のこの警告は、フクシマ「論」についてもあてはまるように思う。彼の警告は論評や思想がもつ陥穽を述べている。陥穽とは、それらが「被害者たちの苦しみ」を真に受け止めているかということにあると思う。フクシマの災害は、地震や津波によっておきた天災ではなく、原発という科学技術の事故によっておきた人災である。たしかに原発は、私たちの近代的な合理的・利便的生活を支える電気を保障してくれるものである。しかしその事故によって一帯に放射能が拡散し、人々の生命・健康のみでなく、自然や環境にも回復困難な未曽有の被害をもたらした。その被害は共時的かつ通時的なものであり、未来世代にまで影響を及ぼすものである。私たちは現代の科学技術至上主義や経済優先主義がもっている「野蛮」の恐ろしさを実感し、認識するようになった。この被害の現実、事故がもたらした「苦しみ」の現実の重さを受け止めることから考えていかねばならない。にもかかわらず、すでに原発の存廃について経済功利主義や適応主義、日本的絆やつながりを提唱するナショナリズム的精神主義などが台頭してきている。これらの危険性について改めて、アドルノの警告を確認しておきたいと思う。

フクシマについては、原発事故がどれほど人々に「苦しみ」をもたらしているか、ここから出発して考えたい。ここではそうした苦しみのうちの、「母たち」の「食にかかわる苦しみ」について考えてみたい。その際、同じく現代産業・科学技術の人為的災害によって「食にかかわる苦しみ」を五〇年以上も抱えてきた「ミナマタ」とともに考えたい。そのうえで母たちがその苦しみにどのようにかかわってきたか、それをめぐる女性たちの葛藤も考えたい。

1　フクシマの「いのちの苦しみ」

(1)　食にかかわる苦しみ

フクシマの原発事故は、放射能拡散地帯を中心に多くの人々に苦しみを与えている。この苦しみは、放射能の外部被曝・内部被曝の恐怖と不安からきている。外部被曝については、広島や長崎の原爆や第五福竜丸の水爆実験、チェルノブイリの作業員たちへの高線量の直接的放射線被曝がよく知られている。福島原発事故の外部被曝のほとんどは、低線量被曝による晩発性障害という将来的な健康障害の恐れであるという(しかし原発事故の処理にあたっている作業員にはチェルノブイリと同様な高度な放射線被曝があるときく)。内部被曝に関しては、とくに放射能汚染された食べ物を摂取することによるといわれているが、これも将来的に健康被害がでるとのことである(内部被曝には母体経由の胎児への健康被害もある)。フクシマの内部被曝のほとんどは食べ物経由であるといわれるが(WHOの調査報告[*3])、この被害は大きいようである。というのも食べものを経由する内部被曝は、食の流通や販売を通して、地域を超えて共時的な被害を引き起こすからであり、また未来世代にまで通時的な被害を引き起こすからである。

「食べること」は、人間・自然・環境との共生の営みである。そして「食べ物」は人間間・動植物・自然・環境という共生の媒介物でもある。その食べ物が原発事故によって放射能汚染され、未来の人々を含む人間間のつながりや、人間と自然や環境とのいのちの連鎖に危機をもたらした。私たちは、食べ物の放射能汚染を通して、自分たちのいのちがいかに自然や環境とつながっているか思い知らされたように思う。原発事故の放射能は「食」による人間と自然との「いのちの連鎖」を破壊するという危機をもたらしたのである。事故後の行政側の対応の不備や失態、情報の不足や隠蔽なども加わって食の安全性への信頼が失われ、多くの人が食に不安をもつようになった。いかに政府が放射線量の基準を設定し直したり、生産者や販売者が放射線量の検査値を公表して安全性を主張したりしようとも、政府や業者による食の情報の信頼が失われたところでは、食への不安は解消しない。つまり原発事故によって「食の安全性」が崩壊したことによって「食の安心」がなくなったのである。だが事故の食への影響はそうした問題にとどまらない。

私たちにとって自己の生や生活を支えている大切なものを失うことを、精神分析学では「対象喪失」というが、フクシマの原発事故はまさしくこの膨大な対象喪失をもたらした。多くの人が、事故による放射能拡散によって将来的な健康障害への不安や恐れのみでなく、家族の離散、避難・退去による家具・道具・住居などの大事な「モノ」、動物、農作物や家畜、仕事、漁場、友人たち、土地、町や村、ふるさとなどを喪失した。そうした自己の生や生活を支えてきたものを喪失する対象喪失の「苦しみ」を、原発事故はフクシマの人々にもたらしたのである。この苦しみは健康被害というからだの苦しみの問題だけではない。そうしたレベルを超えている。もちろん少量にせよいまなお放射能流出が続き、放射能が土壌や森林に残存し続けているので、からだへの不安は大きい。だが事故はそれと同時に住み慣れた我が家や土地を離れ、親しき隣人、動植物、町や村、自然、ふるさとから別れざるをえなかった別種の深い苦しみをもたらした。この苦しみは、生活の、こころの、生きる支えの喪失として、生きることの苦しみであり、「いのちの苦しみ」といえる。この「いのちの苦しみ」こそは、原発事故がもたらした最大の問題ではないだろうか。

そうした苦しみのなかで、「食」にかかわる苦しみもまた決して小さいものではない。「食」はからだの問題だけではないからである。食は私たちにとって、生きること、生命、生活と一体なのである。そうした食の世界が原発事故によって瓦解した。いまや食べ物はいのちを脅かす恐怖とつながり、食は安心ではなくなったのである。こうした食べ物の問題は、食べる者（消費者）にとっての問題だけでなく、それは同時にその提供者たち（生産者や販売・流通者）にとっての問題でもある。福島県などの東日本では食産業は主力産業であり、生活の糧を得る基盤でもある。原発事故は食の生産に携わってきた人々の生活を直撃し、農林畜産漁業を始めとした地域の食産業を破壊し、不可能にした。しかも生産者たちのこの苦しみは、原発から少し離れた食の生産者・加工業者・販売者たちにも「風評被害」という苦しみが広がっていった。食べ物を提供してきたこれらの人々の苦しみは、生活の苦しみだけではない。むしろ生きることの苦しみになっている。こうしたいのちを育み育まれた家畜や田畑、海、自然、ふるさとを失うことと一緒になって、生きることの深い悲しみがフクシマに広がっている。共に生きてきた生き物や自然を失うことは、生活の基盤を失う苦しみだけでなく、生きることの苦しみという「いのちの苦しみ」だからである。

フクシマの原発事故による食の放射能汚染問題は、現代の科学技術・産業技術の事故が引き起こした「環境問題」とされるようになったが[*4]、こうした食にかかわる「いのちの苦しみ」について、これまで十分考えられてきたのだろうか。この問題について、ミナマタを参考にして考えてみたい。

（2） ミナマタの苦しみ

「ミナマタ」は戦後日本における最大の公害といわれ、食にかかわる「いのちの苦しみ」の問題を私たちに提示した。水俣病は、チッソ工場廃液に含まれたメチル有機水銀の環境汚染によって、熊本・鹿児島一帯の多くの人々に死を含む身体障害や重い疾患をもたらした公害病である（新潟水俣病を含む）。一九五三年に患者第一号発生、五六年集団発生に始まり、五九年にはチッソ廃液の有機水銀が原因とされ、六八年に「公害病」と認定された。患者数は七万人に近いといわれ、今なお認定や補償をめぐり裁判が続いている。[*5] チッソ株式会社という日本の近代化学工業を支える大企業の公害によって有明海の地域一帯の環境が汚染され、その結果多くの人間や生き物のいのちが奪われ、生涯に及ぶ健康障害や病気がもたらされた。メチル有機水銀に汚染された魚介類を食べた人々は、手足の震え、四肢末端部の感覚障害、運動失調、求心性視野狭窄、聴力障害、言語障害、神経障害、脳機能の損失などの重いからだの苦しみを抱えるようになり、多くの人々が亡くなった。

ミナマタは従来、公害と認定されてきた。環境基本法（第二条）の公害の定義によれば、「事業活動その他の人の活動に伴って生ずる相当範囲にわたる大気の汚染、水質の汚濁……、土壌の汚染、騒音、振動、地盤の沈下……及び悪臭によって、人の健康又は生活環境（人の生活に密接な関係のある財産並びに人の生活に密接な関係のある動植物及びその生育環境を含む）……に係る被害が生ずること」とされている。しかしミナマタはこうした定義に収まるようなものではない。

当時の日本の産業界を代表するような巨大企業であるチッソ株式会社によって、工場があった水俣のみでなく、有明海に面した熊本・鹿児島県一帯の多くの人々が汚染された魚介類の食を通して身体破壊、生命破壊、生活破壊という被害を受けたのである。これは日本の近代化・産業化にともなって生じた人災であるが、今日では、水俣病は環境汚染・環境破壊、身体破壊、生存破壊、生活破壊、社会病（偏見と差別）という、現代社会における「環境病」であるといわれている。

だがこのミナマタの裁判闘争にかかわってきた社会学者・栗原彬によれば、水俣病とは単なる環境病では言い尽くせない。むしろ「生命、身体、アイデンティティ、世界観、文化、暮らし、家族、地域社会にわたる社会病」であり、被害者たちは Minamata disease suffer からわかるように、「受苦者、受難者、殉教者、被害者であってもpatient 患者ではない」といわれている。[*6]

水俣病を負わされた人々はからだの苦しみだけでなく、家族を失い、仕事を失い、差別を受け、結婚をあきらめ、妊娠におびえ、将来の希望を失い、看病に明け暮れる毎日を送るというようなさまざまな人間的・社会的な苦しみ、対象喪失をともなった「いのちの苦しみ」を受けたのである。だが公害を起こした企業は、水俣の人々の住まう地域・市・県・国の経済を支えており、生活の糧を提供してくれるチッソという大企業である。そこには「チッソに支えられた水俣」という共同体意識が育まれていた。そしてその共同体意識は県や国の経済優先の行政・制度を支えるものでもあった。この「政官財民」の構造は、チッソがおこなった加害性を曖昧にし、水俣病の原因究明を遅れさせ、多くの被害者たちを死に追いやり、障害を重くすることにつながった。そしてチッソを訴えることは多くの地域の人々が生活の糧・仕事を失うことを意味していたゆえに、被害者たちは地域の人々からの差別やバッシングを受けることにもなっていった。町や村の人々、県、行政、国などからの社会構造的意識的抑圧や差別を受けて、被害者たちは生きることや日々の暮らしも困難になり、慣れ親しんできた故郷を離れたり、自殺した人も出てきたのである。ミナマタとは水俣病という病気でも環境汚染問題でもなく、環境病・社会病を含んだ「いのちの苦しみ」の現実なのであった。それでも被害者たちは少しずつ皆で寄り添い、お互い病むからだを引きずって、病気治療の補償やいのちの尊厳を求めて、各地で認定や賠償などをめぐる裁判を今日までも続けてきたのである。

こうしたミナマタの被害者たちがこうむった人間的・社会的苦しみを踏まえて、栗原は「水俣病をジェノサイドの文脈で読み解くこと。それは、国民国家・経済・法・階級・性・教育・民族などの近代複合システムによる差別と価値剥奪の極限的なモデルを提示すると共に、人間の受苦と尊厳の底知れぬ深さを推し量る測針でもある」と語っている[*7]。

ミナマタにおいて第一号患者が発症してから、国が公害病であると認定するまでに一〇年以上もかかっている。また認定と補償をめぐり五〇年以上も裁判が続いている。こうしたことがいかに多くの被害者たちの苦しみを大きくしてきたか、そのことには国や地域の経済優先主義とそれを支える地域の共同体意識が関係していることを再確認しておきたいと思う。

(3) フクシマの苦しみ

さて以上のような被害者たちの苦しみは、フクシマにおいてどうだろうか。フクシマにおいても同じような苦しみが再現されているようである。
フクシマはミナマタと共通性がある。両者ともに人間のみでなく、生き物のいのちにかかわる環境汚染、食べ物にかかわる環境汚染問題がある。だが同じ食べ物にかかわる環境汚染といっても、メチル水銀と放射能では質的差異があり、被害者たちの苦しみも質の差異がある（被害者個々人の苦しみには大小はない）。なにしろフクシマは放射能という現在性よりは未来的な被害をもたらす深刻な環境汚染事故である。しかしこの事故を起こした東電もまた現代日本の産業界を代表する大企業である。しかも東電の原発推進には一部の政治家・官僚・科学者、電力会社（経済界）とが一体となり（「政官財学」の構造）[*8]、国策として（国の経済力強化という意図をもって）推進されてきたという経緯がある。経済的効率性の高さと立地地域の経済効果（雇用拡大と地域経済活性化）という功利性と、「平和のための原子力」「安全性神話」というイデオロギー装置をともなって原発は推進されてきた。いずれにせよ「いのち」よりは「経済」に高い価値づけがなされてきた点はミナマタと同じである。
それでもやはりこの原発事故はミナマタとは大きな差異がある。それは被害の質的・量的差異である。フクシマの放射能汚染による被害はすでに述べてきたように、ある意味では無限定的なものといえるだろう。健康障害などは何年か経ってあらわれてくる怖れがあり、また食べ物の放射能汚染による被害も広範囲で特定しにくい。それゆえ被害認定や賠償には今後困難性がともなうだろう。また放射能汚染された環境の回復はまったく見通しがたたないゆえに、政府は居住禁止地域を設定せざるをえなくなった。[*9]
フクシマの原発事故に対する損害賠償は、現時点では原子力損害賠償紛争審査会よりだされた中間方針（二度の補遺付加）[*10]によっている。それによれば、損害賠償の対象とされるのは避難、出荷制限、風評被害（農林水産・観光・製造・輸出など）であり、地域限定の自主的避難者も対象となっている。賠償額には精神的被害も含まれるようになったが、被害の状況によって差異がある（賠償対象者は福島県内二三市町村の一五〇万人に上り、賠償総額は二〇〇〇億円規模といわれる）。しかしこうした損害賠償制度は一方的・一律的・一時的なものであり、被害者たちにとって納得できるものにはならない。というのも被害は金銭的なものでは解消できないからである。まして将来あらわれることが予想される低線量の放射線被曝の害（がんや白血病・白内障・不妊・慢性皮膚炎・加齢・遺伝的影響を及ぼす晩発性障害など）は、たとえ二〇年後にあらわれたとしても、それが福島原発事故によるものかどうかは医学的にも立証困難であるといわれている。また放射能汚染された食べ物による未来世代への健康被害は、どう償うことができるのだろうか（セシウム137の半減期は三〇年、ストロンチウム90は約二九年といわれる）。

いずれにせよフクシマにおいても原発事故によって退去させられたり避難させられた人々からの「健康（不安）を返せ」「安全な食べ物を返せ」「土地と家を返せ」「畑や牛を返せ」「思い出を返せ」「ふるさとを返せ」などの声が聞こえてくる。[*11]この声はミナマタと同じく償いできないもの、代替できないもの、回復できないことの怒りといのちの苦しみの声である。

フクシマは将来、今のミナマタのように環境都市として復興・回復の展望が拓かれるのだろうか。放射能汚染地の回復は現在のところ希望は持てないようである。しかしこうしたなかで注目されるのは、事故後から現在も、日本のみでなく世界から多くの寄付がなされ、さまざまな支援のネットワークやＮＰＯ活動が活発になされている。これはミナマタにはあまりみられなかったことである。もちろんミナマタにも医者や文学者などの支援者はいたが少数であった。だがフクシマにおいては週末や休みを利用して多くの支援者やボランティアが都会や遠地からかけつけている。多数の若者たちや中高年者、男性も女性も、学業の間や仕事の間にフクシマや津波・地震の被災地に来ている。こうしたことにフクシマの新たな未来があるように思うが、まだ未来を語るときは到来していないように思う。被害者たちの苦しみはいまも続いているからである。避難所や仮設住宅に住んでいる老人たち、都会と汚染地域近辺の仕事場とに別れて暮らしている家族、外で遊ぶことを制限されている子どもたち、仕事を失った農林畜産業の人たち、医療やケアをまともに受けられない病者や障害をもつ人たちなど、多くの苦しみがフクシマにある。こうした苦しみを皆で考えなければならないと思う。

（４）母たちの苦しみ

放射能汚染による身体の被害が大きいのは、子どもたちと妊婦（胎児）や病者などであるといわれている。にもかかわらず日本政府や関連機関は対策を十分にはおこなってこなかった。このことは母親たちに多くの不安を与え、母親たちの一部はネットワークを形成し、明確な安全基準を設定するよう政府に働きかけた。そうして徐々に子どもの被曝限度量（放射線量の基準値）や、子どもたちの食べ物の規制基準値が設定されるようになった。

政府は当初、国際放射線防護委員会の基準値を参考にして子どもの放射線量の安全基準を最大二〇ミリシーベルト／年以下と発表したが、専門家の一部やフクシマの母親たちを中心とする市民グループなどの異議運動から、二〇一一年一二月には一ミリシーベルトになった。こうした基準値設定は子どもの生活空間である学校や公園の放射線量の管理に繋がっている。他方、食の摂取基準値も二〇一二年四月から修正された。[*12] 子どもたちを放射能汚染から守るための運動が、最初はフクシマの母親たちを中心として、その後は女性たち、父親たち、男性たちによって各地のネットワーク運動に広がっている。

だがミナマタでは、母親たちは孤独に子どもたちや家族の「原因不明の病気」と格闘した。そして子どもたちや家族を元気づけるため、おなかの子の栄養のために、有明海の美味の魚介類を日々調理し与え続けた。彼女たちはその食事がまさに子どもたちを水俣病被害者にすること、自分が子どもたちの加害者になることを当初知らなかった。そのことを知ったのは、子どもが産まれたあと、ずっとのちのちであった。

「胎児性水俣病」の存在が確認されるようになったのは、一九六一年頃からである。六二年に一七人が「胎児性患者」と認定されて以来、一九九〇年代までに六四人(うち一三人死亡)が確認されている。当時の医学的知識では、胎児は水銀を通さない胎盤で守られているとされていたので、妊婦への食指導はまったくなされなかったのである(胎児は成人の一〇倍の中毒症状をもち、メチル水銀は胎盤経由で影響する。それは出産後も母体内に残留し、母乳やその後の妊娠にも影響し続ける。このことは一部の学者のみしか知らなかった)。

(ユージン・スミスの入浴写真で有名となった)胎児性水俣病被害者の或る母親は、「この子が私の食べた水銀を一人で吸い取って背負ってくれたとばい、それで私もその弟も妹たちもみんな助かったとです。この子は我が家の命の恩人ですたい」といったという。[*13] こう語る母親もまた水俣病被害者なのである。この言葉には、わが子がその身体をもって自分の水俣病を軽くしてくれたという「被害」と「加害」の交錯、「罪」の意識という「いのちの苦しみ」がある。それゆえミナマタの母親たちは自分の苦しみを決して語らない。母親たちは加害意識を抱えながら、自身も病んだ身体を引きずって障害をもつ子どもたちに日々の食の用意をした。母親たちは自身の加害性を感じるゆえに沈黙しているが、その沈黙にはチッソへの弾劾が含まれている。この母親たちの無言の弾劾を、原田正純や石牟礼道子などが代言してくれている。母たちは語ることができないのである。こうしたミナマタの母たちの無言のメッセージから、私たちはなにを聞きとらなければならないだろうか。

水俣病被害者の緒方正人は、「自分がチッソの一労働者あるいは幹部であったとしたらと考えてみると、同じことをしなかったとはいい切れない」「私もまたもう一人のチッソであった」といっている。[*14] 環境・生命倫理学で高く評価されているこの緒方の「ミナマタ」は、ミナマタの母たちの沈黙とは違う男性の目線があると、私は感じている。

緒方正人は父親を水俣病で亡くし、自らも水俣病に苦しみ、一九七〇年代からの認定交渉裁判を含む水俣闘争の先頭に立ってきた一人である。だが彼は長く闘争を続けてきたなかで次のように感じたという。被害者の声、「患者」の言葉はどんなに運動しても、相手の「人間」には届かなかった。「チッソが加害者といいながら、チッソの姿が自分に見えてこない」。被害も金銭問題に転換され、「救済」からほど遠いことを知る。結局は加害の責任もシステムの問題や構造的な責任、制度の責任問題に吸収されていく。そして被害者の自分もいつのまにか、そうしたシステムのなかに取り込まれていくのを感じる。加害者も被害者も制度のなかに消えてしまっていくのを、彼は見いだしたという。

これはまさにフクシマでも繰り返されていることではないか。原発技術のもつ問題性や放射能汚染が、子どもたちや未来の人たちを含む私たちのいのちにかかわることを棚上げにして、システムの問題、賠償・補償の問題、電気不足や電気料金の問題などへともう移っている。いまなお事故は終息せず、放射能流出の恐れがあるというのに、政府や電力会社は原発の再稼働へと動いてきた。メディアや評論家たちも責任問題や再発防止や安全性よりは、電気依存社会の維持、地域経済や日本経済の復興が関心事なのである。

ミナマタの緒方正人は被害者運動のなかで、「人としての問い」に気づき、「人間の責任」を考えはじめる。そのなかで被害者である自分も加害者と同じく「システム・ネット社会(制度=網)」に生きて、「チッソのようなもの」をつくり続けているのではないかと自問する。そして「今や人間社会の行状はおよそ全てがチッソ化し、地球規模に拡大している」、「チッソは私であった!」と語るようになるのである。これと同じ語りはフクシマにはないだろうか。原子力の平和利用や原発の安全神話に則り、地域経済活性化と人々の生活の利便性のために原発を受け入れ、そうして原発の被害者となったフクシマの人たちの思いはミナマタの緒方と同じかもしれない。「東電は私であった」、と。

被害者が、その害について直接的に責をもっていないにもかかわらず、自分のなかに「加害性」をみいだすことで、その苦しみに向かいあい、「救い」「回復」をはかろうとすることは、アウシュヴィッツの被害者たちも含めて多く見られることであり、それを誰も咎めることはできないだろう。だが緒方の語るこうした「救い」のあり方を、被害者ではない者たち、とくに批評家や思想家や生命倫理学者が語るとき、それは被害者の「いのちの苦しみ」を受けとめるのではなく、加害者や加害への「許し」「免罪」や「責任」の回避につながることになるだろう。この文の「はじめに」で引用した梅原猛の大乗仏教の心というのもこれに近いように思う。これは一億総懺悔の考えと繋がっているように私には感じられる。しかし被害者たちの思いはそれとは違うようである（緒方正人の大乗の思いは亡くなった被害者たちに向けられたものであるように思う）。

他方ミナマタの母たちは、黙々と水俣病被害者のわが子の世話をし続けてきた。母たちは生涯語ることはないようである（私が経験した胎児性水俣病被害者たちとの懇談会でも、母たちは語らないとのことであった）。彼女たちは子どもに障害をもたらすことになった食事の世話を、他のケアの人たちに代替させることもしなかったとのことであった。こうした母たちの沈黙は懺悔の思想と違うなにかが含まれているように思う。

これまで環境倫理問題においては多くの場合、加害者への責任追及運動・裁判運動や被害者の医療・生活・経済面や心的問題の救済・補償が主題となってきたが、ミナマタの母たちにみられるような「沈黙」に寄り添うことができていたのだろうか。この沈黙はチェルノブイリも含めて世界中の紛争や事件の被害者たち、アウシュヴィッツの生き残りたちにもみられる「償えない問題」である。これは言葉自体を喪失するような「いのちの苦しみ」の深さからきているように思う。それでも今日では、原爆の被害者や従軍慰安婦たちを始めとして被害者たちは少しずつ語り始めるようになってきている。

そうした「いのちの苦しみ」を抱えてきたミナマタの、そしてフクシマの母たちの「食」にかかわる「苦しみ」はどのようなものだったのだろうか。そこには、食を介した母の身体におけるいのちの繋がりの問題と、環境汚染のなかの食の供与（ケア）の問題がある。次節では、これらの問題と、それへの母たちの関わりについて考えてみたい。

2　食をめぐる母たち・女性たちの葛藤

(1)　食の環境汚染とリプロダクティブ・ライツ／ヘルス

有害汚染物質を含んだ食べ物が、母の身体を通して子どもたちに「被害」をもたらすことは水俣病以外にもカネミ油症事件（「黒い赤ちゃん」）やダイオキシン問題などでも指摘されてきた。ミナマタにおいては、母たちのメチル有機水銀に汚染された食べ物の摂取が子どもたち（胎児を含む）を被害者にした。フクシマにおいても放射能汚染された食べ物の母体経由による子どもたちの健康被害、妊婦や母乳などの内部被曝が心配されている。これらの問題は、（汚染された）食べ物の「共食」を介した母子の「からだの繋がり」「いのちの繋がり」の問題といえる。言い換えると、環境と生殖身体との関係の問題、つまり食を通して、或いは環境とつながった女性身体におけるいのちのつながりの問題である。この問題は女性のリプロダクティブ問題にかかわっている。フクシマにおける食べ物の放射能汚染は、女性たちにとってまさにリプロダクティブ・ライツ／ヘルスにかかわる問題なのである。

女性の「リプロダクティブ・ライツ／ヘルス」の考えは、一九七〇年代以降の第二派フェミニズム運動によって世界的に承認されてきた。そのなかのリプロダクティブ・ヘルスには、女性の心身の健康のみでなく、食べ物及び人間関係や生活環境などの「自然的・社会的文化的環境」という「リプロダクティブ環境」の安全確保も含まれている。ミナマタでもフクシマでも、このリプロダクティブ環境が破壊された。現在フクシマの女性たちは、食べ物による内部被曝を可能なかぎり避けるために、自身の食べ物の汚染度を吟味することや、子どものための安全な食べ物を入手する苦労をしているが、出生前診断や母乳制限・人工乳への切り替えなど、母体における子との繋がりを少なくすることや断つことへと追いやられているとの情報もある。原発に近い三県では出生数が激減しているとも聞くが、[*15]避難所生活や仕事のために家族離散している生活では、子どもを産み育てることも困難であろう。

放射能汚染されたリプロダクティブ環境のもとでは、母親たちが妊娠規制などをおこなったり、「障害児出産の恐れ」や育児の困難性への不安から、出産をためらうということがあるようである。女性たちはリプロダクティブ環境が「欠如」したなかで、自身の避妊・妊娠・中絶・出産などの選択を「自己決定」せざるをえない。しかもそうした自己決定には「自己責任」が課せられるという「苦しみ」が付加されているのである。こうした選択が、女性自身の自由なリプロダクティブ・ライツの行使としておこなわれたといえるだろうか。リプロダクティブ環境が不十分なところでは、リプロダクティブ・ライツ／ヘルス自体も保証されていないといわざるをえないだろう。

ミナマタの子どもたち（胎児性水俣病）の「障害」は、チッソの工場廃液によってリプロダクティブ環境が汚染されたことでもたらされたものである。母の身体にあるいのちのつながりを介した「環境汚染」こそは、ミナマタの母たちや子どもたちの苦しみをもたらしたものである。そうした苦しみをフクシマの女性たち、そして母たち、子どもたちが受けることがないようにしなければならない。堤愛子は「放射能汚染の恐怖」が「障害者への恐怖」と一緒になっていく危険性がある。「放射能汚染の恐ろしさを、『障害者』に対する違和感や恐怖心と重ね合わせたところで語ってほしくない」。「社会的差別がもたらす恐さ」と「放射能が生き物にもたらす恐さ」とを混同させてはならない、と語っている。[*16] ヒロシマ・ナガサキにおいて、そしてミナマタにおいてみられたリプロダクティブにかかわる社会的差別の問題は、フクシマにおいても問われねばならない課題なのである。

（2） エコフェミニズムの環境思想

ところで環境汚染とリプロダクティブ・ヘルスとの関係に関しては、フェミニズムのなかでもエコフェミニズムがとくに取り上げてきた。周知のようにエコフェミニズムはエコロジーとフェミニズムという二つの視角をもつフェミニズムとして、一九八〇年の「女性と地球の生命」のエコフェミニズム会議開催以来、女性の視点から環境問題について積極的に取り組んできた。エコフェミニズムには多様な考えがあるが、[*17] 共通する見解として、現代の科学・産業技術による「自然支配」と「女性差別」とのあいだには構造的な連関性があると考えている（自然と女性とを連結する理論ではない）。

エコフェミニズムはエコロジーに共鳴する思想として、農薬、ＰＣＢ、狂牛病、環境ホルモン、放射能などによる環境汚染が、環境と生態系の破壊だけでなく、未来世代にも影響し、生命や生活の破壊そして文明の破壊にも至ることを批判する。しかしエコフェミニズムは「ディープ・エコロジー」[*18]のような生命中心主義にたって環境保護を訴えるものではなく、人間と自然・生態系・環境との「共生」を主張する。他方でエコフェミニズムはフェミニズム思想として、現代の医療技術や産業技術の進展が家父長制の女性支配・差別構造と無関係ではなく、女性の身体を道具化し手段化すること、現代の経済・産業主義が生み出す環境汚染や環境破壊が女性におけるリプロダクティブ・ヘルスを侵害すること、さらに先進国の多国籍企業によるグローバルな市場主義が第三世界の女性たちの生活基盤を支える「サブシステンス労働」[*19]や人間関係を破壊することなどを批判してきた。こうした主張からエコフェミニズムは今日までチプコ運動、反農薬運動、反核運動などを始めとして、女性と環境にかかわる批判的運動を展開してきたのである。そしてチェルノブイリ事故についても、各国のエコフェミニストたちが手を繋ぎ、被曝した子どもたちや女性たちへの支援活動をおこなってきたのである。

エコフェミニズムは、食べ物の安全性を脅かす環境汚染や放射能汚染の問題とリプロダクティブ・ヘルスは密接な関係があると考える。放射性物質は卵巣に滞留、生殖系が冒されるといわれている。女性の身体が「生命の環境」として自然環境に連続しているかぎりで、環境問題はリプロダクティブ問題であるとの認識のもとで、「リプロダクティブ環境」の問題を「ジェンダー・イシュー」のみでなく、「環境倫理問題」として位置づけるのである。

日本のエコフェミニズムは一九八〇年代、青木やよひなどのカルチュラル・エコフェミニズムの立場から、生殖技術批判を中心に展開された。これは体外受精や代理母などの高度生殖補助技術が女性の身体における自然性や他者との繋がりを解体すること、また女性のリプロダクティブ・ヘルスを侵害することを主として批判対象とした。[*20] しかしこうしたエコフェミニズムの主張は、青木の「女性原理」論に潜む反近代主義・母性主義・本質主義的側面をめぐるフェミニズムの論争（「エコフェミ論争」[*21]）によって、それがもつ思想的意義も封印されてきたといえる。

しかしその一方で「環境派」エコフェミニストたちは、食べ物を含む環境問題に取り組み、合成洗剤反対運動、ごみリサイクル運動、石垣島のサンゴ礁保護運動、そして伊方原発を始めとした各地の反原子力運動などを展開してきた。[*22] そうしたなかでも綿貫礼子などは、環境問題とリプロダクティブ問題との関係を主題化して、たとえば環境ホルモンによる男女の生殖機能への影響のデータを集めたり、チェルノブイリの子どもたちへの放射線被害の実態を追跡調査し、被害にあった女性たちの支援活動を積極的におこなってきた。そして現在、そうしたチェルノブイリの教訓をフクシマにおいて役立てようとしている（彼女はこの運動のなかで二〇一二年二月に亡くなったが、フクシマの問題を「世代間の共生のための生態学的倫理」の視点から考えることを提唱している[*23]）。

他方、西欧のエコフェミニズムは、一九九〇年代以降も理論面ではそれなりに発展してきたようである。[*24] 彼女たちは地球の全生命のバランスという観点からリプロダクティブ・ヘルスにおける女性の「自然性」擁護の立場から、グローバル化する産業社会のなかでの食環境における、農薬、食品添加物、防腐剤、放射能などによる食品汚染に対する反対運動を積極的に展開してきた。なかでも（C. v. Werlhof）たちを中心とするエコフェミニズムは、チェルノブイリ以後、環境問題自体をリプロダクティブ問題へ明確にシフトし、「母たちの座標」を環境倫理問題の要とすることを提起している。

この母たちの座標は、チェルノブイリでの母たちの「恐怖」の経験から認識されたようである。ミース（M. Mies）やヴェールホフによれば、[*25]この恐怖は放射能から子どもたちのいのちを守ることができないことの不安、無力、怒りであり、放射能汚染によって子どもたちとの生命の繋がりが解体されることの「苦しみ」の経験であったという。そして原発のような人間が制御できないほどに発達した科学技術は、生命の危機をもたらすのみでなく、環境破壊を通して「いのちの繋がりの記憶」をもたない「母の創造」をめざす「自然の男性化」である、と批判している。

（3）放射能汚染に対する母たちの運動

フクシマにおいては、事故後すぐに子どもたちのいのちを守るために母親たちが集まり、放射能汚染の状況を調べたり、政府発表の安全基準値の変更を求めたり、より安全な食べ物の情報を収集するなどの活動が活発におこなわれてきた。しかしこうした母親たちの「環境」運動について、フェミニズムの一部から批判が出された。子どもたちのいのちを守ることは母親たちだけの問題ではなく、広く社会的な運動にすべきではないか、またこうした母親運動には「母は子を守るもの」「子どものためには自分を犠牲にしてでも頑張る」という母性イデオロギーが残っているのではないか、それは伝統的なジェンダー・ロール意識の補完・強化になるのではないか、などの批判が出されたのである。[*26]

実はこうした批判はかつて、母親たちによる反原発運動に対しても出されていた。一九七〇年代後半から日本でも伊方原発を始めとして、東海原発、新潟柏崎刈羽原発、宮城女川原発、もんじゅなどへの原発反対運動があったが、これらの運動は高木仁三郎などの市民グループと女性たちが担っていた。そうした運動のなかで、チェルノブイリ事故の一年後に秘かなベストセラーとなった甘蔗珠恵子の『まだ、まにあうのなら』をめぐり、一部のフェミニストから違和感・疑問が表明された。[*27] その小冊子における「母親として」「子どものために」の表現が、「母性の絶対視」「母性礼讃」に繋がり、伝統的な女性抑圧・差別・秩序の補完になるのではないか、また母親たちの自己愛的な反原子力運動は「障害児」への社会的差別意識と結びつくのではないか、などの批判がでたのである。この批判はフェミニズムのなかでは一定の同調をよんだが、その後この問題についての論議は展開されなかったようである。

他方西欧でも、チェルノブイリ事故後の母親たちの運動に対して同じような批判が出された。とくにヴェールホフたちのエコフェミニストを中心とする、チェルノブイリの放射能から子どもたちを守ろうという母親たちの運動に対して批判がなされた。この批判はフェミニズムにおける運動論をめぐる三つの問題を含んでいる。一つ目は環境問題・原発問題における「母性主義」的発想と性別役割分業の固定化可能性の問題、二つ目は母親役割の補完の問題（マスメディアによる母親についての伝統的価値観の強化）、三つ目は食の供与に関するジェンダーの問題（ケアする者という母親の位置づけ）である。これらの批判は、〈他者のために生きてきた母たちの視点から自分自身のために生きる女たちの視点へ〉という第二派フェミニズムの「自立」の思想からの批判であるといえよう。

こうした批判に対して、エコフェミニストたちも反論している。ヴェールホフによれば、チェルノブイリ事故の放射能汚染から子どもたちを守ろうとする母親運動に対するフェミニストたちの批判は、母親運動が「〈女としての自己のために〉ではなく、〈他者のために〉尽くしている」ことに向けられている。だが「他者のために」が「男性」を意味する場合は納得できるが、「子どもたち」の場合はそうではない。それどころかこれまでのフェミニズム運動では「子どもと男性」が「他者」として「同一視され」た結果、「子どもの問題がさまざまな運動、非‐運動の中でかくも犯罪的なまでにないがしろにされ」ることになった。むしろチェルノブイリを契機として「母親たちが母親として行動的になったこと、これこそとるべき方向を示す重要な目安であった」[*28]と、述べている。

そしてヴェールホフたちは、先述したように放射能汚染された環境のもとでは女性たちのリプロダクティブ・ヘルスが侵されることを含めて、子どもたちが生きる環境の安全性を確立するための視角として「母たちの座標」を提示した。これは、科学技術至上主義や経済優先主義によってリプロダクティブ環境が侵され、母の身体におけるいのちのつながりや子どもたちの生きる環境が破壊される恐れがあることを剔抉するために、エコフェミニズム固有の視角として提示されたものといえる。それゆえこれは母性というような「本質主義」論を提唱するものではなく、あくまで女性たちや母たちが子どもたちとともに生きるいのちの環境を確保し要求するための視角なのである。彼女たちは、ともに身体・食・環境でつながっているいのちの座を技術主義や経済主義で破壊することがないよう、独自な環境倫理運動を模索しているように思う。

日本でも最近、こうしたエコフェミニズムの母たちの視線に共鳴するような見解がみられるようになった。たとえば、他者の生存への共感と配慮（ケア）は女の本性ではなくとも、その経験の蓄積は圧倒的に女性にある。そうした経験を踏まえた女性の視点は、女性自身の自己主張と何ら対立するものではない（伊田久美子）。女性が「母親」として語ることと社会全体が性別役割分業体制にあることを批判することとは、何ら矛盾することではない。「母親」としての経験が「女」全体の経験を代表するわけではないにせよ、「母親」としての経験から語る言葉を社会は評価すべきである。放射能という目に見えない脅威に対して判断する能力が欠如している子ども（＝他者）の安全を守ることができる「立ち位置」に母たちはいる。自律的に行動できる（可能性のある）存在として、自立できない他者たちのために、母たちが立ち上がることは、性別役割分業をアプリオリに肯定するということを意味していない（古久保さくら）、と語っている。[*29]

（4）食のケアにかかわる環境倫理

食のケアには、「食べること」のケアのみでなく、食べ物を供与するケアも含まれている。食べ物はいのちや健康に直接かかわるゆえに安全でなければならない。供与する食べ物の安全性を確保することは、食のケアにおける倫理の問題・責任の問題でもある。ここには人の問題だけでなく、モノの問題もあるが、食べ物の供与に関する問題は食のケアにおける重要な倫理的問題である。

ところで食のケアをする人にとって、有害物質に汚染された食環境のなかで安全な食べ物を入手することは大変な労苦である。とくに放射能汚染された自然環境（土壌森林牧場漁場）のもとでは安全な食べ物の生産・供給そのものが困難であり、また食品の安全基準値も精確ではなく、「風評」も加わってくるので、安全な食べ物を入手すること自体が難しい。そうしたなかで放射能の健康への影響が大きいといわれている子どもたち、病者、高齢者、障害者たち（「ケアされる人」）の食を「ケアする」人にとって、安全な食べ物を入手することの心労は大変なものである。そうしたケアに携わっている人たちにあっては、いかに広報で市場の食べ物は安全だといわれようとも、個々の食べ物が必ずしも安心ではないように思われるゆえに、自分自身で情報を集め、より安全な食べ物を求める努力をすることが社会的にも要求されているようである。

二〇世紀後半以降、食の産業化や市場化によって食の生産・流通・販売システムが変化し、食べ物の安全性は生産者、加工業者、販売流通業者、調理者、店舗等に任されるようになり、私たち（消費者）が得る食の情報は間接的なものとなってきた。そして食の安全性の保証や食品表示・食品管理、およびそれらの正確な情報開示などは政府や行政機関によって管理されるようになってきた。

だが原発事故のような広大なしかも回復しがたい環境汚染が起きると、公的な機関による食の管理及び情報も不統一・不確実になり、人々は自分たちで食べ物に関する知識や情報を得なければならなくなってくる。けれども個人による情報収集には限界があり、また安全性に関する経験的な知識も役立たなくなっている。そこから食のケアに携わる人たちは、協同して食の安全性などの情報と知識をうるためのさまざまな手段や方法を模索するようになった。こうして食にかかわるＮＰＯなどの組織や運動が近年起こってきたのである。

フクシマにおける母親たちもこうした背景をもって立ち上がり、ネットワークを形成して、政府や行政機関に食の安全性に関しての厳格な基準値設定と管理を要請する一方、放射線量の低い食材や食品を入手するための情報収集を協同で行うようになった。この運動はその後、母親たちを超えて、空間的な広がり（広域や首都圏や全国）、主体者の変化（女性たち、男性参加、学生参加、NPOと協力など）、運動内容の変化（食に関する情報・収集、相談、学習、脱・反原発運動）など、多様な運動へと広がっているが、そこでは食に関する情報や知識の習得だけでなく、現代の産業化された食状況のなかでの食の倫理や安全性に関する制度システムのあり方も検討されているようである。こうした点でフクシマの母親運動も単に子どもたちを守る母親運動ではなく、食のケアにかかわる倫理を含む社会的運動であるといえると思う。

ところでこうした食べ物・食品の安全性を求める運動に関しては、これまでの「消費者運動」があげられよう。日本の消費者運動は母親たち、「主婦たち」によって、安全な食べ物の確保という目的をもって生まれたが、やがて主婦たち自身が営む「生活協同組合」の共同購入運動や「生活クラブ運動」などの「生活者運動」へと発展していった。この「生活者」運動はさらに、無添加・無農薬・自然食品運動などへと広がっていったが、これは、家庭用洗剤の河川汚染問題（琵琶湖の水質汚染問題）や食品のPCB問題、ゴミのダイオキシン問題などの食環境（汚染）問題が契機となったといわれている。それゆえ生活者運動とは、単に安全な食べ物を求める運動ではなく、食生活を基本とする食環境を含む生活環境全体の改革を含む生活改革運動である。その点で生活者運動は環境派エコフェミニズムと共鳴するように思う。

そうした生活者運動における生活改革運動への転換は、実は運動の担い手である主婦たち自身の意識変革によるものだったといわれている。そしてそこから「生活者」とは、「生活の基本である『食』を中心としたモノへの取り組みを通して、自分の行動に責任をもちつつ、他者との間にネットワークをつくり、『あたりまえ』の生活に対抗的な新しい生き方を創出しようとする人々」[*30]であるといわれるようになった。つまり生活者運動も単なる主婦運動でも食購入運動でもなく、環境と調和した食生活を含むライフスタイルの変革を含む環境倫理運動であるといえるだろう。

繰り返せば、フクシマの母親たちによって始められ、いまや各地域や全国の女性たちや男性たちに担われている食の安全を求める運動もまた、生活者運動と同じく、環境倫理運動といえるだろう。そこでは単に食べ物についての情報収集や食環境の改善や保護の運動ではなく、環境汚染をもたらすような科学技術・原子力技術に依存して経済的功利性や生活の利便性を追求してきたこれまでの社会のあり方や考え方、私たちの暮らし方を再考しようと模索しているからである。

おわりに

いまフクシマの放射能汚染された環境のなかの子どもたちのため、家族のため、ケアを必要としている人たちのために、母親たちを始めとして多くの人たちが食のケア情報を伝達しあっている。環境汚染に関する知識・情報もほとんどなかったミナマタと違って、フクシマでは多くの人がつながり合い、情報交換しあい、そうして知りえた食に関する情報(放射能汚染や健康被害や支援活動など)を共有しあうさまざまな運動をおこなっている。母たちの運動もそうした運動のなかに属している。そうした運動は、食というのちの営みを多くの人々とともに分けもつ〈共食〉運動ではないだろうか。それはフクシマの母たち、女性たち、食の供与者たち、そして人々が抱えている食に関する不安や「苦しみ」を、地域を超えて世界でともに分かち合う〈共生〉運動であるように思う。かつて沈黙のなかに閉ざされていたミナマタの母たちのいのちの苦しみも、そしていまフクシマの母たちや女性たちが抱えている苦しみも、こうした新たな共食と共生の運動を通して、ともに語りあえるようになることを願いたい。

【二〇一二・六・二五記】

[注]

＊1　東洋経済オンライン・ニュース（二〇一一年四月五日）より。

＊2　アドルノ「文化批判と社会」『プリズメン』より。

＊3　福島県民が事故後四か月間に受けた被曝線量について、二〇一二年五月二三日、WHOの推計発表によれば、浪江町など原発周辺では一〇～五〇ミリシーベルトmSv、それ以外の福島県は一～一〇mSv、千葉県や茨城県などの近隣五県及び他地域は〇・一～一〇mSvだった。また甲状腺被曝については、最も影響を受けやすい乳児は、浪江町で一〇〇～二〇〇mSv（事故後四か月間）、それ以外の福島県が年一〇～一〇〇mSv（飯舘・葛尾村のみ四か月間）、近隣県は年一～一〇mSvという。またフクシマの内部被曝はほとんどが食べ物経由であるとのことである。なおこの発表値について、政府は推計数値によるものだと述べている。

＊4　政府は二〇一二年版「環境・循環型社会・生物多様性白書」で「放射性物質による環境汚染は最大の環境問題」とした。

＊5　新潟水俣病を含む水俣病の補償・賠償・責任をめぐる認定・交渉や裁判は一九六九年から今日まで継続され、一九九五年一二月の和解協定（二六〇万円）で第一次政治決着したが、他の患者たちについてはその後二〇〇九年特別措置法が成立した（二一〇万円）。しかし現在も認定や救済措置をめぐって、患者たちと政府との交渉が続いている。

＊6　栗原彬（二〇〇〇）、一一頁。

＊7　同右

＊8　こうした原発を推進してきた集団は「原子力ムラ」といわれている。なお原発推進の背景には、「原子力の平和利用」による国力の維持というナショナリズムも加わっているところから、原発を支える構造は「政官財学軍」であるとの見解も多い。

＊9　原発近辺の福島県の居住地域は①帰宅困難区域（五〇mSv以上）②居住困難区域（二〇〜五〇mSv）③避難指示解除準備区域（二〇mSv以下）に区分された。

＊10　被害者への賠償は、「東京電力株式会社福島第一、第二原子力発電所事故による原子力損害の範囲の判定等に関する中間指針」（平成二三年八月五日）等によれば、事故半年間は避難者は月額一人一〇万円、その後半年間は避難形態により五〜一〇万円であった。精神的被害（慰謝料）についても事故一年後一人月額一〇万円を基準とされている。また居住制限区域（月額一人一〇万円）、帰還困難区域（一括六〇〇万円）等と分けられている。

＊11　二〇一二年六月一一日に福島県の被害者一三二四人が集団で東電と国を刑事告訴した。

＊12　放射性セシウムの基準値は一キログラムあたりのベクレル（Bq）値は一般食品一〇〇、牛乳は五〇、飲料水は一〇、乳児用食品は五〇となった。この新基準値は学校の給食に反映されねばならないと通知

された。これには年齢区分別の限度値も設定されている。なお福島県内の子どもと妊婦三〇万人に対する賠償額は一律四〇万円となっている。

＊13　原田正純（一九九六）、五七頁。

＊14　緒方正人（二〇〇一）、八頁。

＊15　福島県の発表では、原発事故後一年間で福島県内の子ども（一五歳未満）の数は一万五四九四人減り、減少数は例年の二倍以上となったとのことである『福島民報』（二〇一二年五月五日）。チェルノブイリでは原発に近い居住地にいた女子たちには二〇年後に貧血、死産、早産の多発がみられ、多くの女性がいまも避妊・中絶しているとの情報もある。

＊16　『クリティーク』12、一四六頁。

＊17　主な潮流としてはカルチュラル・エコフェミニズムとソーシャル・エコフェミニズム、唯物論的エコフェミニズムなどがあり、代表的なエコフェミニストとしてスーザン・グリフィン、キャロリン・マーチャント、イネストラ・キング、ヴァンダナ・シヴァ、マリア・ミース、カレン・ウォレン、メアリ・メラー、C・V・ヴェールホフなどがいる。

＊18　アルネ・ネスなどを代表とするエコロジー思想で、すべての生命の同等性を主張する立場から生態系の保存や環境保護を主張する。

＊19　生存活動維持のための生命の再生産を含む自然に根ざした労働を意味し、ミースなどが提唱した。

＊20　青木などの生殖技術批判論の意義については、河上（一九九八）参照。

＊21　「エコフェミ論争」は一九八〇年代に青木の女性原理論をめぐって、上野千鶴子のマルクス主義的フェミニストたちとの間で展開されたフェミニズム論争。

＊22　これらの運動を担った女性たちは自分たちの立場がエコフェミニズムであると公言していないが、思想的にはソーシャル・エコフェミニズムであるといえるであろう。

＊23　綿貫礼子（二〇一二）一八八頁。
＊24　一九九〇年代のこうした西欧のエコフェミニズムの理論発展は、奥田暁子などの翻訳によって紹介されてきたが、日本での理論発展はなかったようである。
＊25　ミース「自然を女たちの敵にしたのはだれか」『チェルノブイリは女たちを変えた』、一四四〜五頁。ヴェールホフ（二〇〇三）参照。
＊26　大橋由香子は「母として脱原発の運動をしている人たちを批判したいのではなく、母ということで括られることへの違和感が大きい」「女も（男も）多様なのに、『お母さんたちの運動』とひとまとめにして持ち上げる雰囲気に問題を感じている」という。『インパクション』一八一号、二三頁。
＊27　『クリティーク』12。このなかで加納実紀代、石塚友子、堤愛子などが母たちの運動の危うさを批判している。
＊28　ヴェールホフ「こどもを進歩のいけにえにはさせない」『チェルノブイリは女たちを変えた』八頁、三〇頁。
＊29　WAN的脱原発：「母親／女性が反／脱原発を語ること」古久保さくら、二〇一一年七月二〇日記。
＊30　天野正子、（一九九六）一三頁。

【参考文献】

アドルノ(一九九六)『プリズメン』渡辺祐邦・三原弟平訳、筑摩書房
甘蔗珠恵子(一九八七)『まだ、まにあうのなら』地湧社
天野正子(一九九六)『「生活者」とはだれか』中公新書
淡路剛久・植田和弘・川本隆・長谷川公一編(二〇〇五)『生活と運動』有斐閣
クラウディア・フォン・ヴェールホフ(二〇〇三)『自然の男性化/性の人工化』加藤耀子・五十嵐蕗子訳、藤原書店
緒方正人(二〇〇一)『チッソは私であった』葦書房
マリーナ・ガムバロフ他(一九八九)『チェルノブイリは女たちを変えた』グルッペGAU訳、社会思想社
レオニー・カルディコット、ステファニー・ルランド(一九八九)『地球の再生』奥田暁子・鈴木みどり訳、三一書房
河上睦子(一九九八)「生殖技術への視座―エコ・フェミニズムを中心に」『相模女子大学紀要』六一号
河上睦子(二〇〇三)「環境倫理思想としてのエコフェミニズム」『季報 唯物論研究』八五号
河上睦子(二〇〇三)「日本におけるエコフェミニズム理論の問題と可能性」『エコフェミニズムの可能性』天理大学おやさと研究所編
河上睦子(二〇〇四)「技術主義と心身のゆくえ―繋がりを求めて」『人間社会研究』創刊号、相模女子大学人間社会学科編
栗原彬(二〇〇〇)『証言 水俣病』岩波新書
近藤和子・鈴木裕子編(一九九一)『おんな・核・エコロジー』オリジン出版センター
佐藤慶幸(一九九六)『女性と協同組合の社会学』文眞堂
I・ダイヤモンド、G・F・オレンスタイン(一九九四)『世界を織りなおす』奥田暁子・近藤和子訳、学藝

書林
長谷川公一編（二〇〇一）『講座・環境社会学』第四巻、有斐閣
原田正純（一九九六）『胎児からのメッセージ』実教出版
マリア・ミース（一九九七）『国際分業と女性』奥田暁子訳、日本経済評論社
綿貫礼子編（一九八七）『廃炉にむけて』新評論
綿貫礼子・上野千鶴子（一九九六）『リプロダクティブ・ヘルスと環境』工作舎
綿貫礼子編（二〇一二）『放射能汚染が未来世代に及ぼすもの』新評論
『インパクション』一八〇号（二〇一一・六）、一八一号（二〇一一・八）
『クリティーク』12号、（一九九八）、青弓社
ウィメンズ・アクション・ネットワーク（Women's Action Network）のホームページ

あとがき

「食の思想」について関心をもつようになったのは、十数年前に、勤務先の大学で、「痩せ願望」や「拒食症」などをはじめとした女子学生たちの悩みに出あったことからでした。彼女たちの第一の関心は「美容」「友だち」にあるようでしたが、とくに前者については「肥満のおそれ」と一体となって食生活に集められていました。毎日せんべいやサラダばかりを食べているとか、拒食症寸前の食べ方（食べて吐く）をしているとかを知って、「食べることとはどういうことか」と考えるようになりました。おりしも「草食系男子」「肉食系女子」とか、食とジェンダーを結びつける社会的風潮がでてきたことにも興味をおぼえ、「食」をめぐる心身問題、人間関係や倫理問題についても考えるようになり、「食」に関する哲学や倫理を主題とした講義をするようになりました。

他方で、わたしのライフワークであるフォイエルバッハ研究で、彼の感性哲学のなかの「食」の位置づけや、彼の有名な言葉「人間とは食べるところのものである」についての解釈の時宜的必要性を感じるようになり、その前提として、西洋の食の思想の研究をはじめました。そうして、「放送大学（東京文京学習センター）」での『食の思想』講義シリーズや公開講座で食について講義するようになり、日本と西洋の食の思想について、本格的に研究するようになりました。しかし日本には食の思想の研究書がほとんどありませんでしたので、自分なりに、思想史的観点から研究をおこなってきました。

本書は、哲学や社会倫理思想の観点からの食の思想書であり、今日の食の倫理についての問題提起にすぎません。わたしは、「食（食物・食品・栄養・料理）」についての専門家ではありませんので、それらの専門的な知識において不十分さを含んでいると思います。また日本の食文化史については知識の欠如や誤解があろうかと思います。どうぞ浅学の私の知識の不足・不備に関しましては、ご指摘およびご教授いただきますようにお願い申し上げます。

本書は補論を除き、すべて書き下ろしですが、執筆の下地になった論稿および講演・講義は、以下の通りです。こうした講義や講演の機会を与えてくださった方々への感謝をこめて、ここにあげさせていただきます。

［補論］

（1）食文化からみる近代日本の西洋化―福澤諭吉と森鷗外の西洋食論―

『戦争と近代』石塚・工藤・中島・山家編著、社会評論社、二〇一一

（2）「食」をめぐる「母たちの苦しみ」―フクシマとミナマタ―
『希望の倫理―自律とつながりを求めて』岡野・奥田編、知泉書館、二〇一二

［拙著］
・「〈感性〉と〈食〉の哲学」『人間社会研究』第7号、相模女子大学人間社会学部、二〇一〇
・「現代日本の〈食とジェンダー〉」『危機からの脱出』伊藤誠・本山美彦編、御茶の水書房、二〇一〇
・「西洋における食の思想―節制・宴会・肉食・美食―」『相模女子大学紀要』vol.75A 二〇一一
・「〈食の思想〉研究―宮澤賢治のベジタリアニズム―」西洋思想研究会、二〇一二
・「〈和食〉と〈文化遺産〉」『倫理学研究』vol.6 お茶の水女子大学哲学会（哲学倫理学研究会）、二〇一四
・「和食とイデオロギー」『季報 唯物論研究』第一二六号、同刊行会、二〇一四

［インタビュー記事］
・「食と感性の思想」女子栄養大学栄養クリニック『GOHAN』vol.2 二〇一二

［学会報告］
・「食の人間学」総合人間学会・関東談話会 二〇一三年二月一五日
・「食の哲学（フォイエルバッハ）」総合人間学会第8回大会（名古屋学院大学）、二〇一三年六月八日
・「フォイエルバッハ後期思想の可能性」日本ヘーゲル学会第一九回研究大会シンポジウム（明治学院大学）、二〇一四年六月一五日

［食に関する講座・講演］
・放送大学：東京文京学習センター：「食の思想」講義シリーズ　二〇一一〜二〇一四
・相模女子大学春季公開講座　「食べることの思想」二〇一一年六月一一日〜七月一六日
・秋季さがみアカデミー講座（相模女子大学主催）「哲学への誘い―食の哲学入門」、二〇一二、「思想家たちの食の生き方」、二〇一三。
・文京アカデミア講座「思想家たちは『食』をどう捉えたか」二〇一三年二月六日〜三月六日
・千住アートメチエ文化教養講座　第四回「食の記号学」二〇一三年二月二三日
・地域アソシエーション研究所講演「〈和食〉とイデオロギー」二〇一四年五月二四日
記録「フォイエルバッハと〈食の思想〉」『地域　アソシエーション』No.121、二〇一四年七月一〇日発行

最後になりますが、今日の厳しい出版事情のなかで、わたしの執筆を温かいまなざしで応援してくださりこの本を出版してくださった社会評論社の松田健二社長と、編集の梶野宏さまに、心よりお礼を申し上げます。

二〇一四年　秋

河上睦子

綿貫礼子編『廃炉にむけて』新評論、1987
綿貫礼子・上野千鶴子『リプロダクティブ・ヘルスと環境』工作舎、1996
綿貫礼子編『放射能汚染が未来世代に及ぼすもの』新評論、2012
ワーグナー「宗教と芸術」『ワーグナー著作集5』三光長治監修、第三文明社、1998
ワルター・ヴァンダーエイケン、ロン・ヴァン・デート『拒食の文化史』野上芳美訳、青土社、1997
ジェームズ・ワトソン『マクドナルドはグローバルか』前川啓示・竹内惠行・阿部曜子訳、新曜社、2003

[参考HP]
農林水産省:「食文化」「食料産業」などの食に関するホームページ
日本生活協同組合連合会 HP　http://jccu.coop/
生活クラブ HP　http://www.seikatsuclub.coop/
関西よつ葉連絡会　http://www.yotuba.gr.jp
ウィメンズ・アクション・ネットワーク　http://wan.or.jp/

599、2003
柳沢桂子『いのちと放射能』ちくま文庫、2007
矢谷慈國・山本博史編『食の人間学』ナカニシヤ出版、2002
山内昶『食の歴史人類学』人文書院、1994
山上徹『食文化とおもてなし』学文社、2012
山下政三『鷗外森林太郎と脚気紛争』日本評論社、2008
横山道史「日本におけるフェミニズムとエコロジーの不幸な遭遇について」『技術マネジメント研究』第6巻、横浜国立大学技術マネジメント研究学会、2007
吉田勉監修『私たちの食と健康』三共出版、2011
デボラ・ラプトン『食べることの社会学』無藤隆・佐藤恵理子訳、新曜社、1999
Deborah Lupton : *Food,the Body and the Self,* London1996
ジョージ・リッツア『マクドナルド化する社会』正岡寛司監訳、早稲田大学出版、1999（2004）
ジョージ・リッツア、丸山哲央編著『マクドナルド化と日本』ミネルヴァ書房、2003
ジャン＝フランソワ・ルヴェル『美食の文化史』福永淑子・鈴木晶訳、筑摩書房、1989
ルソー『人間不平等起源論』本田喜代治訳、岩波文庫、1972
レーヴィット「日本の読者に寄せる後記」—「ヨーロッパのニヒリズム—欧州大戦の精神史的序論」の付記文『思想』1940年9～11月
グリモ・ドゥ・ラ・レニエール『招客必携』伊藤文訳、中央公論社、2004
アントニー・ローリー『美食の歴史』池上俊一監修、富樫 瓔子訳、創元社、2007（1996）
ブリュノ・ロリウー『中世ヨーロッパ　食の生活史』吉田春美訳、原書房、2003
A・W・ローグ『食の心理学』木村定訳、青土社、1994
ポール・ロバーツ『食の終焉』神保哲生訳、ダイヤモンド社、2012
鷲田清一編著『食は病んでいるか』KK ウェッジ、2003

南直人「ドイツにおける食品監視体制の成立と近代的食システムへの道」『京都橘大学研究紀要』No35、2008
宮崎正勝『知っておきたい食の世界史』角川ソフィア文庫、2006（2008）
宮崎正勝『知っておきたい味の世界史』角川ソフィア文庫、2008
宮崎正勝『知っておきたい食の日本史』角川ソフィア文庫、2009
宮澤賢治『宮澤賢治　近代と反近代』洋々社、1991
宮澤賢治「ビヂテタリアン大祭」『全集』9巻、筑摩書房、1995
宮澤賢治「一九三一年度極東ビヂテリアン大会見聞録」『【新】校本宮澤賢治全集』第十巻、（童話Ⅲ、本文編）、筑摩書房、1995
宮澤賢治「フランドン農学校の豚」『新編　風の又三郎』新潮文庫、新潮社、2001
宮澤賢治『【新】校本宮澤賢治全集』第15巻、（書簡、本文編）、筑摩書房、1995。
宮下規久朗『食べる西洋美術史』光文社新書、2007
牟田和恵『戦略としての家族』新曜社、1996
村井弦斎『食道楽　上下』岩波文庫、2005
村井吉敬『エビと日本人Ⅰ』1988、『エビと日本人Ⅱ』岩波新書、2007
村瀬学『「食べる」思想』洋泉社、2010
村田武編著『食料主権のグランドデザイン』農文協、2011
村田泰子「栄養とめぐる知とジェンダー」『京都社会学年報』第8号、2000
村田泰子「栄養と権力」『ソシオロジ』45（3）、2001
森枝卓士・南直人『新・食文化入門』弘文堂、2004
森鷗外「日本兵食論大意」他『森鷗外全集』第28巻、岩波書店、1974
メラー、メアリ『境界線を破る!』新評論、1993
スティーブン・メネル『食卓の歴史』北代美和子訳、中央公論社、1989
J・モレスホット『市民のための食物学』井上剛輔訳、創英社／三省堂書店、2011
マッシモ・モンタナーリ『ヨーロッパの食文化』山辺規子・城戸照子訳、平凡社、1999
安田節子『消費者のための食品表示の読みかた』岩波ブックレット

ピエール・ブルデュー『ディスタンクション』Ⅰ・Ⅱ、石井洋二郎訳、藤原書店、1990（1991）
ウーテ・フレーフェルト『ドイツ女性の社会史』晃洋書房、1990
カルロ・ペトリーニ『スローフード・バイブル』中村浩子訳、NHK 出版、2002
カルロ・ペトリーニ『スローフードの奇跡』石田雅芳訳、三修社、2009
ガブリエラ・ヘルペル『修道院の食卓』、ペーター・ゼーヴァルト編、島田道子訳、創元社、2010
星敦、本郷正武「スローフード運動における良心的支持者」『甲南大学紀要』文学編 151、2008
本間千枝子・有賀夏紀『世界の食文化―アメリカ』農文協、2004
『崩食と放食― NHK 日本人の食生活調査から』NHK 放送文化研究所、2006
マイケル・ポーラン『雑食動物のジレンマ　上・下』ラッセル秀子訳、東洋経済新聞社、2009
枡潟俊子他編『食・農・からだの社会学』新曜社、2002（2006）
増成隆士・川端晶子編著『美味学』建帛社、1997
増成隆士「食べることの認識論と存在論」「食の思想」『講座　食の文化　第 6 巻』石毛直道監修、味の素食の文化センター、1998
松田誠「森鷗外からみた高木兼寛」『慈恵医大誌』117、2002
松永澄夫『「食を料理する」哲学的考察』東信堂、2003
ワンガリ・マータイ『モッタイナイで地球は緑になる』木楽舎、2005
見田宗介『現代社会の理論』岩波新書、1996
南直人『ヨーロッパの舌はどう変わったか』講談社、1998（2000）
南直人「食事作法の変遷」『Vesta』No.41、味の素文化研究所、2001
南直人『世界の食文化　ドイツ』農山漁村文化協会、2003
南直人「食をめぐる身体の規律化の進展 - 近代ドイツにおける栄養学と食教育」『身体と医療の教育社会史』持田幸夫・田村栄子編、昭和堂、2003
南直人「日本における西洋の食文化導入の歴史」『国際研究論叢』18 巻 1 号、大阪国際大学紀要、2004

藤野恭男「青年期男子における摂食障害心性とジェンダーアイデンティティの関連について」『臨床教育心理学研究』Vol.29-1、2003
藤原辰史『ナチス・ドイツの有機農業』柏書房、2005
藤原辰史『カブラの冬』人文書院、2011
藤原辰史『ナチスのキッチン』水声社、2012
舟田詠子『パンの文化史』朝日選書、1998
古沢広祐「スローフード論の原点と現代的意義」『農業と経済』69-1、2003
ポール・フィールドハウス『食と栄養の文化人類学』和仁皓明訳、中央法規、1991（1997）
L・フェーヴル、G・デュビィ、A・コルバン『感性の歴史』小倉孝誠編集、大久保康明・小倉孝誠・坂口哲啓訳、藤原書店、1997
リュックス・フェリ『エコロジーの新秩序』加藤宏幸訳、法政大学出版局、1994
L.フォイエルバッハ『フォイエルバッハ全集』第3・13・14巻、舩山信一訳、福村出版、1973-6
H・フォッケ、U・ライマー『ヒトラー政権下の日常生活』山本尤他訳、社会思想社、1984
フーコー『性の歴史Ⅱ　快楽の活用』田村俶訳、新潮社、1986
フーコー『自己のテクノロジー』田村俶訳、岩波書店、1990
プラトン『プラトン全集』第5巻「（田中美知太郎訳）・第9巻（加来彰俊訳）、第11巻（藤沢令夫訳）、岩波書店、2005
J・L・フランドラン、M・モンタナーリ編『食の歴史』（Ⅰ・Ⅱ・Ⅲ）、宮原信・北代美和子監訳、藤原書店、2006
プルタルコス『食卓歓談集』柳沼重剛編訳、岩波文庫、1987（2010）
H・P・ブロイエル『ナチ・ドイツ清潔な帝国』大島かおり訳、人文書院、1983
ロバート・N・プロクター『健康帝国ナチス』宮崎尊訳、草思社、2003
ジャン・ブラン『エピクロス哲学』有田潤訳、白水社（文庫クセジュ）1960（1975）
フランクル『夜と霧』霜山徳爾訳、みすず書房、1985

会がわかる』青弓社、2009
原田信男『和食とはなにか』角川ソフィア文庫、2014
原田正純『胎児からのメッセージ』実教出版、1996
原田泰「国内外の環境問題のとりくみ インド環境保護運動 - チプコ運動のメッセージ」『人間と環境』環境科学総合研究会、1998
速水健朗『フード左翼とフード右翼』朝日新書、2014
マーヴィン・ハリス『食と文化の謎』板橋作美訳、岩波書店、2001（2010）
ラジ・パテル『肥満と飢餓』佐久間智子訳、作品社、2010
ロラン・バルト『バルト、〈味覚の生理学〉を読む』松島征訳、みすず書房、1895
ジャック・バロー『食の文化史』山内昶訳、筑摩書房、1997
廣瀬純『美味しい料理の哲学』河出書房新社、2005
ヒポクラテス「食餌法について」大槻真一郎編・監訳『ヒポクラテス全集』第二巻、エンタプライズ、1987
ジェフリー・M・ピルチャー『食の500年史』伊藤茂訳、NTT出版、2011
福岡伸一『生命と食』岩波ブックレット、2009（2008）
福澤諭吉:『福澤諭吉全集』第8・20巻、慶応義塾、岩波書店、8：1969、20：1963（1971）
福田育弘「構造としての飲食」『早稲田大学教育学部、学術研究（外国語・外国文学編）』第53号、2005。
福田育弘『飲食というレッスン』三修社、2007.
福田靖子・小川信子編『食生活論』朝倉書店、2007
伏木亨編『味覚と嗜好』（食の文化フォーラム24） 財団法人味の素食の文化センター企画、ドメス出版、2006
伏木亨『人間は脳で食べている』ちくま新書、2005
伏木亨・山極寿一『いま「食べること」を問う』農山漁村文化協会、2006
伏木亨『味覚と嗜好のサイエンス』丸善、2008
藤井義博「食事療法の歴史的意味 - 序」『藤女子大学紀要』40、Ⅱ 7-12、2002

(54)、2012
中島義明・今田純雄『人間行動学講座２　食べる―食行動の心理学』朝倉書店、1996
中村璋八監修『禅と食の対話』ドメス出版、2001
中村麻里「シンボルとしてのスローフード」『食文化から社会が分かる』原田信夫ほか、青弓社、2009
中村靖彦『食の世界にいま何がおきているか』岩波新書、2002（2003）
中野孝次『清貧の思想』文春文庫、1996
七沢潔『チェルノブイリ食糧汚染』講談社、1988
ロデリック・F・ナッシュ『自然の権利』岡崎洋監修・松野弘訳、TBSブリタニカ、1993
日生協創立50周年記念歴史編纂委員会『現代日本生協運動史 上・下』日本生活協同組合連合会、2002
西村貴裕「ナチス・ドイツの動物保護法と自然保護法」『人間環境論集５』人間環境大学、2006
日本感性工学会・感性哲学部会事務局編『感性哲学１』、東信堂、2001
日本消費者連盟編『食料主権』緑風出版、2005
21世紀研究会編『食の世界地図』文春新書、2004（2008）
マリネン・ネスル『フード・ポリティクス』三宅真季子訳、新曜社、2005
芳賀登・石川寛子監修『全集　日本の食文化8』雄山閣出版、1997
萩原なつ子「エコフェミニズム」奥田暁子他編『概説フェミニズム思想史』ミネルヴァ書房、2003
橋本慶子・下村道子・島田淳子編『調理科学講座７　調理と文化』朝倉書店、1993
長谷川公一編『講座・環境社会学　第４巻』、有斐閣、2001
畑中三応子『ファッションフード、あります』 紀伊国屋書店、2013
原田信男『歴史のなかの米と肉』平凡社選書、1993
原田信男『和食と日本文化』小学館、2005
原田信男『食べるって何？』ちくまプリマー新書（筑摩書房）、2008
原田信男、江原絢子、竹内由紀子、中村麻里、矢野敬一『食文化から社

クロード・ダヴィド『ヒトラーとナチズム』長谷川公昭訳、白水社、文庫クセジュ、1971（1979）
カタジーナ・チフィエルトカ「食の近代化と軍隊食」『Vesta 27』、1997
カタジーナ・チフィエルトカ「近代日本の食文化における「西洋」の受容」『全集　日本の食文化８』芳賀登・石川寛子監修、雄山閣出版、1997
鶴田静『ベジタリアンの文化誌」晶文社、1988（中公文庫、2002）
鶴田静『ベジタリアンの世界』人文書院、1997
鶴田静『ベジタリアン宮澤賢治』晶文社、1999
鶴見良行『バナナと日本人』岩波新書、1982（1993）
暉峻淑子『豊かさとは何か』岩波新書、1989
徳冨蘆花『蘆花全集』第４巻、新潮社、1924
都甲潔編『食と感性』光琳、1999
都甲潔『感性の起源』中公新書、2004
富沢賢治編『非営利・協同セクターの理論と現実』日本経済評論社、1997
富田仁『渡来食はじまり紀行』農文協、1991
外山紀子『発達としての共食』新曜社、2008
トルストイ『菜食論と禁酒論』石田三治訳、春秋社、1923
トルストイ『人生論』米川和夫訳、角川文庫、1948（2011）
トルストイ『トルストイ全集 14 宗教論（上）』中村白葉・中村融訳、河出書房新社、1973
トルストイ『トルストイ全集　別巻：トルストイ研究』河出書房新社、1978
道元『典座教訓・赴粥飯法』中村璋八・石川力山・中村信幸全訳注、岩波文庫、1991（2013）
ジョゼフィン・ドノヴァン『フェミニストの理論』小池和子訳、勁草書房、1987
内藤道夫『ワインという名のヨーロッパ』八坂書房、2010
中井久夫『分裂症と人類』UP 選書、東京大学出版会、1982
中川亜希子「ドイツにおける動物保護の変遷と現状」『四天王寺大学紀要』

ペーター・ゼーヴァルト編ガブリエラ・ヘルペル著『修道院の食卓』島田道子訳、創元社、2010
祖田修・八木宏典『人間と自然—食・農・環境の展望』放送大学教材、2003
ソーロー『森の生活』神吉三郎訳、岩波文庫、1995
高木和男『食と栄養学の社会史』科学資料研究センター、1978
高木和男『食からみた日本史』芽ばえ社、1997
高木仁三郎・渡辺美紀子『食卓にあがった放射能』七つ森書館、2011
高田公理／嗜好品文化研究会編『嗜好品文化を学ぶ人のために』世界思想社、2008
高橋久仁子『「食べもの神話」の落とし穴』講談社（ブルーバックス)、2003
高橋亮・西成勝好「おいしさのぶんせき」日本分析化学会、2010
高橋正郎監修、豊川裕之・安村碩之編集『食生活の変化とフードシステム』(フードシステム学全集第2巻)、農林統計協会、2001
田上孝一『実践の環境倫理学』時潮社、2006
田口昭典『賢治童話の生と死』洋々社、1987
竹井恵美子『食とジェンダー』ドメス出版、2000
竹沢克夫『宮澤賢治解読』彩流社、1994
竹下数馬「ビヂテリアン」『宮澤賢治研究資料集成』第7巻、日本図書センター、1990
田島正樹「ビジテリアンのイデオロギーとユトピア—宮澤賢治『ビジテリアン大祭』をめぐって—」『宮澤賢治研究 Annual』第17号、2007
伊達一男『医師としての森鷗外』績文堂、1981（1989）
田中末男「宮澤賢治と菜食主義」『朝日大学一般紀要』No33、2007
玉村豊男『食卓は学校である』集英社、2010
田村雲供『近代ドイツ女性史』阿吽社、1998
丹下和彦『食べるギリシア人』岩波書店、2012
ターナー『身体と文化』小口信吉ほか訳、文化書房博文社、1999
B. S. Turner, The Body and Society, London 1996.
レイ・タナヒル『美食のギャラリー』栗山節子、八坂書房、2008

島崎隆「断食の思想と科学」『一橋大学研究紀要・社会学研究』33、1994
島薗順雄『栄養学の歴史』朝倉書店、1989
島村菜津『スローフードな人生』新潮文庫、2009
清水多吉『西周』ミネルヴァ書房、2010
霜山徳爾「味味覚と人間」『霜山徳爾著作集3』学樹書院 、2001
食文化誌『Vesta』（No40-43）第1回～第4回　味の素文化研究所、2000-2001
フレデリック・J・シムーンズ『肉食タブーの世界史』山内昶監訳、法政大学出版局、2001
ヴァンダナ・シヴァ『生きる歓び』熊崎実他訳、築地書店、1994
ヴァンダナ・シヴァ『食糧テロリズム』浦本昌紀監訳・竹内誠也・金井塚務訳、明石書店、2006
ヴァンダナ・シヴァ『アース・デモクラシー』山本則雄訳、明石書店、2007
ヴォルフガング・シヴェルブシュ『楽園・味覚・理性』（嗜好品の歴史）、福本義憲訳、法政大学出版局、1988（2007）
パトリス・ジェリネ『美食の歴史200年』北村陽子訳、原書房、2011
「食とは何か」『環』16、藤原書店、2004
ジョゼフ・R・デ・ジャルダン『環境倫理学』新田功・生方卓・藏本忍・大森正之訳、人間の科学新社、2005
カール・シュッデコプフ『ナチズム下の女たち』未来社、1988
リック・シュローサー『ファストフードが世界を食いつぶす』楡井浩一訳、草思社、2001
ピーター・シンガー『動物の解放』戸田清訳、技術と人間、1988
G・ジンメル「食事の社会学」『社会学の根本問題（個人と社会）』居安正訳、世界思想社、2004
末次勲『菜食主義』丸ノ内出版、1983
杉晴夫『栄養学を拓いた巨人たち』講談社、2013
レベッカ・L・スパング『レストランの誕生』小林正己訳、青土社、2001

保孝明他訳、藤原書店、1997
雑賀恵子『快楽の効用』ちくま新書、2010
斎藤知正「典座教訓についての一考察」『仏教経済研究 14』駒沢大学仏教経済研究所、1985
斎藤知正「食の哲学」『仏教経済研究』、1982
斎藤美奈子『戦火のレシピ』岩波書店、2002（2009）
佐伯マオ『偉人・天才たちの食卓』徳間書店、1991
坂内正『鷗外最大の悲劇』新潮選書、2001
榊田みどり「なぜ食の安全を脅かす事件が続出するか」『唯物論研究』No.106、2008
桜澤如一『戦争に勝つ食べ物』大日本法令出版株式会社、1940
桜澤如一『新食養療法』同光社磯部書房　1953
佐々木博康「カフカの『断食芸人』」『大分大学教育福祉科学部研究紀要』第 35 巻第 2 号、2013
佐々木陽子「パンドラの箱をあけてしまった『食育基本法』」『福祉社会学部論集』24（4）、鹿児島国際大学、2006
佐藤昂『いつからファストフードを食べてきたか』日経 BP 出版センター、2003
佐藤隆房『新版　宮沢賢治』冨山房、1994
佐藤慶幸・天野正子・那須壽編著『女性たちの生活者運動』マルジュ社、1995
佐藤慶幸『アソシエーティブ・デモクラシー』有斐閣、2007
鯖田豊之『肉食の思想』中公新書、1966（2008）
澤柳大五郎新輯『鷗外箚記』小澤書店、1989
ボリア・サックス『ナチスと動物』関口篤訳、青土社、2002
ブリア・サヴァラン『美味礼讃』上下、関根秀雄・戸部松実訳、岩波文庫、1967（1993）
塩田正志「科学としての『美食学』体系化のための一方法論」『亜細亜大学経営論集』26（1/2）、1990
渋川祥子「くらしの中での食の位置づけ」『月刊　学術の動向』2011 年 11 月号

北岡正三郎『物語　食の文化』中公新書、2011
北山晴一『美食の社会史』朝日新聞社、1991
木村修一・山口貴久男・川端晶子編著『環境調理学』建帛社、1997
共同通信社編『進化する日本の食』PHP 新書、2009
栗本昭『21 世紀の新協同組合原則』コープ出版、2006
熊倉功夫・石毛直道編『食の思想』ドメス出版、1992
熊倉功夫『文化としてのマナー』岩波書店、1999
熊倉功夫『日本料理文化史』人文書院、2002
熊倉功夫「日本の伝統的食文化としての和食」『和食文化テキスト』農林水産省 : HP 、2012/3/1
栗原彬『証言　水俣病』岩波新書、2000
桑子敏雄『感性の哲学』NHK ブックス、2001
グイド・クノップ『アドルフ・ヒトラー』高木玲訳、原書房、2004
ウォルター・グラットザー『栄養学の歴史』水上茂樹訳、講談社サイエンティフィク、2008
ロベール・J・クールティーヌ『味の美学』黒木義典訳、白水社（文庫クセジュ）、1970（1976）
河野友美『食べものからみた聖書』日本基督教団出版局、1984
『講座　精神の科学 5（食・性・精神）』岩波書店、1983
小阪国継『環境倫理学ノート』ミネルヴァ書房、2003
小林俊明「フランツ・カフカの『断食芸人』試論」『東海大学紀要 文学部』22、1974
小堀桂一郎『若き日の森鷗外』東京大学出版会、1969
小松正之『日本の鯨食文化』祥伝社、2011
近藤和子・鈴木裕子編『おんな・核・エコロジー』オリジン出版センター、1991
ジャン＝フランソワ・ゴーティエ『ワインの文化史』八木尚子訳、白水社、1998
ジャン＝クロード・コフマン『料理をするとはどういうことか』保坂幸博・マリーフランス・デルモン訳、新評論、2006
アラン・コルバン、L・フェーヴル他『感性の歴史』小倉孝誠編・大久

蒲原聖可『ベジタリアンの健康学』丸善ライブラリー、1999

蒲原聖可『ベジタリアンの医学』平凡社新書、2005

樺山紘一『食は文化なり』川崎市民アカデミーブックレット、2000

河上睦子『フォイエルバッハと現代』御茶の水書房、1997

河上睦子「環境倫理思想としてのエコフェミニズム」『季報唯物論研究』第 85 号、2003

河上睦子『宗教批判と身体論』御茶の水書房、2008

河上睦子「現代日本の〈食とジェンダー〉」、伊藤誠・本山美彦編『危機からの脱出』御茶の水書房、2010

河合利光編著『比較食文化論』建帛社、2000

川越修他『近代を生きる女たち』未来社、1990

川端晶子「食の感性哲学」『日本調理科学会誌』Vol.35 No.3、2002

川端晶子『いま蘇るブリア・サヴァランの美味学』東信堂、2009

川村邦光「洋食とは何か ?」『vesta』72 号、味の素食の文化センター、2008

甘蔗珠恵子『まだ、間に合うのなら』地湧社、2006

レオン・R・カス『飢えたる魂』工藤政司訳、法政大学出版局、2002

カフカ「断食芸人」『変身・断食芸人』山下肇・山下萬里訳、岩波書店、1958（2012）

ダナ・R・ガバッチア『アメリカ食文化』伊藤茂訳、青土社

David M. Kaplan : The Philosophy of Food,Berkeley, 2012

ジャック・カボー『シモーヌ・ヴェーユ　最後の日々』山崎庸一郎訳、みすず書房、2009（新装版）

マリーナ ガムバロフ、アネグレート シュトプチェク、マリア ミース、クラウディア・V・ヴェールホーフ『チェルノブイリは女たちを変えた』グルッペ GAU 訳、社会思想社、1989

レオニー・カルディコット、ステファニー・ルランド『地球の再生』奥田暁子・鈴木みどり訳、三一書房、1989

カント『カント全集 15 人間学』渋谷治美、高橋克也訳、岩波書店、2003

菊池俊夫『食の世界』二宮書店、2002（2004）

大越愛子『フェミニズム入門』ちくま新書、1996
大嶋茂男『永続経済と協同組合』大月書店、1998
大塚滋『パンと麺と日本人』集英社、1997
大塚滋「文明開化と西洋料理」『日本の食事文化』石毛直道監修、熊倉功夫編集、味の素食の文化センター、1999
大平健『食の精神病理』光文社、2003
岡屋昭雄「宮澤賢治論」『香川大学一般教育研究』43 号、1993
奥田和子『なぜ食べるのか—聖書と食』日本キリスト教団出版局、2002
奥田和子『食べること　生きること』編集工房ノア、2003
奥田和子「聖書は肉食をどう扱っているか」『甲南女子大学研究紀要・人間科学編』43、2007
岡田哲編『食の文化を知る辞典』東京堂出版、1998
表真美『食卓と家族』世界思想社、2010
小原秀雄監修『環境思想の系譜 3　環境思想の多様な展開』東海大学出版会、1995
尾関周二編『環境哲学の探求』大月書店、1996
尾関周二『エコフィロソフィーの現在』大月書店、2001
尾関周二・亀山純生・武田一博・穴見愼一編著『〈農〉と共生の思想』農林統計出版、2011
尾関周二・武田一博編『環境哲学のラディカリズム』学文社、2012
ミシェル・オンフレイ『哲学者の食卓』幸田礼雅訳、新評論、1998
貝原益軒『養生訓・和俗童子訓』石川謙編纂、岩波文庫、1961
香川綾・小原秀雄・柴田義松・岩城正夫『暮らしに内なる自然を』群羊社、1986
角田尚子「ベジタリアンを取り巻く日本的状況—食育思想と近親者からの干渉—」『仏教大学大学院紀要　社会学研究科編』第 39 号、2011
加藤周一『日本文学史序説』 下、ちくま学芸文庫、1999
金戸清高「宮沢賢治『ビヂテリアン大祭』論（一）」『九州ルーテル学院大学紀要』VISIO 41、 2011
鎌田東二「宮澤賢治における食と生命」鈴木貞美編『大正生命主義と現代』河出書房新社、1995

石毛直道『食の文化を語る』ドメス出版、2009
石毛直道監修『講座食の文化第1巻　人類の食文化』味の素食の文化センター、1998
伊勢田哲治『動物からの倫理学入門』名古屋大学出版会、(2008) 2010
板谷栄城『素顔の宮澤賢治』平凡社、1992
井上忠司・石毛直道編『食事作法の思想　食の文化フォーラム』ドメス出版、1990
岩崎正弥「悲しみの米食共同体」池上甲一他『食の共同体』ナカニシヤ出版、2008
岩田規久男『経済学を学ぶ』ちくま新書、1994
今井佐恵子「森鷗外の日本兵食論とドイツ人医師のみた明治時代の日本人の食生活」『同志社女子大学生活科学』Vol.35　2001
今井佐恵子「森鷗外と福澤諭吉の食生活論」『京都短期大学論集』30-1、京都創成大学、2002
今田純雄『食行動の心理学』培風館、1997
今田純雄『食べることの心理学』有斐閣選書、2005
イアンブリコス『ピタゴラス的生き方』水地宗明訳、京都大学学術出版会、2011
臼井隆一郎『コーヒーが廻り世界史が廻る』中公新書、1992 (2007)
臼井隆一郎『パンとワインを巡り神話が巡る』中公新書、1995
海野弘『ダイエットの歴史』新書館、1998
江原絢子『家庭料理の近代』吉川弘文館、2012
江原絢子・石川尚子『日本の食文化』アイ・ケイコーポレーション、2009
江原由美子・山崎敬一編『ジェンダーと社会理論』、有斐閣、2006
クラウス・エーダー『自然の社会化』寿福真美訳、法政大学出版局、1992
エラスムス「子供の礼儀作法についての覚書」『エラスムス教育論』中城進訳、二瓶社、1994
ノルベルト・エリアス『文明化の過程』赤井慧爾・中村元保・吉田正勝訳、法政大学出版局、1977 (1998)

参考文献

浅井貞夫『軍医鷗外森林太郎の生涯』教育出版センター、1986
浅野千恵『女はなぜやせようとするのか―摂食障害とジェンダー』勁草書房、1996
阿部謹也『社会史とは何か』筑摩書房、1989
安部軍治『徳富蘆花とトルストイ』彩流社、1989
阿部良男『ヒトラーを読む3000』刀水書房、1995
天笠啓祐『世界食料戦争』緑風出版、2004
天野正子『「生活者」とはだれか』中公新書、1996
淡路剛久・植田和弘・川本隆・長谷川公一編『生活と運動』有斐閣、2005
キャロル・J・アダムス『肉食という性の政治学』鶴田静訳、新宿書房、1994
アテナイオス『食卓の賢人たち』柳澤重剛訳、岩波文庫、1992（2010）
アテナイオス『食卓の賢人たち』①～⑤、柳澤重剛訳、京都大学学術出版会、1997-2004
アドルノ『プリズメン』渡辺祐邦、三原弟平訳、筑摩書房、1998
アリストテレス「ニコマコス倫理学」他『全集3・6・11・13』岩波書店、1968―（1994―）
生田哲『心の病は食事で治す』PHP新書　2005
生松敬三『森鷗外』東京大学出版会、（1958）1964
池上甲一、岩崎正弥、原山浩介、藤原辰史『食の共同体』ナカニシヤ出版、2008
池上良正他編集『岩波講座・宗教7　生命』岩波書店、2004
井佐恵子「森鷗外と福澤諭吉の食生活論」『京都短期大学論集』30-1、京都創成大学、2002
石川寛子・江原絢子編著『近現代の食文化』アイ・ケイコーポレーション、2002
石毛直道『食卓文明論』中公叢書、2005

れ

ろ

わ

へ

ほ

そ

た

す

せ

き

索 引

河上睦子（かわかみ　むつこ）

相模女子大学名誉教授。現　放送大学・大妻女子大学等非常勤講師。
哲学・社会倫理思想。博士（文学）。

【著書等】『宗教批判と身体論』（御茶の水書房、2008）『フォイエルバッハと現代』（御茶の水書房、1997）『戦争と近代』（共著、社会評論社、2011）「〈女性・身体・自然〉への現代的視角」（『社会思想史研究』27、2003）ほか。

いま、なぜ食の思想か
——豊食・飽食・崩食の時代——

2015年1月10日　初版第1刷発行

著　者——河上睦子
装　幀——中野多恵子
発行人——松田健二
発行所——株式会社 社会評論社
東京都文京区本郷 2-3-10 お茶の水ビル
TEL.03-3814-3861／FAX.03-3818-2808
http://www.shahyo.com
組　版——株式会社 ライズ
印刷・製本——倉敷印刷 株式会社